Pierre Bourget

PARIS 1940-1944

PLON

Du même auteur

Sur les murs de Paris, 1940-1944 (en collaboration avec Charles Lacretelle), Hachette.

Naissance et unification de la Résistance, les Amis de l'Histoire.

Histoires secrètes de l'occupation de Paris, le joug, Hachette.

Témoignages inédits sur le Maréchal Pétain, Fayard.

Fantassins de 14. De Pétain au Poilu, Presses de la Cité.

Un certain Philippe Pétain, Casterman.

Présentation et commentaires de Pétain, mon prisonnier par Joseph Simon, Plon.

Les accidents thérapeutiques, Hachette.

Les greffes, second souffle de la vie (en collaboration avec le Docteur Claude-B. Blouin), Robert Laffont.

Guide Santé Médecine, ouvrage collectif, Bordas.

ISBN 2-259-00519-5
N° d'éditeur : 10566
Dépôt légal : 4e trimestre 1979

CREDE MIHI PLVS EST QVAM QVOD VIDEATVR IMAGO
OVIDE

Crois-moi, une image est plus que ce qu'on y voit.

NÉE au XIXe siècle, la photographie s'est rapidement hissée au rang de discipline auxiliaire de l'histoire : dès 1850, des hommes, décidant de faire profession de ce qui n'était qu'un agréable passe-temps, ont choisi de se trouver partout où il risquait de se produire quelque chose, partout où quelque chose venait de se produire. Chasseurs à l'affût de l'image qui, quelle que fût la scène fixée sur la plaque, constituait la trace d'une action humaine ou l'expression d'un homme engagé dans cette action, ces photographes de métier devenaient, à leur tour, des témoins, donc des personnages : ne s'intégraient-ils pas par un acte minime (presser sur une poire ou sur un bouton) au fait historique lui-même, à jamais figé dans l'un des moments de son déroulement ? Historiens par le petit bout de la lorgnette, pardon de leur objectif, les photographes ont vite pris parmi les serviteurs de Clio, une place privilégiée, parfois même essentielle ; mais souvent aussi, très ambiguë. Expliquons-nous.

Dans ses très pertinentes *Instructions pour l'Histoire,* parues en 1677, le R.P. Rapin, de la société de Jésus, posait cette règle d'or que « l'Historien ne doit jamais montrer de grands événements sans avertir de leurs causes et sans découvrir les ressorts secrets qui les font jouer ». De l'endroit où il se trouve, grâce à son appareil, le photographe « montre » certes l'événement et, de ce seul fait, son « enregistrement » participe de l'histoire. On appelle ce genre la « photographie historique ».

Mais le photographe nous permet-il de découvrir « les ressorts secrets » de l'événement lui-même ? On peut en douter. Car, depuis que les hommes politiques utilisent à fortes doses les ressources variées de la propagande, cette propagande qui vise essentiellement à « montrer » seulement un aspect de l'événement, le photographe « historien » s'est fatalement transformé en photographe « complice » : ce n'est plus le fait *historique* qui est photographié, c'est la *photographie* qui devient le fait historique lui-même, utilisé à point par le politicien.

En suscitant *l'occasion* du document photographique, le politique a été ainsi amené à « faire de l'histoire pour la photographie », ce qui est peut-être une façon comme une autre de faire de l'histoire, mais une façon qui sent le fagot.

Au photographe, dès lors, de faire appel à toutes les ressources de son art pour faire oublier qu'il n'a été que l'instrument du politique. Si le second a besoin que *tel* fait se déroule ou se soit déroulé de *telle* façon, le premier doit s'arranger pour que le cliché qu'il s'apprête à prendre soit l'exact reflet du désir du politique d'offrir à *son* peuple ou à *ses* électeurs telle photographie. Place à la toute puissance de l'image ! A ses partisans qu'il faut réchauffer, à ses adversaires qu'il faut convertir, aux hésitants qu'il importe de rallier, le politique dira, triomphant : « La preuve que c'est la vérité que je vous montre, c'est que les photographies, elles, ne mentent pas ! » Voire...

Si la politique fut jadis, selon le mot de Valéry, « l'art d'empêcher les gens de se mêler de ce qui les regarde », elle est devenue, un peu grâce à la photographie, l'art de montrer aux gens comment ils doivent regarder ce à quoi il leur est désormais autorisé de se mêler. Tel est l'aspect négatif de l'utilisation de la photographie à une fin politique.

Mais, en heureux contrepoint, cette photographie *d'intention* a une valeur inestimable de preuve *a contrario* : si le politique a voulu démontrer, par la photographie, que « le coup » s'est vraiment passé « comme ça », il y a quelque probabilité pour que le tableau qu'il nous en offre soit un trompe-l'œil. Trop n'en faut ! Et finalement, rien n'est plus clair qu'une exaltante photo de propagande, à condition qu'on la regarde en pensant à l'inverse de ce qu'elle aspire à montrer. Dans le même ordre d'idées, rien n'est plus démonstratif qu'une « consigne » de censure photographique : à photos interdites, dés pipés ! Dès lors, la critique de la photographie s'insère tout naturellement dans la critique historique.

Enfin, ô rassurante merveille de la diversité de la création humaine, la photo de propagande suscite la photo de contre-propagande, la censure entraîne la photo clandestine, la photo interdite éveille des vocations insoupçonnées de photographes à la sauvette ! Dans quelque camp qu'ils se trouvent, les francs-tireurs de la photo apportent l'indispensable moisson de « contre-documents » complétant les documents « officiels ».

Tant et si bien que, finalement, le bénéfice de ces photographies contradictoires s'inscrit splendidement dans le grand livre de l'histoire : photographies autorisées ou arrêtées par la censure, officielles ou clandestines, vastes épreuves ornant les murs des permanences des partis ou des chancelleries ou modestes petits rectangles d'amateurs, photographies aériennes, terrestres ou maritimes prises dans le feu du combat par des adversaires dont la caméra peut être une arme aussi efficace que la mitrailleuse, ou reportages orientés et guidés par des politiques attentifs, « flashes » sur la misère, la faim, le courage et la mort, bref, toute la gamme de ces documents, analysés, décortiqués, comparés d'un camp à l'autre, constitue, à raison même de l'ampleur des oppositions qu'elle révèle, le tableau le plus vrai, le plus authentique des moments de la vie d'un peuple, dans la paix comme dans la guerre.

Au seuil de cet album qui aspire à rappeler, par l'image, l'occupation de Paris par les Allemands du 14 juin 1940 au 25 août 1944, il nous a paru utile de rappeler ces très simples notions, afin d'éviter le reproche qu'on pourrait nous adresser de présenter des documents si disparates qu'ils ne « signifient » rien. Sans prétendre donner « un sens » à cet assemblage où chacun trouvera ce qu'il y cherche, nous pensons que ces photos concourent à « sauver de l'oubli les faits du passé ». Et c'est cela qui importe. Quelle que soit leur origine, qu'elles aient été, jadis, officielles ou interdites, tolérées ou encouragées, elles restituent le décor familier des Parisiens pendant les quinze cent trente et un jours de l'occupation de la capitale de la France par les Allemands.

Ce décor, l'admirable *A Paris sous la botte des nazis* de Jean Eparvier, publié dès 1944, l'avait restitué avec des images d'une rare beauté. Nous souhaitons faire œuvre différente ; le moment est venu de tenter *d'ordonner* tous ces souvenirs impressionnés sur des kilomètres de pellicule, des kilomètres bien réels : sait-on que le seul cabinet des Estampes de la Bibliothèque nationale détient, dans ses tiroirs, quelque quarante mille photographies prises pendant ces cinquante mois de l'occupation de Paris ?

Elle a commencé le 14 juin 1940, au matin. Il faisait tiède. Battues en Belgique, puis dans le nord de la France, les troupes françaises refluent vers le sud du pays, abandonnant Paris à l'envahisseur. Pour les soldats *feldgrau* du corps d'armée du général von Küchler, l'heure de gloire a sonné : les premiers, ils foulent le pavé de la capitale, sans s'arrêter, et poursuivent leur route vers Angoulême, leur prochain objectif. D'autres les suivront, qui s'installeront dans la ville. Ils y resteront jusqu'au 25 août 1944.

Entre ces deux dates, la France aura connu l'une des périodes les plus tristes de son histoire : l'occupation de son territoire par une armée étrangère, occupation partielle d'abord, totale ensuite après le 11 novembre 1942. L'armistice franco-allemand, qui a été signé le 22 juin 1940 à 18 h 50, stipule, dans son article 3, que « le gouvernement français est libre de choisir son siège dans le territoire non occupé ou bien, s'il le désire, de le transférer même à Paris. Dans ce dernier cas, le gouvernement allemand s'engage à apporter toutes les facilités nécessaires au gouvernement et à ses services administratifs centraux, afin qu'il soit en mesure d'administrer de Paris les territoires occupés et non occupés ». Le gouvernement du maréchal Pétain a la possibilité de s'établir à Paris : il ne l'utilisera pas, préférant garder son siège à Vichy. Pétain et ses ministres ont certes leurs raisons ; mais celles-ci n'existent théoriquement plus après le 11 novembre 1942. Qu'importe ! Vichy restera la capitale « provisoire » de la France et celle de « l'Etat français ».

Les Allemands, eux, considèrent Paris comme *leur* capitale : c'est à Paris qu'ils installent leur lourde machine administrative, tout en tolérant, en même temps, la présence d' « échelons administratifs » du gouvernement de Vichy dans la capitale. C'est à Paris que se traitent, directement entre représentants allemands et membres du gouvernement de Vichy, la plupart des affaires politiques et économiques consécutives à l'armistice. Ainsi, malgré Vichy, Paris demeure pour les Allemands la *vraie* capitale ; quand ils accréditent un ambassadeur du Reich, Otto Abetz, auprès du chef de l'Etat, cet ambassadeur ne réside pas à Vichy, siège du gouvernement français, comme ses autres collègues du corps diplomatique, mais à Paris à l'ambassade d'Allemagne, rue de Lille. A l'inverse, lorsque Vichy dépêche auprès des autorités allemandes un « délégué général du gouvernement français dans les territoires occupés », ce délégué, Fernand de Brinon, que l'on a, pour la circonstance, nommé ambassadeur de France, habite à Paris. Un plaisant ira jusqu'à le surnommer « S.E. l'ambassadeur de Vichy à Paris ». La boutade est révélatrice et on pourrait presque parler de « dualité » et, pourquoi pas, de « concurrence » entre Paris et Vichy : de multiples facteurs — économiques, intellectuels et politiques — concourent à laisser à la première ville sa primauté dans la vie de la nation, tandis que la station hydrominérale bourbonnaise ne fait figure, bien souvent, que de « brillante seconde », si l'on ose ainsi dire.

Cette situation apparaît à tous. Aux Allemands, les premiers. Passée l'ivresse de leur fulgurante victoire, ils s'installent. Cela signifie que, partout, ils envoient des émissaires et qu'à tout moment, ils sont présents : rien ne doit leur échapper, rien ne leur échappe. Conditionnement psychologique ? La *Propagandaabteilung* de France est à pied d'œuvre qui, thème par thème, offre aux Parisiens des brassées de fleurs de rhétorique écloses dans le jardin nazi : cette guerre, c'est la faute des juifs, des Anglo-Saxons, des bolcheviks. Grandes pensées du règne hitlérien ? Débarrassons le monde du judéo-bolchevisme, éliminons l'Angleterre et les Etats-Unis des affaires européennes, repoussons les Russes, construisons une Europe saine, forte et racialement pure.

A côté de ces tirades, la réalité quotidienne. Elle est simple : Paris est le centre d'une vaste entreprise de rançonnement où le vainqueur provisoire exige du vaincu davantage de travail, davantage de denrées, davantage de prestations, de sueur, de servilité. C'est une mise en coupe systématique de nos ressources : Paris subit la loi du plus fort.

Chez les occupants, on trouve toutes les espèces d'hommes, toutes les variétés d'activités, toutes les nuances idéologiques. D'abord, les militaires. L'annuaire des téléphones des services allemands à Paris, le *Fernsprechverzeichnis des Deutschen Dienstellen,* sous sa couverture verte, comporte 191 pages, pèse 615 grammes et indique très exactement la répartition géographique des administrations militaires allemandes, dans les plus beaux hôtels, les plus belles villas de la capitale et de sa banlieue. Que d'états-majors ! Il y a celui du commandant militaire en France, le *Militärbefehlshaber in Frankreich* ; celui du commandant en chef à l'ouest; celui du chef supérieur des S.S. et de la police en France occupée. L'état-major de la gendarmerie militaire est établi à l'hôtel Williams, 3, rue Mayran ; le *Feldkommandant* de l'Est parisien, le colonel von Mertens, réside à l'Asile national de Saint-Maurice ; celui de l'Ouest, le *Generalmajor* Hochbaum, 76, boulevard Victor-Hugo à Neuilly ; la poste militaire s'est établie 51, rue d'Anjou ; la police secrète militaire de campagne 128, avenue de Wagram, et elle a réquisitionné en outre six hôtels pour ses services, le Bradford, le Matignon, le Derby, le Terrass, le Daniel et l'hôtel des Mines ; le *Major* West, chef des transports militaires, s'est établi à Neuilly, 11, boulevard Jean-Mermoz ; le *Generalleutnant* Kersten, chef supérieur des informations militaires, a choisi le 127, Champs-Elysées, tandis que l'intendant général Lenz a ses bureaux 31, avenue Kléber ; du Palais Bourbon à l'hôtel Continental, du Crillon au Meurice, du Sénat au ministère des Affaires étrangères, de la villa Rothschild, 72, avenue Henri-Martin, à l'hôtel Castiglione, généraux, colonels ou plantons de la victorieuse *Wehrmacht* se préparent à un séjour de longue durée à Paris.

Un mot de leurs chefs. Deux cousins von Stülpnagel, Otto et Carl-Heinrich, seront l'un après l'autre commandants supérieurs en France - *Militärbefehlshaber in Frankreich.* Paris, où ils résident pendant leur commandement, leur portera malheur : Otto se pendra en 1946 dans sa cellule de la prison parisienne du Cherche-Midi où il était détenu depuis 1945 par les Français comme criminel de guerre ; et Carl-Heinrich finira ses jours également au bout d'une corde. Mais ce n'est pas un suicide : le 30 août 1944, le second *Militärbefehlshaber in Frankreich* est hissé par le bourreau nazi à une poutre de la prison de Plötzensee, dans la salle où, par ordre d'Hitler, sont exécutés tous ceux qui, d'une façon ou d'une autre, ont participé au complot du 20 juillet 1944 contre le Führer. Carl-Heinrich von Stülpnagel a été de ceux-là : c'est à Paris et à Paris seulement que, pendant quelques heures, le putsch anti-hitlérien dont il est l'exécutant en France a totalement réussi !

Des deux généraux qui portèrent le titre de *Kommandant von Gross Paris,* Schaumburg et von Boineburg-Lengsfeld, seul le second est toujours vivant ; Schaumburg est mort d'un cancer osseux en 1947.

Les quatre hommes sont des soldats élevés dans la tradition prussienne : sévères, d'une rigide autorité, ils ordonnent des mesures de représailles chaque fois que la sécurité de leurs soldats l'exige. Aux coups que, dans l'ombre, quelques résistants portent à l'armée allemande, ils opposent l'inexorable loi des otages. Mais ils seront assez vite déchargés des besognes de police, de renseignement et de répression des actes anti-allemands au profit des policiers du régime national-socialiste : un Oberg, un Knochen, policiers politiques, les supplantent dans cette tâche. Aidés par certains services de la police parisienne et par une nuée d'indicateurs rétribués, ils traquent sans relâche les résistants, les déportent ou les font exécuter. Après les militaires et les policiers, que reste-t-il encore ? Les politiques, avec les diplomates Abetz, Schleier, Achenbach et Quiring et les « économiques » — on n'ose pas écrire économistes — avec Hemmem et Michel : aux premiers est confié le soin d'attacher le gouvernement de Vichy au char de l'Allemagne, d'endoctriner ses ministres ou de lui imposer des Français tout acquis à la « collaboration », aux seconds celui d'organiser la « collaboration » économique. Il est très difficile de définir exactement la part prise par chacun de ces hommes dans les événements et les incidents nés de l'occupation. Certains se limitent à leurs fonctions ; d'autres les dépassent ; certains en « rajoutent » ; et quelques-uns s'enrichissent par des trafics en tous genres. Mais tous ont en commun un programme qui peut être ainsi résumé : « Pendant que nous, Allemands, nous nous battons, les Français doivent nous aider. De gré ou de force. »

Ce programme, la majorité des occupés l'exécute passivement. Ne jetons la pierre à personne ; remarquons simplement que, malgré elle, la grande masse de la population parisienne subit l'épreuve plutôt qu'elle la surmonte. Cette guerre a pris une forme imprévisible : chacun, pour survivre, travaille, peu ou prou, sinon *pour* du moins *avec* les Allemands. Le temps de l'occupation sera, à ses débuts au moins, celui de la résignation et de la coexistence pacifique : les occupés ont quelque peine à se débarrasser de la stupeur dans laquelle les a précipités une défaite sans précédent ; rares sont ceux qui d'emblée, et dès le premier jour, ont dit *non* à l'occupant sur le territoire national. Mais, derrière les concessions obligées, naît et s'affirme un sentiment d'hostilité qui ira grandissant : en juillet 1940, les Parisiens subissent l'occupation comme un mal lancinant devant lequel ils se sentent impuissants. De mois en mois, ils chercheront les moyens de vaincre ce mal. Et à mesure que la guerre s'amplifie, que les épreuves de toutes sortes s'abattent sur eux, ils réagissent plus énergiquement à la présence allemande, comme si la gravité de la maladie stimulait leurs défenses naturelles contre ses atteintes.

L'histoire de l'occupation de Paris devient ainsi celle de la naissance, puis du développement, enfin de l'épanouissement d'une résistance à l'Allemand, dans un *crescendo* qui culminera le samedi 19 août 1944 : ce jour-là, la population de Paris s'identifiera, de fait et de cœur, avec le petit nombre de ceux qui osent se révolter, à visage découvert, contre l'occupant. En quelques-uns, la plupart se retrouvent.

Quant à la minorité de ceux qui ont rallié la collaboration *perinde ac cadaver* avec l'Allemagne d'Hitler, elle sera naturellement rejetée, pour un certain temps, de la communauté parisienne. Qu'importe ! Car finalement cette communauté n'aura pas été conquise par son occupant, moins encore par les Français qui embrassaient sa cause.

Tel paraît être le sens que donnent ces images à l'histoire de la capitale pendant les quatre années de l'occupation allemande.

PIERRE BOURGET

N° 305 Cab/N.E. (1) au G.C. Nord Est le 12 Juin 1940 (midi).

6 ex.

1 — Paris est ordre une ville ouverte.

2. — Par suite on ne défendra ni la ligne des anciens forts, ni la ceinture des anciennes fortifications, ni à plus forte raison la ville elle-même.

3 — Donc, aucune destruction de ponts, ni mesures de défense dans la ville ; les troupes combattant en retraite ou retraitant ne devront pas traverser la ville à l'intérieur des boulevards ~~extérieurs~~ qui en marquent la ceinture.

4 La défense assurée actuellement sur la Nonette, sera reportée si elle est rompue sur la ligne de sûreté (Ecouen Gonesse, Aulnay-s-Bois), puis au Sud de Paris sur la ligne indiquée par le Cdt du G A 3 (Forêt de Rambouillet, vallée de Chevreuse, Juvisy sur Orge ~~Draveil~~) où l'Armée de Paris se reliera à la VII Armée.

Weygand

(1) a été dicté par le général Weygand lui-même au général Héring.

Weygand

Reynaud

Pétain

12 juin 1940 : cet ordre scelle le sort de Paris

Le 11 juin 1940, devant la progression des Allemands qui sont passés à l'offensive générale sur tous les fronts de France, de Montmédy à la mer, le général Weygand, commandant en chef des armées françaises, décide que nos soldats qui, talonnés par un ennemi supérieur en nombre et en armes, opèrent une difficile retraite, ne défendront pas la capitale de la France. Weygand en informe le Président du Conseil des Ministres, Paul Reynaud, et le maréchal Pétain, Vice-Président; ils ne formulent « ni objections ni approbations » au cours d'une brève entrevue qui se déroule dans l'après-midi au château de Vaugereau, près de Briare, où Weygand a établi son poste de commandement.

Sur le plan militaire, des « motifs impérieux » ont dicté sa conduite au général Weygand :

« Moins fortement attaquées que celles qui les encadraient, écrit-il dans ses *Mémoires,* les forces du général Héring et du général Frère tenaient encore sur la position avancée de Paris. Mais la Seine était franchie et les progrès accomplis par l'ennemi dans les dernières heures sur la Marne les menaçaient à brève échéance d'un double enveloppement. La prolongation de leur résistance sur cette position n'eût servi de rien, puisqu'elle était débordée. Elle leur eût fait courir le risque d'être capturées, alors que nous ne pouvions nous passer d'elles pour la résistance à poursuivre au sud de la Seine et de la Marne... Quant aux Parisiens, connaissant le courage dont ils avaient fait preuve à plusieurs moments de notre histoire, je n'aurais pas hésité à leur demander les sacrifices les plus durs en les englobant dans le champ de bataille, si j'avais pensé que ces sacrifices pussent concourir au salut du pays. Ce n'était pas le cas. »

A Paris, le général Héring, Gouverneur militaire, apprend, le même jour, de la bouche du général de Lannurien qu'il a dépêché à Vaugereau, que Paris « ville ouverte » ne sera pas défendu. Selon l'usage, Héring fait demander le 12 juin au général Weygand confirmation écrite de la décision prise par le commandant en chef : celle-ci devient un « ordre ».

Les soldats du corps d'armée von KÜCHLER (ci-dessus) sont les premiers à entrer dans Paris

A midi, Weygand rédige le document ci-contre qu'il dicte lui-même par téléphone, à Héring resté à Paris, avant de le faire dactylographier en six exemplaires, qu'il signera en fin de matinée.

La note « n° 305 Cab. (c'est-à-dire Cabinet) N.E. (Nord-Est) » est de la main du capitaine Roger Gasser, officier d'ordonnance du général Weygand, les ajouts (en tête) « Au P.C. Nord-Est le 12 juin 1940 à midi » et (en fin de document) « a été dicté par le général Weygand lui-même au général Héring » sont de celle du colonel Paul Bourget, chef de Cabinet du Généralissime.

Cette pièce historique a scellé le sort de Paris en juin 1940, préfigurant l'armistice qui devait intervenir quelques jours plus tard.

Selon Weygand, la réaction de Paul Reynaud fut inexistante quand il connut la décision du commandant en chef; cela paraît surprenant de la part du Président du Conseil. N'avait-il pas, quelques années avant, annoté une phrase célèbre du livre *Vers l'armée de métier* du colonel de Gaulle, publié en 1934, selon laquelle « notre défense nationale est, par essence, celle de Paris », en écrivant dans la marge de son exemplaire : « Rien n'est perdu tant que Paris n'est pas pris. » Alors, est-ce ce jour-là, Paris étant abandonné à l'ennemi, que Paul Reynaud s'est résigné à passer la main au maréchal Pétain? C'est vraisemblable, mais non pas certain...

Numéro 1

12 Juin 1940

TENEZ BON...

QUAND MÊME...

Édition parisienne de guerre

LE JOURNAL - LE MATIN - LE PETIT JOURNAL

Paris vit une des heures les plus tragiques de son histoire. Les Parisiens veulent savoir rapidement ce qui se passe. Eux aussi font face à l'ennemi par leur calme et leur magnifique intrépidité. Ils demandent à être informés dès le lever du jour : c'est un devoir de leur donner satisfaction.

C'est pourquoi trois grands organes ont tenu à honneur de paraître, malgré les multiples difficultés de rédaction, de fabrication technique et de transport :

LE JOURNAL
LE MATIN
LE PETIT JOURNAL

seront distribués, dès ce matin et les jours suivants, jusqu'aux extrêmes limites du possible dans toute la région parisienne.

Avec une violence jamais égalée
l'ennemi cherche à forcer la décision

Il redouble d'efforts sur la Seine, à l'est de l'Oise et lance des masses de chars pour déborder Reims

Nos divisions contre-attaquent sans répit et infligent de lourdes pertes à l'adversaire

Nos troupes sur le front des Alpes se sont installées sur leurs positions

Elles n'ont pas été attaquées

LES COMMUNIQUÉS

11 JUIN (MATIN)

Entre la mer et l'Oise, il est confirmé que les tentatives de progression de l'ennemi au delà de la Seine ont été contenues. Entre l'Oise et l'Ourcq, l'ennemi a cherché, au cours de la nuit, à prendre contact de nos nouvelles positions.

Rien d'important à signaler sur l'Aisne et sur la Meuse.

Sur le front des Alpes, nos troupes se sont installées sur leurs positions et n'ont pas été attaquées.

11 JUIN (SOIR)

Au cours de la journée, la bataille a atteint la plus grande violence sur l'ensemble du front de combat. Il est manifeste que l'ennemi cherche à forcer la décision.

A l'Ouest de l'Oise, il a redoublé d'efforts pour franchir la Seine, entre Rouen et Vernon. Se couvrant par l'émission de nuages artificiels, il a tenté de jeter des ponts d'équipages sur le fleuve et de faire passer des chars sur la rive Sud au moyen de portières de bateaux.

Nos troupes, contre-attaquant sans répit, s'efforcent de le contenir.

A l'Est de l'Oise, les divisions ennemies engagées sur l'Ourcq, de la Ferté-Milon à la Fère-en-Tardenois ont renouvelé leurs assauts avec l'appui de nombreux chars. Elles n'ont trouvé devant elles que nos arrière-gardes, le gros de nos divisions ayant reçu l'ordre de reporter leur résistance au sud de la Marne. Plus à l'Est, l'ennemi a fait intervenir des masses de chars lourds dans la vallée de la Vesle et de l'Ardre, pour déborder Reims par l'Ouest et le Sud-Ouest. La pression, dans cette région, a été extrêmement violente.

En Champagne, l'ennemi a porté, au cours de la nuit, de nouvelles divisions au sud de l'Aisne. Les combats ont repris dès l'aube et sur tout le cours de la Retourne, dont les passages sont chèrement disputés.

Nos troupes ont exécuté plusieurs contre-attaques au sud d'Attignies et ont infligé des pertes sérieuses à l'adversaire.

Entre l'Aisne et la Meuse, tous les assauts de l'ennemi ont été repoussés.

Nos escadrilles ont effectué des bombardements sur les terrains de Mannheim-Francfort et sur les hauts-fourneaux de Volklingen.

Une formation aéronautique navale a bombardé et partiellement incendié les usines Heinkel, aux environs de Rostock.

Parlant au nom de M. Churchill

M. Attlee déclare devant les Communes :

" Quelque difficile que doive être la lutte la cause de la civilisat on aura le dessus "

Les opérations sur les Alpes n'avaient pas encore commencé hier matin.

A propos de l'intervention italienne, M. Attlee, lord du Sceau privé, a fait une déclaration à la Chambre des Communes, à la place de M. Churchill, retenu par ses travaux.

M. Attlee a déclaré tout d'abord que l'Italie avait déjà perdu 27 unités de sa marine marchande : 14 ont été saisies, 10 se trouvent dans nos ports et 3 se sont sabordées.

— *Rarement dans l'Histoire*, poursuit M. Attlee, *une décision a été prise avec aussi peu d'excuse que la déclaration de guerre italienne. Il n'existe pas de querelle entre l'Italie et la Grande-Bretagne. Lorsque l'Italie a été divisée et réduite en esclavage par les Allemands, les Anglais et les Français offraient leurs armes, prêts à faire face aux revendications italiennes.*

C'est en vertu de la loi de la jungle que l'Italie nous a déclaré la guerre. L'Italie, qui a tant contribué à l'œuvre de la civilisation, aide les barbares allemands dans leur attaque contre la civilisation. Mais la France combat magnifiquement et la Grande-Bretagne est à ses côtés. Nous n'avons fait preuve d'aucune mauvaise volonté. Nous sommes prêts à répondre au défi lancé et nous rendrons coup pour coup.

M. Attlee évoque ensuite le discours de M. Roosevelt.

— Le message de M. Roosevelt, déclare M. Attlee, est digne d'une grande république démocratique. Il a inspiré encore plus de courage aux hommes qui se battent en Europe.

QUELQUE DIFFICILE QUE DOIVE ETRE LA LUTTE, LA CAUSE DE LA CIVILISATION AURA LE DESSUS. NOUS NE COMBATTONS PAS SEULEMENT POUR NOUS, MAIS POUR L'ESPRIT DE L'HUMANITE TOUT ENTIERE.

UN MESSAGE du général Sikorski à la nation polonaise

A l'annonce de l'avance allemande, le général Sikorski, commandant en chef de l'armée polonaise, ayant décidé de rester en contact direct avec les troupes polonaises, s'est rendu à Paris d'où il a adressé à la nation polonaise un message radiodiffusé, où il a déclaré notamment :

La situation est grave, mais elle était à prévoir.

L'ennemi fait un effort total et désespéré pour obtenir la décision. Les partisans de l'axe se joignent à l'Allemagne dans l'espoir de faire triompher l'idée dictatoriale.

Et pourtant l'inquiétude commence à gagner l'Allemagne. La fleur de la jeunesse allemande jonche les champs de bataille.

En perdant le matériel puissant qui leur a permis de rompre le front, ils perdront à mesure toutes chances de victoire.

Tant qu'elles ne perdront pas le contact avec l'ennemi et qu'il restera possible de regrouper les troupes, une manœuvre reste toujours possible.

Les Alliés tiendront jusqu'au jour où la victoire commune les délivrera de la barbarie germanique.

L'opinion américaine évolue rapidement en faveur des Alliés

Londres, 11 Juin. — On apprend ici que l'opinion publique aux Etats-Unis évolue en faveur des Alliés avec une rapidité vraiment surprenante. La B. B. C., qui commente précisément ce revirement de position, ne peut que constater que jamais il ne s'en était produit un aussi prompt.

La B.B.C. appuie son dire de nombreuses citations tirées des plus grands journaux américains.

Elle cite, après le *New-York Herald Tribune*, le *Sunday Times*, qui constate, particulièrement, que le président Roosevelt a pu, par suite de l'état actuel de l'opinion américaine, prendre pour assister les Alliés, toutes les mesures possibles. Il n'en faut excepter que l'entrée en guerre de la grande République.

Ces mesures, de l'avis d'un autre organe américain, pour si caractéristiques qu'elles soient, ont reçu la complète et absolue approbation de la nation entière. (*Suite en 2e page, 6e col.*)

Avis aux jeunes gens non mobilisables et hommes récupérables de la région parisienne

Le gouvernement militaire de Paris communique :

Il est recommandé aux jeunes gens du sexe masculin, âgés de 17 ans au moins, et non encore mobilisables, ainsi qu'aux hommes actuellement dégagés d'obligations militaires, et qui ont été antérieurement avisés qu'ils seraient soumis à une revision, de quitter la région parisienne (département de la Seine).

Les indications nécessaires leur seront données aux portes d'Italie, d'Orléans et de Châtillon, où les intéressés sont priés de se présenter comme suit :

La fraction non encore appelée de la classe 1940 : les 13 et 14 juin ;

Les jeunes gens de la classe 1941, les 15 et 16 juin ;

Les jeunes gens de la classe 1942, les 17 et 18 juin ;

Les jeunes gens de la classe 1943, les 19 et 20 juin ;

Les hommes soumis à une revision le 21 juin.

Signé :
le général d'armes
HERING,
gouverneur militaire de Paris.

Impressions de la journée à Paris

Paris s'est éveillé sous un ciel d'apocalypse : une épaisse brume cache le soleil : de temps en temps, un ronflement d'avion dans le ciel. Toute la nuit, le canon a tonné par intervalles, et on eût dit que c'était dans de la ouate ; et toujours des gémissements de voitures qui démarraient, et d'autres voitures qui passaient et passaient toujours. Les Parisiens matineux ne s'arrêtaient pas de se demander la cause de cette épaisse calotte de brume, s'agissait-il d'une fumée artificielle ou bien d'une brume d'été chargée de toutes les poussières soulevées par les caravanes des évacués et par tant de voitures qui ne s'arrêtaient pas de passer. L'exode des voitures et des réfugiés a commencé dès le matin. Mais à côté du Parisien qui s'en va, il y a aussi celui qui reste ; celui que ses occupations ou ses devoirs retiennent à Paris après avoir fait partir sa femme et ses enfants, ou bien celui qui ne saurait pas où aller. Il s'est jeté sur les premiers journaux. Le communiqué est plutôt bon. Et l'on se dit que l'on n'avait pas tort d'avoir confiance dans le quart d'heure de Weygand. Les commentaires vont leur train sur Mussolini. Sa mauvaise action n'a pas surpris. Il y avait longtemps qu'on lui trouvait au cinéma l'air d'un homme qui marche sur sa conscience. Toute la journée, les métros n'ont pas désempli : aux Parisiens qui n'ont pas d'autres moyens de circulation, se joignent les réfugiés qui traversent Paris avec leurs valises pour rejoindre le plus souvent, vainement d'ailleurs, quelque gare qu'une foule déjà assiège. Pas de bousculades : à peine çà et là quelque discussion pittoresque qui met de la gaîté sur des visages graves, souvent farouches. Et toujours, de temps en temps, une lointaine canonnade poursuivant quelque avion ennemi de reconnaissance. Sur les voies que ne sillonne pas l'exode des réfugiés, une circulation de piétons diminuée : pour ainsi dire pas de taxis, et ceux qui étaient à Paris en 1914 pensent déjà avec espoir aux taxis de la Marne. Sur les trottoirs, de petits groupes d'agents et de gardes casqués, avec le mousqueton. Et toujours le canon qui recommence à ponctuer le vacarme des voitures, mais personne n'y prête plus attention.

Le Journal

Tout se paye...

IL n'y a plus beaucoup de Français en France qui aient fait la campagne de 1859, qui aient été à Magenta et à Solferino verser leur sang pour l'Italie. Mais il y en a encore qui ont vu le vieux Garibaldi faire le coup de feu avec nos mobiles, contre les Prussiens, justement.

Il y en a bien davantage qui se souviennent des campagnes de d'Annunzio et surtout de celles d'un certain Benito Mussolini pour jeter, en 1915, l'Italie dans le camp des Alliés et qui se souviennent aussi d'avoir vu des Italiens se battre pour nous en Argonne et en Champagne et d'avoir été se battre eux-mêmes, après Caporetto, en Italie, toujours contre les Allemands, qui avaient enfoncé Cadorna.

■ ■

VIEUX souvenirs ? Mon Dieu, les plus vieux n'ont guère que vingt-trois ans.

Aujourd'hui, il paraît que l'Italie ne veut plus tenir compte des plébiscites éclatants qui marquèrent l'entrée de la Savoie et de Nice dans la famille française...

Il paraît que ces terres sont italiennes, en négligeant l'avis du peuple, bien entendu...

Il paraît qu'elle prétend nous arracher un empire qu'elle aurait été incapabe de conquérir et de développer comme nous l'avons fait...

■ ■

ET c'est M. Benito Mussolini le grand metteur en scène de l'entreprise ? C'est l'interventionniste de 1914-1915 ? Ce combattant de la dernière guerre ? Sans autre raison qu'un souci de rapine ? Et parce qu'il croit, le mauvais calculateur, risquer peu de chose pour avoir chance de gagner gros ? Ainsi raisonne le chacal avançant une patte prudente dans la foulée du tigre et qui, sans avoir donné un coup de croc, mendie son morceau de chair fraîche.

Il faudra que, cette fois, le chacal gagne son morceau luimême au prix de son propre sang.

■ ■

SANS compter que la partie n'est pas jouée, comme on le croit à Rome. Les deux empires britannique et français sont planétaires. Ils ont des amis. Ils ont des alliés.

Patience ! Tout se paie, même les lâchetés, même les trahisons.

" J "

L'ADMIRABLE TRAVAIL DES AVIATIONS ALLIEES

Hors de la fournaise

On ne dira jamais assez la vaillance, la ténacité, l'esprit de sacrifice qui animent nos escadres du ciel. Nos aviateurs ont porté des coups terribles à l'ennemi, des coups dont il a du mal à se relever et qui, peu à peu, diminuent sa supériorité numérique. Voici un aviateur français retour de la bataille.

En 2e page, 7e colonne
une dépêche de Georges BLUN

Le " gauleiter " de l'Allemagne

Le Petit Journal

Edition parisienne de guerre

par **la ROCQUE**

IL n'est plus possible de dissocier les populations des armées. C'est une des caractéristiques de la guerre totale. Nous n'avons cessé de l'écrire.

Qu'il s'agisse du danger, de la souffrance, de la manœuvre même, l'attitude observée par les agglomérations campagnardes et urbaines reste en étroit rapport avec la conduite des opérations. Cela est particulièrement vrai dans le domaine du « moral ».

■ ■

LE « moral » des civils doit être de même nature que celui des troupiers. Foi, endurance et ténacité imperturbables.

Or, à certains égards, cet état d'esprit est plus difficile à maintenir chez les civils que chez les soldats. Ces derniers mènent ou préparent la lutte; ils sont encadrés. Les travailleurs, et les travailleurs de Paris comme des provinces, vivent dans l'attente du communiqué, portent leur constant souci vers les mobilisés; même pendant leur besogne, ils attendent. Rien de plus éprouvant que cette expectative perpétuelle. Rien de plus dangereux, quand l'information et l'orientation font défaut.

Autant le bourrage de crânes est déplorable, autant un silence complet serait fâcheux et injuste. Une sorte d'atonie résignée en serait la conséquence. La résignation forme le meilleur terrain pour les entreprises de la « cinquième colonne ».

■ ■

QUAND l'épreuve sévit, le pire peut résulter de cette sorte d'abattement.

La bataille s'est développée avec furie depuis la mer jusqu'à nos frontières orientales. Et la région parisienne est directement menacée. Sollicités par le Haut Commandement, le Gouvernement et ses ministères ont évacué la capitale. Ce repli s'est étendu aux organes de la presse quotidienne et périodique.

Faut-il donc tenir les Parisiens en dehors du mouvement des idées et des faits ? Ce serait contraire à la valeur du pays, à la nature des citoyens de notre incomparable cité. Ce serait un péril pour la défense nationale.

■ ■

LES représentants de plusieurs journaux parmi les plus importants, ont donc décidé, malgré les circonstances présentes, d'unir leur effort et de joindre les ressources de leurs rédactions sous les espèces d'une « édition parisienne de guerre ». Ils comptent ainsi donner chaque matin au stoïcisme des habitants de la capitale un aliment d'ardeur patriotique et de foi raisonnée.

Ce sera l'honneur du « Petit Journal » d'avoir offert l'hospitalité de ses bureaux, le dévouement et la bonne volonté de sa main-d'œuvre. Je suis fier d'avoir ouvert moi-même les portes de notre chère et familiale maison à cette précieuse collaboration.

Paris, 11 juin 1940.

Le geste du Duce a créé l'unanimité ...du mépris

Limoges, 11 Juin. — C'est sur la grand'route, entre Paris et Limoges, que j'ai appris l'entrée en guerre de l'Italie. L'événement, saisi au vol par un automobiliste à l'ouïe fine, passant devant un micro, à l'instant où il était annoncé, causa plus d'indignation et de dégoût que de surprise et d'émotion. Il se propagea de voiture en voiture au cours d'un de ces interminables encombrements inhérents aux exodes en masse.

On peut dire sans forfanterie qu'il n'ajouta pas à la peine de ceux qui s'en allaient de la capitale, la plupart pour une raison que la présence d'un ou de plusieurs enfants dans chaque véhicule n'expliquait que trop.

Ce matin, vers 6 heures, prenant le petit déjeuner dans une auberge, je m'aperçus que c'était la même impression qui se dégageait de toutes les conversations.

Un vieux paysan hochait la tête en disant :

— Ce sacré Mussolini a cru être placé en volant au secours du vainqueur ; seulement, il a fait erreur : il a joué le mauvais cheval... Ce n'est pas Hitler qui passera le poteau. Tenez, plutôt que ce Mussolini, j'aime autant ces gens-là. »

Et le bras du vieux paysan se tendait vers un curieux spectacle : quatre autobus parisiens, les stores soigneusement baissés ; sur la plateforme de chacun d'eux, un garde mobile, baïonnette au canon et un gardien de prison armé d'un revolver.

Les prisons suivent le sort de toutes les administrations publiques et ce pittoresque cortège nous montrait l'évacuation des « mauvais garçons » qui sont parfois moins méchants que certains grands hommes.

Geo LONDON.

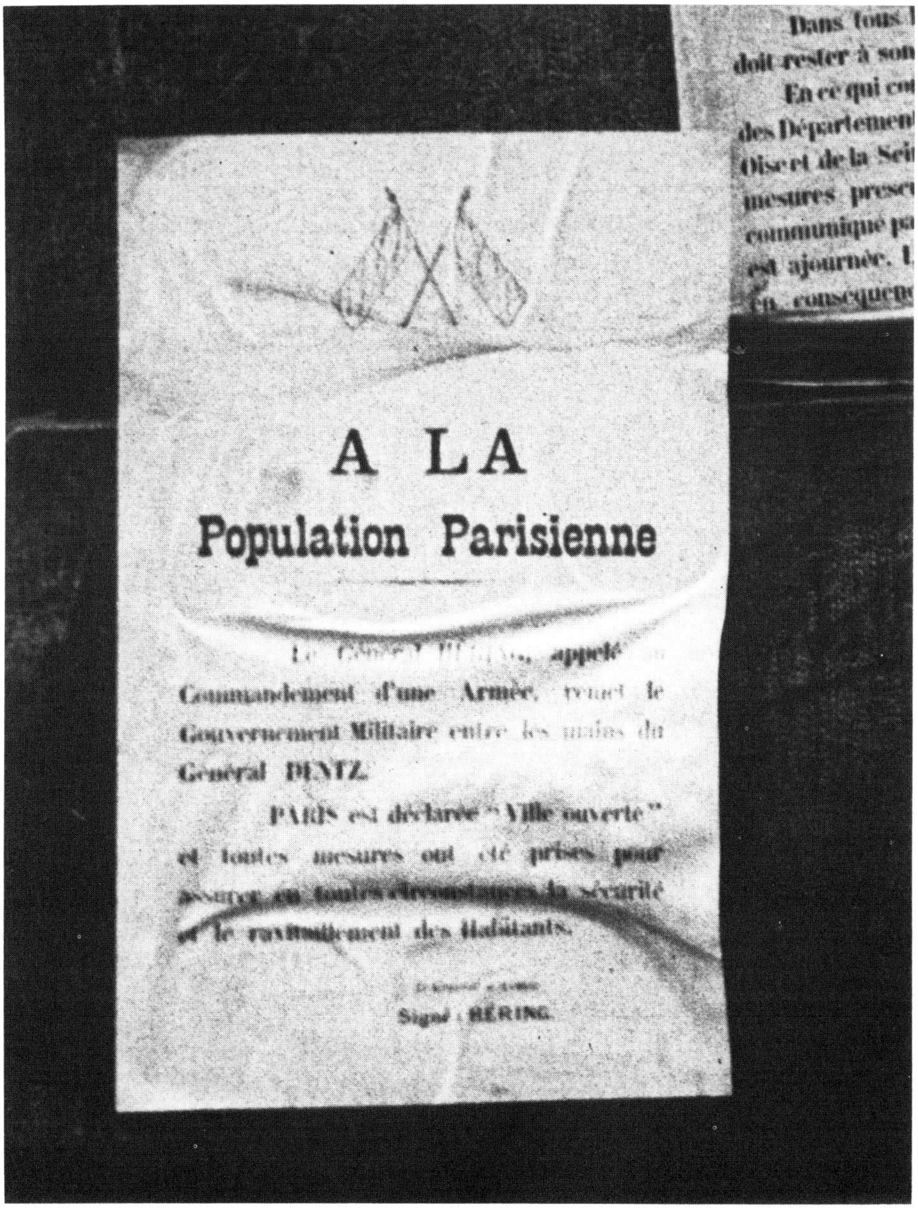

Jusqu'au dernier moment, les journaux parisiens avaient pourtant laissé espérer l'impossible miracle : le 12 juin, trois d'entre eux, *le Journal, le Matin* et *le Petit Journal* se groupent, afin de « sortir » une *Edition parisienne de guerre* (à gauche). Ce sera la première et la dernière : le lendemain, Paris n'a plus de journaux et les Parisiens plus de nouvelles de la guerre. Seule, une affichette collée à la hâte sur quelques murs de la capitale, au matin du 13 juin, les informe que Paris a été déclaré « ville ouverte » et que le général Dentz remplace le général Héring à la tête du Gouvernement militaire *(ci-dessus)*. Héring est parti prendre le commandement d'une armée au sud de la Seine, Dentz ne dispose que d'un petit état-major sans troupes. Au soir du 13, on note quelques actes de pillage : le bureau de tabac de la gare du Nord est mis à sac, des rôdeurs raflent du matériel d'optique et des jumelles dans un convoi militaire français abandonné à Saint-Denis. Dans la cité il ne reste qu'un million d'hommes, de femmes et d'enfants : le reste de la population a abandonné la ville...

« Vendredi 14 juin 1940. L'affreuse chose s'est réalisée. Les troupes allemandes sont à Paris. » Une date, deux phrases notées dans son agenda par le Préfet de Police, Roger Langeron; l'occupation de la capitale commence.

La photographie de la page précédente est unique : elle a été prise par un jeune amateur, Nicolas Skrotsky sur le boulevard de la Madeleine où progressent les fantassins de von Küchler, commandant le corps d'armée ennemi qui entrera le premier dans la capitale.

Une partie des troupes allemandes, par la rue Royale, parvient à la place de la Concorde *(ci-dessus)* où un de leurs chefs, le général von Studnitz tient à féliciter les petits fantassins de la *Wehrmacht (ci-contre)*, tandis que d'autres, après avoir contourné l'Etoile, descendent l'avenue Foch en direction de l'ouest *(à droite)*.

Le même soir, Paris se met à l'heure allemande : à 22 heures T.O. (Temps universel), les horloges qui marquaient 23 heures (heure française) sont portées à 24 heures (heure d'été allemande).

Le drapeau tricolore a été amené à l'Hôtel de Ville, au ministère de la Marine, au ministère de l'Air... Des soldats *feldgrau* (vert campagne) ont hissé le drapeau marqué de la croix gammée au sommet de la Tour Eiffel peu après midi. Le chef du détachement de chasseurs de chars n° 187 a noté en ces termes la réaction des Parisiens place de l'Hôtel de Ville : « Une foule de curieux s'est massée sur la place et quand le drapeau à croix gammée s'élève lentement le long du mât, on perçoit venant de cette foule comme un sourd gémissement... »

« Ils » s'installent

THE TIMES
GERMAN ENTRY INTO PARIS
No. 48,643 LATE LONDON EDITION
LONDON SATURDAY JUNE 15 1940
PRICE 2d

Le 15 juin, c'est par une « manchette » à droite de son titre que le *Times* annonce l'entrée des Allemands à Paris *(ci-dessus)*. A Berlin, le même jour, le *Völkischer Beobachter* a titré sur six colonnes : « Après l'effondrement complet du front français, l'entrée à Paris. »

Mais la plupart des troupes allemandes ne font que traverser la capitale : la guerre n'est pas finie et l'offensive allemande se poursuit tous azimuts, notamment à l'est et au sud-est de Paris. Des envahisseurs passent la barrière du Trône *(à gauche)* à la poursuite des troupes françaises qui continuent leur retraite.

Dans la ville, le général Dentz et son état-major ont été chassés des Invalides et installés comme prisonniers par les Allemands dans la villa que possède l'Aga Khan à Maisons-Laffitte : désœuvrés, Dentz et ses officiers attendent que l'ennemi les relâche — ils estiment n'avoir plus rien à faire dans la capitale occupée. Mais les Allemands entendent les garder sous la main jusqu'à la fin des hostilités avec la France. Ils admettent qu'un officier de l'état-major de Dentz, le capitaine Leniaud, puisse se rendre à Paris afin d'assurer quelques liaisons : daté du 16 juin, ce laissez-passer bilingue est, sans doute, le premier *Ausweis* de l'occupation — cette occupation qui verra une prolifération prodigieuse d'autorisations et laissez-passer de tous ordres.

Le 25 juin, Dentz et son état-major sont reconduits à la ligne de démarcation : l'armistice vient d'être signé...

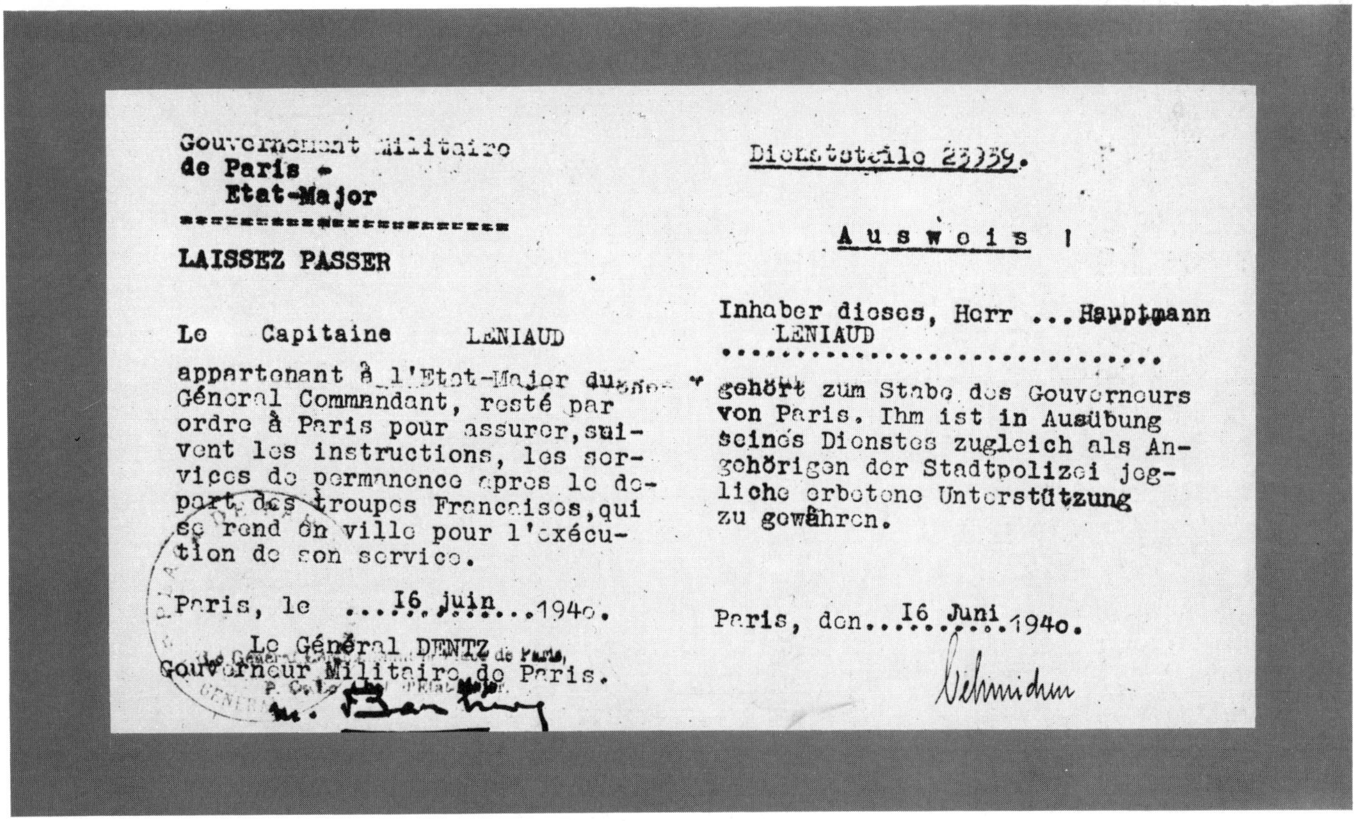

Gouvernement Militaire
de Paris -
Etat-Major

LAISSEZ PASSER

Le Capitaine LENIAUD
appartenant à l'Etat-Major du Général Commandant, resté par ordre à Paris pour assurer, suivant les instructions, les services de permanence après le départ des troupes Francaises, qui se rend en ville pour l'exécution de son service.

Paris, le ...16 juin...1940.

Le Général DENTZ
Gouverneur Militaire de Paris.

Dienststelle 23359.

Ausweis !

Inhaber dieses, Herr ... Hauptmann LENIAUD
....
gehört zum Stabe des Gouverneurs von Paris. Ihm ist in Ausübung seines Dienstes zugleich als Angehörigen der Stadtpolizei jegliche erbetene Unterstützung zu gewähren.

Paris, den...16 Juni...1940.

Ce qu'on n'avait jamais vu :

Le spectacle qu'offre Paris dans ces jours de juin est celui d'une ville fantôme : places, rues et avenues sont désertes — les Parisiens ne quittent leur domicile que pour se rendre dans les magasins d'alimentation. Le soir, un couvre-feu précoce les empêche de prendre le frais. Pas de voitures, pas d'autobus, hormis celles de l'occupant. La ville « vit repliée sur elle-même », note son préfet de police Langeron, resté en fonctions. Le 17 juin, l'essence est rationnée et le Préfet de la Seine et le Préfet de Police interdisent toute circulation des véhicules à moteur dans le département de la Seine. Le 17 juin, quelques cafés ouvrent leurs portes, un cinéma fonctionne ; le 5 juillet, les Allemands reculent l'heure du couvre-feu de 20 heures à 23 heures. Qu'importe ! Les Parisiens ne sont pas encore sortis de la torpeur où les a plongés la défaite.

22 juin : l'armistice est signé

Cette défaite a été définitivement consacrée le 22 juin 1940, en forêt de Compiègne, dans le wagon historique du maréchal Foch où fut signé l'armistice du 11 novembre 1918 ; mais vingt-deux ans après, les rôles sont inversés, les Français sont vaincus, les Allemands vainqueurs.

Hitler a tenu à recevoir lui-même les plénipotentiaires français *(ci-dessus)* : de dos, au centre, Ribbentrop, ministre des Affaires étrangères du Reich, à l'extrême gauche, le maréchal Gœring, de profil, puis Hitler, debout, Keitel, lisant la déclaration préliminaire aux conditions d'armistice qui vont être remises aux Français, le général von Brauchitsch, commandant de l'armée de terre allemande, debout, au centre, l'interprète Paul Schmidt, puis, assis, Rudolf Hess et deux des plénipotentiaires français, le général Huntziger et l'amiral Leluc.

A 18 h 50, Huntziger signe pour le gouvernement français la convention d'armistice *(ci-contre, à gauche)* qui met fin aux combats entre la France et l'Allemagne : la capitale de la France est englobée dans la zone qu'occuperont les Allemands dont le représentant, Keitel, a apposé son paraphe sur le document, à côté de la signature du Français *(à droite)*.

Übereinkommens Mitteilung gemacht hat, eingestellt werden. Die Reichsregierung wird der französischen Regierung diesen Zeitpunkt auf dem Funkwege mitteilen.

24.) Der Waffenstillstandsvertrag gilt bis zum Abschluss des Friedensvertrages. Er kann von der deutschen Regierung jederzeit mit sofortiger Wirkung gekündigt werden, wenn die französische Regierung die von ihr durch den Vertrag übernommenen Verpflichtungen nicht erfüllt.

Dieser Waffenstillstandsvertrag ist im Walde von Compiègne am 22. Juni 1940 18.50 Uhr deutscher Sommerzeit unterzeichnet worden.

Huntziger Keitel

Hitler arrive le 23 juin

L'armistice signé, les Allemands enlèvent le wagon doublement historique de la clairière de Rethondes et l'acheminent à Berlin : il sera exposé au public invité à visiter ce haut lieu où « fut effacée la honte du 11 novembre 1918 ». Encore aujourd'hui, on ignore ce qu'il est devenu : fut-il détruit en 1944 au cours d'un bombardement de la capitale allemande par l'aviation alliée ? Avait-il été mis à l'abri dans l'est de l'Allemagne puis découvert par les Soviétiques lors de leur marche victorieuse vers Berlin en 1945 et installé par eux dans quelque réserve bien cachée où ils ont entassé comme « butin de guerre » des souvenirs historiques ramassés en Allemagne ? En 1979, il est impossible de répondre à l'une ou l'autre de ces questions.

Revenons à Paris en juin 1940. Peu de temps après leur entrée dans la ville, les Allemands obligent les pompiers à enlever les sacs de sable qui protégeaient quelques-uns des plus célèbres monuments de la capitale des bombardements aériens : le groupe de Carpeaux, *la Danse,* est l'un des premiers à être débarrassé des sacs protecteurs *(ci-contre à gauche).*

L'explication de ce « déshabillage » des statues est très simple : Hitler en personne doit venir visiter la capitale, conquise sans combat par ses soldats, et il ne serait pas tolérable que le Chancelier, grand amateur d'art comme chacun sait, ne pût pas voir toutes nues les merveilles de la statuaire parisienne.

Il arrive dans la capitale le dimanche 23 juin, vers 5 heures du matin, avec une petite suite composée de quelques-uns des dignitaires du régime : son avion, un quadrimoteur FW 200 Condor s'est posé sur la piste du Bourget.

Hitler fera sa visite en suivant un trajet qui respecte à peu près celui des cars de tourisme avant 1939 : Champs-Elysées, Arc de Triomphe, Louvre, Palais de Chaillot, Tour Eiffel, Opéra, Invalides, Butte Montmartre et Boul'Mich'.

Ci-contre, à droite : la photo traditionnelle devant la Tour Eiffel. A droite d'Hitler, Albert Speer, architecte officiel du IIIe Reich, à droite de Speer, le *Flugkapitän* Hans Baur, pilote personnel du Chancelier, à gauche d'Hitler, le sculpteur Arno Breker.

C'est Hitler lui-même qui a fixé la durée de sa visite-éclair à Paris — un peu moins de trois heures :

« Je voulais m'abstenir, racontera-t-il plus tard à ses intimes, d'exciter la population par ma présence... Le premier crieur de journaux qui m'a reconnu en est demeuré bouche bée. Et j'ai encore devant les yeux l'image de cette Lilloise — Hitler avait visité Lille quelques jours avant — qui, m'apercevant de sa fenêtre, s'exclama : le diable ! »

En se promenant dans Paris, Hitler satisfait enfin un très ancien désir. Car le Chancelier aurait vivement souhaité venir à l'Exposition internationale de 1937 :

« J'ai beaucoup regretté, dira-t-il, de ne pouvoir visiter en personne l'exposition universelle de Paris. Je n'aurais pu alors me faire voir à Paris qu'avec une barbe, car autrement, les ennemis de l'entente germano-française auraient été soulevés par la plus grave indignation. »

Vainqueur, Hitler n'a pas besoin de postiche pour admirer sa proie quasi déserte, qu'il se montre sur l'esplanade du Palais de Chaillot *(ci-dessus)*, à l'Opéra *(ci-contre, à gauche)*, à Montmartre *(ci-dessus, à droite)*, ou qu'il échange quelques mots avec des civils français à l'aéroport *(ci-contre, à droite)*.

Quelles pensées ont pu agiter l'esprit d'Hitler quand il médite de longues minutes devant le tombeau de Napoléon ? Sans doute celle de sa victoire sur la France, mais, plus encore peut-être, l'espoir de mettre l'Angleterre à genoux, cette Angleterre qui, en cet instant, demeure sa seule ennemie en Europe occidentale.

Hitler tiendra à descendre, seul, dans la crypte où il restera immobile devant la vasque de porphyre rouge, puis repartira sans dire mot à ses compagnons. Hommage muet à un homme de guerre auquel il se croit comparable ? Oui, sans doute. Ou, plus prosaïquement, réplique au geste un peu théâtral de Napoléon lui-même qui, le 25 octobre 1806, tint à honorer de sa visite le cercueil de Frédéric II, démarche célébrée par une célèbre gravure d'Arnold qu'Hitler connaît sûrement ? Voilà, peut-être, la bonne hypothèse.

Mais, quand il s'immobilise devant le tombeau impérial, Hitler ne sait pas qu'il a pénétré dans la chapelle des Invalides par... effraction : ce sont des soldats allemands qui, le 15 juin, ont fait forcer avec de lourdes pinces de carrier les portes de bronze menant à la crypte !

De sa visite à Paris, le Chancelier a, en tout cas, retiré l'idée d'une parade monstre dans la capitale à la fin de la guerre dont, le 31 août 1940, le commandement suprême de l'armée allemande fixera les grandes lignes dans cet étonnant document :

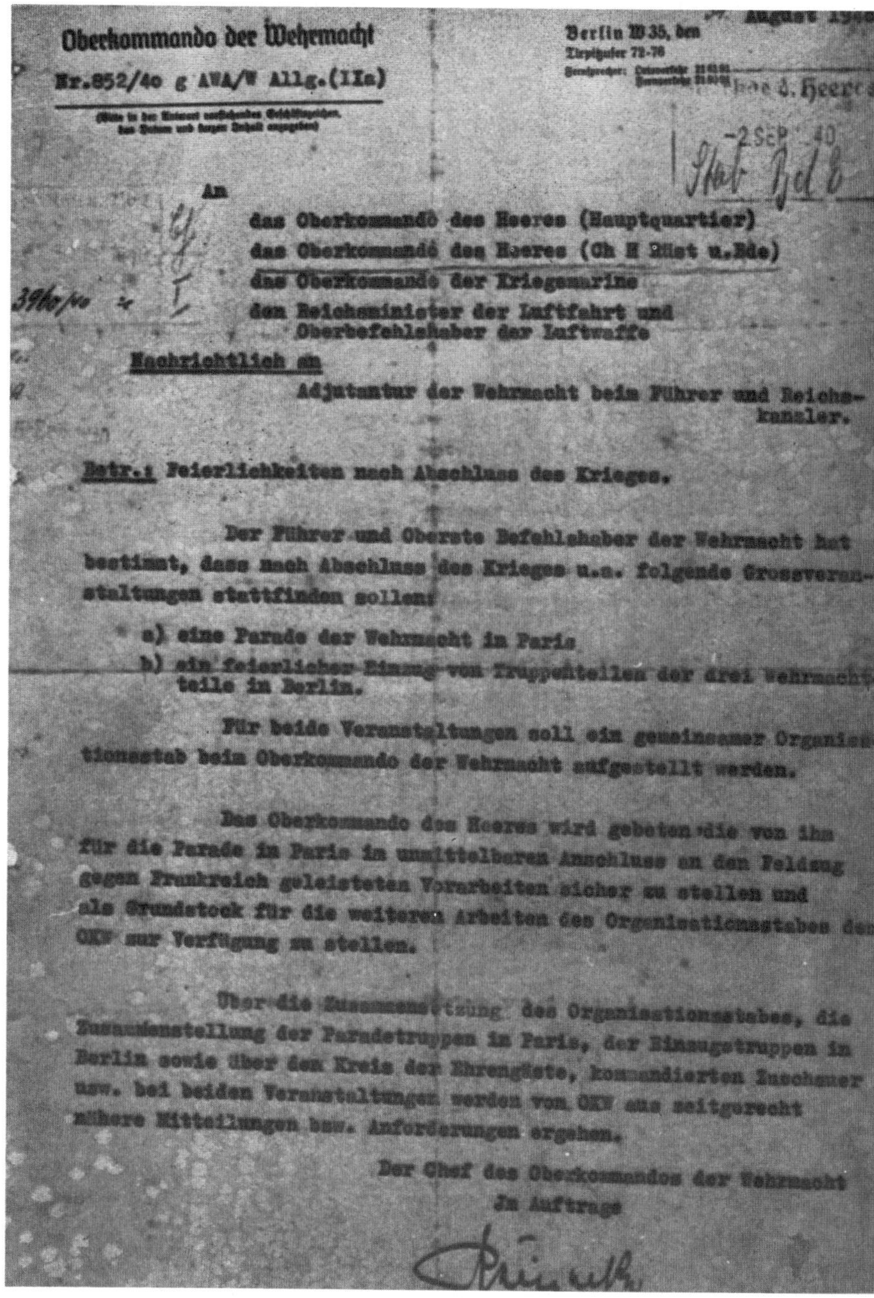

Oberkommando der Wehrmacht

Nr. 852/40 g AWA/W Allg. (IIa)

Berlin W 35, den ... August 1940
Tirpitzufer 72-76

Ob. d. Heeres
-2 SEP 40

An

das Oberkommando des Heeres (Hauptquartier)
das Oberkommando des Heeres (Ch H Rüst u. BdE)
das Oberkommando der Kriegsmarine
den Reichsminister der Luftfahrt und Oberbefehlshaber der Luftwaffe

Nachrichtlich an

Adjutantur der Wehrmacht beim Führer und Reichskanzler.

Betr.: Feierlichkeiten nach Abschluss des Krieges.

Der Führer und Oberste Befehlshaber der Wehrmacht hat bestimmt, dass nach Abschluss des Krieges u.a. folgende Grossveranstaltungen stattfinden sollen:

a) eine Parade der Wehrmacht in Paris
b) ein feierlicher Einzug von Truppenteilen der drei Wehrmachtteile in Berlin.

Für beide Veranstaltungen soll ein gemeinsamer Organisationsstab beim Oberkommando der Wehrmacht aufgestellt werden.

Das Oberkommando des Heeres wird gebeten, die von ihm für die Parade in Paris im unmittelbaren Anschluss an den Feldzug gegen Frankreich geleisteten Vorarbeiten sicher zu stellen und als Grundstock für die weiteren Arbeiten des Organisationsstabes dem OKW zur Verfügung zu stellen.

Über die Zusammensetzung des Organisationsstabes, die Zusammenstellung der Paradetruppen in Paris, der Einzugstruppen in Berlin sowie über den Kreis der Ehrengäste, kommandierten Zuschauer usw. bei beiden Veranstaltungen werden vom OKW aus zeitgerecht nähere Mitteilungen bzw. Anforderungen ergehen.

Der Chef des Oberkommandos der Wehrmacht
Im Auftrage

COMMANDEMENT SUPREME DE L'ARMEE
N° 852/40 g AWA/W Allg.(IIa)

SECRET

Berlin W 35, le 31 Août 1940

Au

Commandement supérieur de l'Armée de Terre (Quartier Général)
Commandement Supérieur de l'Armée de Terre (Armement et réserves)
Commandement Supérieur de Marine de Guerre
Ministre des Communications Aériennes du Reich et Commandement Supérieur de l'Armée de l'Air.

Pour Information à

l'aide de Camp auprès du Fuhrer, Chancelier du Reich.

Objet : Fêtes de la Victoire après la fin de la guerre

Le Führer et Commandant Suprême de l'Armée a décidé qu'après la fin de la guerre, les grandes manifestations suivantes devront avoir lieu :

a) Une Parade de l'armée à Paris
b) Un défilé triomphal à Berlin par des Groupements représentant les trois armées de terre, de mer et de l'air.

Pour ces deux manifestations, une organisation unique devra être mise sur pied par le Commandement Suprême de l'Armée.

Le Commandant Suprême de l'Armée de terre est responsable des travaux préliminaire pour l'organisation de la parade dans Paris à l'issue immédiate de la campagne contre la France, et mettra ces travaux à la disposition de l'Armée pour la mise au point définitive.

En ce qui concerne la composition de l'organisme central de l'armée chargé d'organiser ces défilés, la composition des troupes pour la parade dans Paris, la composition des détachements pour le défilé triomphal à Berlin, ainsi que les invitations des hôtes d'honneur, les spectateurs en service commandé, etc..., le Commandant Suprême de l'Armée donnera prochainement des instructions relatives à ces deux grandes manifestations.

Le Chef du Commandement Suprême de l'Armée
par ordre :

Signé : RUINNETEN.

De retour, les réfugiés...

Après la signature de l'armistice, les Parisiens partis sur les routes de l'exode regagnent peu à peu la capitale *(ci-contre, à gauche)*. A la fin du mois de juin, un dénombrement de la population résidant dans le département de la Seine indique la présence d'un million cent mille habitants *intra muros* et de huit cent mille en banlieue, au lieu de quelque trois et deux millions dénombrés au début de 1939! La ville se repeuplera certes au cours des semaines suivantes sans pourtant atteindre son niveau de population antérieur : beaucoup d'habitants de Paris ont préféré rester en « zone libre », portion de territoire français limitée par une véritable frontière

intérieure, la ligne de démarcation audelà de laquelle il n'y a pas d'occupants allemands, mais qui ne peut être franchie qu'avec une autorisation allemande.

Ceux qui reviennent en cet été de 1940 découvrent les premières traces du vandalisme « politique » des Allemands : le 5 juillet, des sapeurs de la *Wehrmacht* font sauter à l'aide d'explosifs le basrelief élevé à la mémoire d'Edith Cavell, l'héroïque infirmière anglaise de la guerre de 1914-1918, situé derrière le musée du Jeu de Paume, aux Tuileries *(ci-dessus)*.

Le 26 juillet, le monument aux morts de la Grande Guerre, cours des Maréchaux à Vincennes, dont l'inscription a été jugée « injurieuse » pour l'Allemagne, est détruit à son tour *(ci-dessus)*. Semblables faits ne sont pas sans précédents dans l'histoire de la capitale : en 1815, après Waterloo, le maréchal prussien Blücher avait émis la prétention d'abattre la colonne Vendôme et de détruire le pont d'Iéna; le bon Louis XVIII avait alors fait connaître à Blücher que le roi de France se trouverait sur le pont avant la mise à feu des charges explosives... et le Prussien n'insista pas.

L'occupant de 1940 n'a pas de Louis XVIII devant lui : du 26 au 29 juin, la statue du général Mangin est enlevée par des soldats *feldgrau* du terre-plein où elle se dressait place Denys-Cochin *(ci-dessous)*.

« Les Français, lira-t-on quelques semaines après dans l'*Illustrierter Beobachter*, avaient érigé un monument à la gloire du général Mangin, qui, en 1919, ordonna aux Allemands de livrer des femmes allemandes à l'appétit féroce des nègres. Quoique les Allemands ne soient pas partisans de la destruction des tableaux ou statues, dans ce cas spécial, ils ont jugé obligatoire de faire détruire par leurs soldats ce monument de honte... »

« Ils » sont bien

C'est dans l'hôtel particulier du défunt parfumeur et politicien de la IIIe République, François Coty, 24, avenue Raphaël, qu'habite le gouverneur militaire allemand de Paris, *der Kommandant von gross Paris (à gauche).*

Mondanités germaniques dans la capitale : Otto Abetz, en civil dans la voiture découverte, s'apprête à partir en promenade avec ses invités, parmi lesquels Mme Von Karajan *(ci-dessus),* image idyllique d'une occupation « correcte » que, dès leur installation dans Paris, les Allemands entendent offrir aux Français...

Mais ce n'est qu'une image, assez déconcertante il est vrai, des débuts de la présence ennemie, présence qui se veut légère mais dont l'occupé sentira tout le poids au fil des semaines.

Si l'été 1940 peut être considéré un peu comme la « période rose » de l'occupation où en apparence rien n'oppose plus l'occupé à l'occupant, le premier constate, non sans tristesse, que le second fait insensiblement main basse sur la ville où il choisit les plus beaux lieux de résidence : l'Allemand vit en pays conquis et cette conquête s'appelle Paris. Mais, comme tous les soldats d'une armée d'occupation, les Allemands se sentent isolés dans une ville où, finalement, ils vivent en vase clos et dont la plupart des habitants les regardent sans les voir : un Allemand appellera même le Paris de cette époque, la ville sans regard — *die Stadt ohne Blick.*

Les Allemands ont planté leurs drapeaux et leurs fonctionnaires un peu partout dans la cité : des hôtels réquisitionnés qu'ils habitent aux mess réservés où ils déjeunent, des casernes que leurs soldats occupent aux cinémas où ils se distraient, des bordels où ils sacrifient à Vénus aux stades où ils entretiennent leurs muscles, les occupants pensent d'abord à se rendre leur occupation agréable. Dans leur for intérieur, beaucoup pensent qu'ils apprendront à Paris la fin de la guerre, après l'inévitable succès d'un débarquement en force de la *Wehrmacht* en Angleterre que les stratèges étudient pour l'été.

Dernier phénomène inhérent à toute occupation militaire : si l'occupé ignore l'occupant, l'occupant ne fraternise pas avec l'occupé. L'armistice n'est pas la paix, gardons les distances...

ILS ONT DROIT ET LA PROSPÉRITÉ DE
LEUR FAMILLE.
RELIEF

Les obligations de la vie quotidienne imposent des rapports au sommet entre Allemands et Français. En zone libre, le gouvernement du maréchal Pétain conserve, en principe, sa totale souveraineté : seules des commissions d'armistice, allemandes et italiennes, y veillent à l'exécution des clauses de l'acte signé le 22 juin 1940.

En zone occupée, les Allemands, qui « exercent les droits de la puissance occupante », disposent d'un appareil militaire, diplomatique et économique qui étend les mailles de son filet multiple sur tous les secteurs de l'activité française. Au centre de la toile d'araignée militaire, le général Otto Von Stulpnagel qui porte le titre de commandant en chef en France, *Militärbefehlshaber in Frankreich* : il commande les troupes allemandes d'occupation. Son interlocuteur privilégié est Fernand de Brinon, journaliste promu à la dignité d'Ambassadeur de France, qui, avec le titre de « Délégué général du gouvernement français dans les territoires occupés », traite avec les autorités allemandes de toutes les questions nées du nouvel état des relations franco-allemandes : entre la France et l'Allemagne, l'armistice n'a pas supprimé *juridiquement* l'état de guerre — il s'agit d'une suspension des combats. D'où une situation finalement assez ambiguë, semée de réunions franco-allemandes officielles où la courtoisie règne.

Le 30 mai 1941 *(page de gauche)*, les trompettes de la Garde républicaine sonnent en l'honneur du général Von Stulpnagel *(à gauche sur le document)*, de Fernand de Brinon *(au centre)* et du consul général Quiring *(à droite)*, qui inaugurent au Grand Palais une exposition consacrée à « la France européenne ». Stulpnagel et Brinon se rencontrent souvent *(ci-dessus)*, assistés de leurs conseillers militaires, le général Bridoux pour le Français, le colonel Speidel pour l'Allemand.

Les relations avec les « économistes » de l'armée allemande sont bonnes, si l'on en croit cette invitation du chef de l'administration militaire à Brinon *(ci-contre, à droite)*.

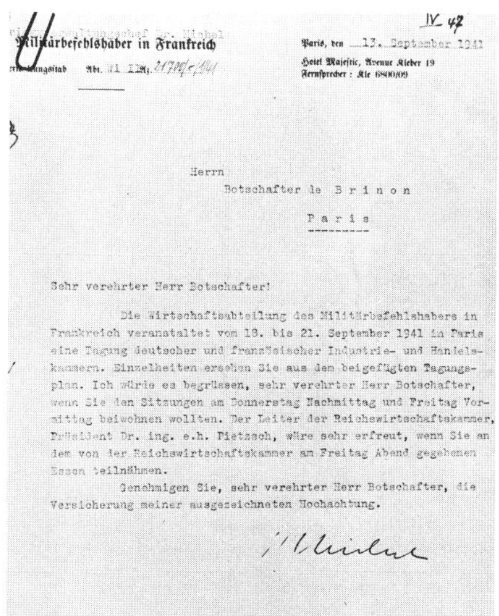

Militärbefehlshaber in Frankreich

Abt. ... Nr. ...

IV 47

Paris, den 13. September 1941

Hotel Majestic, Avenue Kleber 19

Fernsprecher : Kle 6800/09

Herrn

Botschafter de Brinon

Paris

Sehr verehrter Herr Botschafter!

Die Wirtschaftsabteilung des Militärbefehlshabers in Frankreich veranstaltet vom 18. bis 21. September 1941 in Paris eine Tagung deutscher und französischer Industrie- und Handelskammern. Einzelheiten ersehen Sie aus dem beigefügten Tagungsplan. Ich würde es begrüssen, sehr verehrter Herr Botschafter, wenn Sie den Sitzungen am Donnerstag Nachmittag und Freitag Vormittag beiwohnen wollten. Der Leiter der Reichswirtschaftskammer, Präsident Dr. ing. e.h. Pietzsch, wäre sehr erfreut, wenn Sie an dem von der Reichswirtschaftskammer am Freitag Abend gegebenen Essen teilnähmen.

Genehmigen Sie, sehr verehrter Herr Botschafter, die Versicherung meiner ausgezeichneten Hochachtung.

Michel

Très honoré Monsieur l'Ambassadeur !

La section économique du commandant en chef en France organise du 18 au 21 septembre, à Paris, un congrès des chambres de commerce françaises et allemandes. Le programme ci-joint fournit les informations à ce sujet. Je serais très heureux, Monsieur l'Ambassadeur, si vous vouliez bien honorer de votre présence les séances de jeudi après-midi et vendredi matin. Le chef de la Chambre de l'Economie du Reich, le président Dr. Ing. Pietszch, serait également heureux si vous vouliez bien accepter son invitation au dîner organisé par la Chambre économique du Reich, vendredi soir. Veuillez croire, Monsieur l'Ambassadeur, aux assurances de ma considération très distinguée.

Michel

Schaumburg : un reître qui hait les Français

Ce général de soixante ans, qui pique-nique au cours d'une inspection, s'appelle Ernst Schaumburg : il est commandant du grand Paris, *Kommandant von Gross Paris,* son autorité s'étendant sur la capitale et le département de la Seine. Il a commandé une division d'infanterie pendant les campagnes de Pologne (1939) et de France (1940). Installé avec ses services à l'Hôtel Meurice, rue de Rivoli, dès l'été de 1940, Schaumburg est un colosse aux mœurs spartiates — ses subordonnés l'ont surnommé « Rocher de bronze » —, mais amateur de musique, de beaux-arts et d'urbanisme. Il a sa loge à l'Opéra et sa tribune à l'hippodrome de Longchamp.

Le préfet de police Langeron, qui a rencontré Schaumburg le 21 août 1940, juge ainsi le général allemand : « C'est un reître qui n'essaie pas de jouer à l'homme bien élevé... On sent chez lui, aux premiers mots, la haine des Français et l'intention de ne les ménager en aucune circonstance. »

Responsable de l'ordre dans la région parisienne, Schaumburg signera la directive relative à la prise d'otages et ordonnera les premières exécutions de Français, après les attentats contre ses soldats dans les rues de la capitale. Il dispose d'un important état-major dont les membres occupent deux pages pleines de l'annuaire téléphonique spécial des services allemands à Paris *(ci-dessous).*

Schaumburg mourra d'un cancer peu après la fin de la guerre.

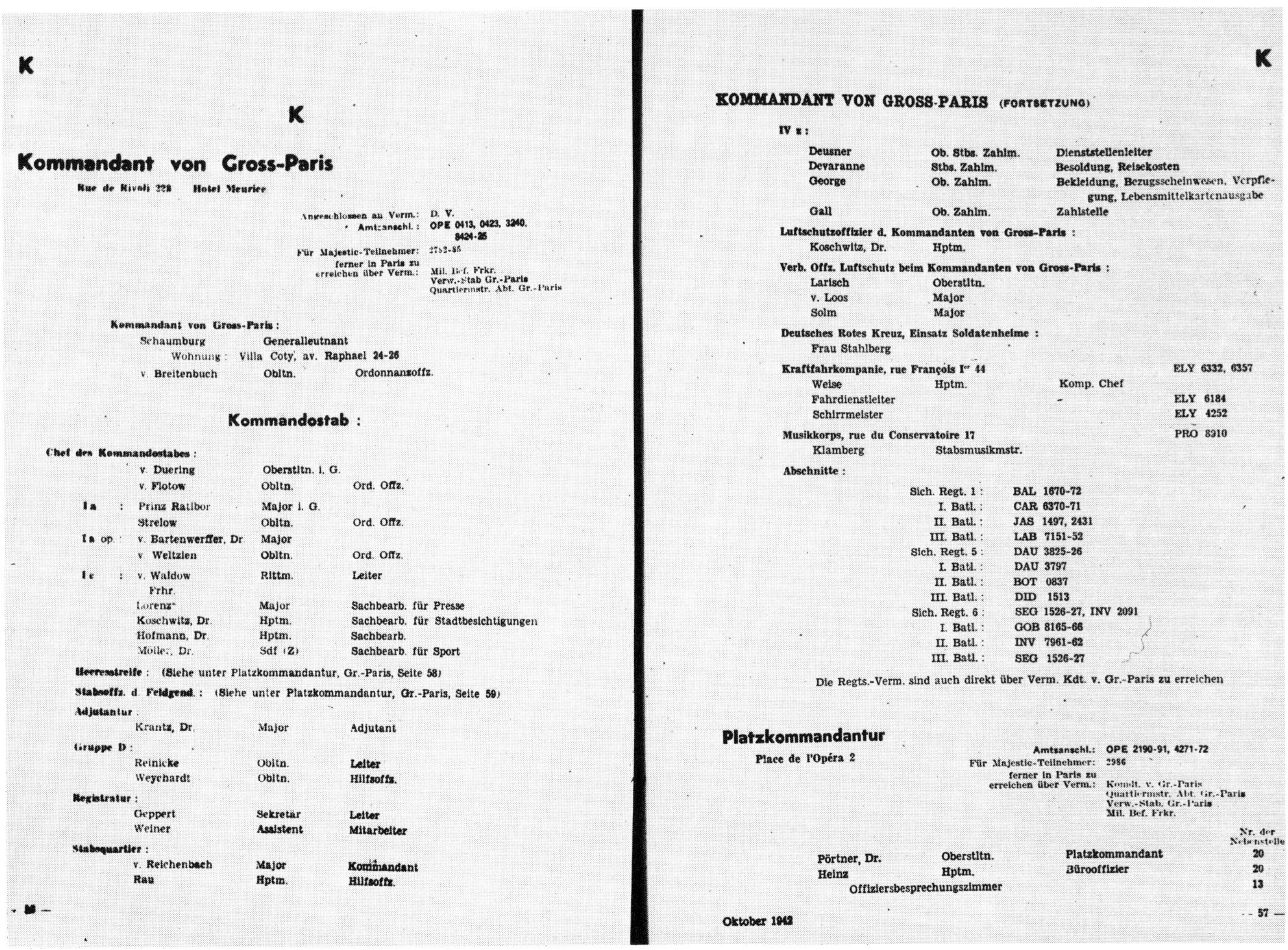

K

K

Kommandant von Gross-Paris

Rue de Rivoli 228 Hotel Meurice

Angeschlossen an Verm.: D. V.
Amtsanschl.: OPE 0413, 0423, 3240, 8424-25
Für Majestic-Teilnehmer: 2752-55
ferner in Paris zu erreichen über Verm.: Mil. Bef. Frkr.
Verw.-Stab Gr.-Paris
Quartiermstr. Abt. Gr.-Paris

Kommandant von Gross-Paris :

	Schaumburg	Generalleutnant	
	Wohnung : Villa Coty, av. Raphael 24-26		
	v. Breitenbuch	Obltn.	Ordonnanzoffz.

Kommandostab :

Chef des Kommandostabes :

	v. Duering	Oberstltn. i. G.	
	v. Flotow	Obltn.	Ord. Offz.
Ia :	Prinz Ratibor	Major i. G.	
	Strelow	Obltn.	Ord. Offz.
Ia op. :	v. Bartenwerffer, Dr	Major	
	v. Weltzien	Obltn.	Ord. Offz.
Ic :	v. Waldow Frhr.	Rittm.	Leiter
	Lorenz	Major	Sachbearb. für Presse
	Koschwitz, Dr.	Hptm.	Sachbearb. für Stadtbesichtigungen
	Hofmann, Dr.	Hptm.	Sachbearb.
	Möller, Dr.	Sdf (Z)	Sachbearb. für Sport

Heeresstreife : (Siehe unter Platzkommandantur, Gr.-Paris, Seite 58)

Stabsoffz. d. Feldgend. : (Siehe unter Platzkommandantur, Gr.-Paris, Seite 59)

Adjutantur :

Krantz, Dr.	Major	Adjutant

Gruppe D :

Reinicke	Obltn.	Leiter
Weychardt	Obltn.	Hilfsoffz.

Registratur :

Geppert	Sekretär	Leiter
Weiner	Assistent	Mitarbeiter

Stabsquartier :

v. Reichenbach	Major	Kommandant
Rau	Hptm.	Hilfsoffz.

— 56 —

K

KOMMANDANT VON GROSS-PARIS (FORTSETZUNG)

IV a :

Deusner	Ob. Stbs. Zahlm.	Dienststellenleiter
Devaranne	Stbs. Zahlm.	Besoldung, Reisekosten
George	Ob. Zahlm.	Bekleidung, Bezugsscheinwesen, Verpflegung, Lebensmittelkartenausgabe
Gall	Ob. Zahlm.	Zahlstelle

Luftschutzoffizier d. Kommandanten von Gross-Paris :

Koschwitz, Dr.	Hptm.

Verb. Offz. Luftschutz beim Kommandanten von Gross-Paris :

Larisch	Oberstltn.
v. Loos	Major
Solm	Major

Deutsches Rotes Kreuz, Einsatz Soldatenheime :

Frau Stahlberg

Kraftfahrkompanie, rue François Ier 44			ELY 6332, 6357
Weise	Hptm.	Komp. Chef	
Fahrdienstleiter		-	ELY 6184
Schirrmeister			ELY 4252
Musikkorps, rue du Conservatoire 17			PRO 8910
Klamberg	Stabsmusikmstr.		

Abschnitte :

Sich. Regt. 1 :	BAL 1670-72
I. Batl. :	CAR 6370-71
II. Batl. :	JAS 1497, 2431
III. Batl. :	LAB 7151-52
Sich. Regt. 5 :	DAU 3825-26
I. Batl. :	DAU 3797
II. Batl. :	BOT 0837
III. Batl. :	DID 1513
Sich. Regt. 6 :	SEG 1526-27, INV 2091
I. Batl. :	GOB 8165-66
II. Batl. :	INV 7961-62
III. Batl. :	SEG 1526-27

Die Regts.-Verm. sind auch direkt über Verm. Kdt. v. Gr.-Paris zu erreichen

Platzkommandantur

Place de l'Opéra 2

Amtsanschl.: OPE 2190-91, 4271-72
Für Majestic-Teilnehmer: 2986
ferner in Paris zu erreichen über Verm.: Komdt. v. Gr.-Paris
Quartiermstr. Abt. Gr.-Paris
Verw.-Stab. Gr.-Paris
Mil. Bef. Frkr.

			Nr. der Nebenstelle
Pörtner, Dr.	Oberstltn.	Platzkommandant	20
Heinz	Hptm.	Bürooffizier	20
Offiziersbesprechungszimmer			13

Oktober 1942

— 57 —

Le 1er mai 1943, le général baron Von Boineburg-Lengsfeld *(ci-dessous)* remplace son collègue Schaumburg comme *Kommandant von Gross Paris* et s'installe à sa place dans l'hôtel particulier de l'avenue Raphaël. Il ne change rien dans les habitudes de son prédécesseur dont il a gardé, avec la même fonction, le sous-chef d'état-major, le lieutenant-colonel prince von Ratibor und Corvey, que l'on voit s'entretenir *(ci-dessus)* avec le major Von Duhring, autre officier détaché auprès du *Kommandant von Gross Paris,* dans les salons du parfumeur Coty.

« Ils » sont bien comme chez eux

Avoir un poste et, si possible, un poste de bureaucrate dans l'un des nombreux services allemands de Paris, tel fut, pendant toute la durée de la guerre, le rêve caressé un instant par tout soldat de la *Wehrmacht.* Outre qu'il y court infiniment moins de dangers que sur n'importe quelle partie des fronts, le soldat *feldgrau* subit le charme de la ville : pendant l'été de 1940, des dizaines de milliers de permissionnaires la visiteront en groupes, dociles aux explications de *ciceroni* improvisés.

L'affectation à Paris constitue « la planque » la plus agréable que le commandement peut offrir à « ses petits sous-officiers ou petits fonctionnaires qui, venant de leur patrie silésienne, saxonne ou bavaroise, se trouvent tout à coup transplantés sur les boulevards parisiens, tout ébahis de cette ville qui pouvait se manifester à eux sous tant

Un petit souvenir de Paris pour la famille ou le fiancé de cette Nachrichten Helferin (« aide aux nouvelles ») mobilisée dans la Wehrmacht. *Au début de l'occupation, ces auxiliaires féminines avaient reçu le surnom de Mademoiselle « Blitz », Mademoiselle « éclair », en souvenir de la « guerre éclair », la Blitzkrieg, de mai-juin 1940. Celui de « souris grise » leur fut attribué par les occupés.*

de formes diverses » : cette impression d'un occupant, le sous-officier interprète Robert Wallraf la confie à son journal. Mais sait-il qu'elle correspond à peu près aux décisions qu'a prises Hitler relativement à la capitale ? A ses yeux, Paris doit devenir la capitale européenne du plaisir, une sorte de Babylone, tolérée dans la chaste, virile et prolifique Europe qu'il bâtira après sa victoire.

Avec un humour un peu lourd, il dira, un jour de l'hiver 1942 :

« Je n'aurai jamais de peine à trouver des occupants pour Paris et je ne cours pas le risque qu'un jour une unité de la *Wehrmacht* se révolte en disant : "Nous ne voulons plus rester en France". »

Cette France, à propos de laquelle la « directive » n° 490, adressée par le gouvernement du *Reich* à la presse allemande, le 9 juillet 1940, s'exprime en ces termes :

« A l'avenir, la France jouera en Europe le rôle d'une "Suisse agrandie" et deviendra un pays de tourisme, pouvant éventuellement assurer certaines productions dans le domaine de la mode. »

Encore faut-il que le futur « pays de tourisme » soit fermement tenu en main par l'occupant, d'où un « fourmillement d'autorités allemandes » dans la capitale, écrira le préfet de police Amédée Bussière, au printemps de 1942 :

« Les hôtels Majestic, Meurice et Crillon, le Palais-Bourbon, le Luxembourg regorgent de généraux, d'officiers de tout grade et de sous-officiers s'ébrouant lourdement au milieu d'un tas de secrétaires femmes, vêtues d'un rébarbatif costume d'uniforme. Les habitations particulières des chefs militaires sont naturellement les maisons les plus somptueuses de la capitale : on juge l'importance d'un mollusque à sa coquille... »

Il arrive même que des occupants célèbrent leur mariage à Paris, tel ce sous-officier de l'armée de l'air au bras de sa femme *(ci-contre)*, photographiés à l'église évangélique de l'armée allemande, 23, avenue George-V.

Ci-contre, à gauche et à droite : Comment le soldat G. Schmitz, de la section de propagande, voit l'occupation...

« Touristes en uniforme »

Comme il n'y a plus d'essence, réservée à quelques privilégiés français ou allemands, il n'y a plus de taxis dans la capitale : aussi, les bidasses germaniques, tout comme les occupés, utilisent-ils parfois les vélos-taxis *(ci-dessus)* dont les tarifs sont assez élevés. Leur présence ne change certes rien à l'atmosphère traditionnelle de la rue parisienne où le muguet du 1er mai est toujours présent *(ci-dessous),* mais elle en modifie certaines des composantes : un « tou-

riste en uniforme » — ainsi un journaliste de *l'Illustration* a-t-il baptisé le soldat allemand — n'est pas tout à fait un touriste... Pour être soldat, on n'en est pas moins homme, et des flirts s'ébauchent entre occupées et occupants que l'autorité supérieure n'approuve guère :

« Evite les excès sexuels », conseille une note de l'officier en chef du service sanitaire de la *Kommandantur* du grand Paris adressée aux soldats en garnison dans la capitale. « Ils diminuent tes capacités et sont préjudiciables à ta santé... »

Ni fraternisation, ni hostilité

Ces « touristes en uniforme » affectent, au début de l'occupation, de se comporter en vrais touristes : qu'ils photographient Notre-Dame *(ci-dessus),* admirent au Louvre la copie en plâtre de la Vénus de Milo et l'original de l'Hermaphrodite *(ci-contre, à droite)* ou s'essaient à peindre Montmartre *(à droite)* sous l'œil indifférent, mais non pas hostile, des habitants du quartier, ils finissent par s'intégrer au paysage parisien. Mais quelle est exactement la réaction des habitants de la capitale devant cette invasion que la propagande allemande qualifie de « pacifique »?

« L'armée allemande, que la propagande française avait défigurée en la dotant d'une renommée à faire frémir, note le sous-officier interprète Robert Wallraf en 1940, avait fait la meilleure impression. Nulle part on ne voyait des mains d'enfants coupées, des femmes massacrées, des soldats qui cambriolaient des magasins et des banques, en assassinant et en pillant. Après avoir été excitée à la haine, la population était revenue de son erreur en constatant que l'Allemand avait de bonnes manières et que ses "tanks de carton", en véritable acier, représentaient au mieux la puissance qui était derrière lui. »

Acceptons ce témoignage : après la grande peur du mois de juin, les occupés découvrent que l'occupant n'est pas un

monstre et en éprouvent une sorte de « lâche soulagement », un peu comparable à celui où, selon Léon Blum, les Français s'étaient abandonnés au moment de Munich, vingt et un mois auparavant.

Les instructions données par le commandement aux soldats de la *Wehrmacht* en occupation sont nettes : soyez « corrects » — ni fraternisation avec les Français, ni hostilité ouverte.

Un taux de change très favorable

Un officier allemand, Heinz Lorenz, qui, à l'état-major de Schaumburg, est chargé du moral de la troupe, a raconté : « Quand Schaumburg se présenta pour la première fois à son état-major parisien, il dit à ses officiers : "Ne vous considérez pas comme des ennemis de ce beau pays, mais comme des hôtes et conduisez-vous en conséquence". »

Les « hôtes » de Paris, puisque dans l'esprit de l'occupant, il s'agit d'une « hospitalité », certes un peu particulière, se fleurissent, comme les Parisiens eux-mêmes, au gré des saisons et au hasard des éventaires en plein vent *(ci-contre, à gauche)* : le langage des fleurs n'est-il point universel?

Les occupants peuvent les acheter par brassées : ils disposent d'un cours de change exceptionnellement favorable — un mark d'occupation correspond à vingt francs français! Ce taux, qui est le double de celui pratiqué en 1939, permet à l'occupant de rafler ce qui lui plaît dans les magasins parisiens au début de l'été 1940 :

« Quand je voyais les prix pratiqués, confie l'interprète Wallraf à son journal, il me semblait que j'étais un Américain qui, profitant de sa puissance économique, brandissait en souriant des billets de mille francs et trouvait tout *very cheap.* Pourquoi n'en serais-je pas capable à mon tour, en m'appuyant sur d'autres puissances? »

Et la tentation devient grande, pour certains soldats *feldgrau,* de profiter de ces avantages, immédiats : le 15 juillet 1940, le colonel Speidel note, dans son ordre d'état-major n° 10, que trois hommes (un caporal et deux simples soldats), qui se sont « éloignés sans permission de leurs unités », doivent être découverts et arrêtés. Ces déserteurs ne risquent-ils pas de s'abandonner aux charmes de la vie parisienne plutôt que de servir sous l'uniforme?

En fait, durant les dix premiers mois de l'occupation, plusieurs soldats allemands seront passés par les armes pour désertion. Grâce à Ernst Jünger, on connaît l'histoire de l'un d'entre eux, un jeune sous-officier qui quitte son unité pendant l'été de 1940; il disparaît dans la capitale où une Française l'héberge et, pendant des mois, s'occupe à des trafics divers. A la suite d'une dispute, sa maî-

tresse le dénonce à la police parisienne qui le livre aux autorités allemandes : il est fusillé dans un petit bois près de Robinson, au printemps de 1941...

Tel est « pris » qui croyait « prendre ». Mais quel tableau ! La noce en char à bancs, le photographe en uniforme, l'étonnante légende en langue anglaise (la photographie a été prise par Maurice Aubry, reporter d'une agence américaine autorisée à fonctionner à Paris) qui commente le document : *« A Paris, wedding-party in a char à bancs graciously complied when a visiting German officer requested the group to stop to have its picture taken. »* (« A Paris, un cortège nuptial dans un char à bancs est invité à s'arrêter un moment pour qu'un officier allemand puisse prendre une photo. ») Une certaine image de l'occupation... Une autre *(ci-contre)* participe de la même vision « pacifique » de l'occupation : ces Allemands gagneront-ils le gros lot de la Loterie nationale en achetant un billet émis par « les gueules cassées », association d'anciens combattants français de 1914-1918 ?

« *Ils* » *sont bons clients...*

L'argent « leur » est facile : dès les premiers jours, « ils » dévalisent les boutiques parisiennes.

« Tous les soldats allemands achetaient des chaussures, raconte l'interprète Robert Wallraf... Elles étaient très bon marché. » *(Ci-dessus.)*

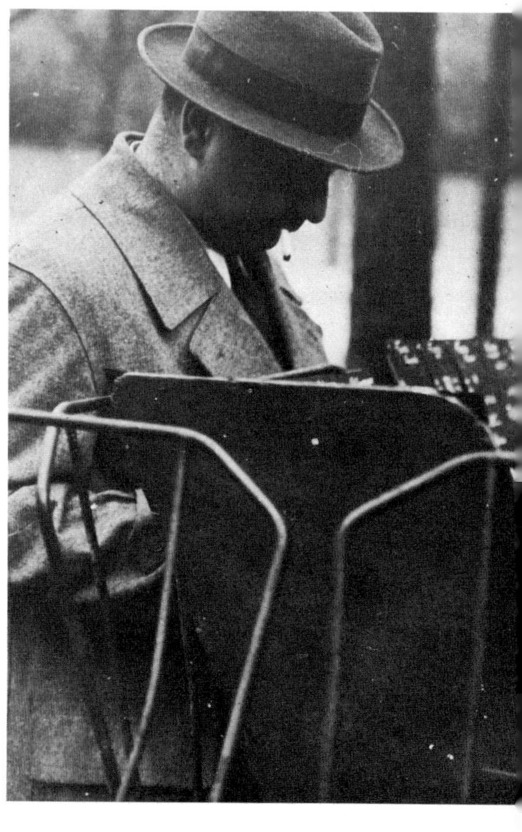

La philatélie n'a pas de patrie et le marché aux timbres du « carré Marigny » reçoit presque autant de visiteurs en uniforme que de Parisiens...

Des éventaires en plein vent sont ouverts par des débrouillards désireux d'écouler des marchandises d'origines diverses à des acheteurs qui ne discutent pas. Ici, au bois de Boulogne...

... l'argent leur est facile

Envoyer de Paris à sa *Gretchen* des parfums français n'est-il pas le comble de la délicatesse?

Les parfums épuisés, les dentifrices et eaux de rinçage de la bouche prendront le relais...

Si cette volonté de s'intégrer à la vie parisienne constitue l'une des consignes qu'exécutent scrupuleusement les occupants, celle-ci s'assortit toujours de « détails » qui la rendent insupportable à l'occupé.

Auteuil est ouvert

Ainsi, dès la mi-septembre 1940, les Allemands autorisent la réouverture des champs de courses de la région parisienne. Ils convient les autorités françaises à assister à Auteuil, le 12 octobre, à la réunion d'ouverture. Mais, renseignements pris, le délégué général du gouvernement français dans les territoires occupés, le général de la Laurencie (prédécesseur de Fernand de Brinon), apprend que, ce jour-là, la grande tribune de l'hippodrome, traditionnellement occupée par le Président de la République, sera réservée aux hautes autorités allemandes. La Laurencie estime qu' « il manquerait de dignité en assistant à cette manifestation sportive », et y délègue l'un de ses officiers d'ordonnance, le capitaine de Coulange. « Triste privilège, notera-t-il dans ses souvenirs, que celui d'être noyé au milieu des uniformes verts sous l'œil ahuri des habitués ! »

Sur les champs de courses, les Allemands ne paient pas de droit d'entrée : ils ont exigé d'avoir entrée libre *(Freier Eintritt)*, petite mesure de faveur que les turfistes voient d'un mauvais œil *(à gauche)*. Du moins, sur la pelouse, élégantes et occupants voisinent-ils... comme en temps de paix. De toutes les capitales occupées par l'armée allemande, Paris fut la seule où les courses se déroulèrent presque jusqu'à la libération.

102 boîtes de nuit et 22 maisons closes

Répartis en trois zones géographiques distinctes, les Champs-Elysées, Montmartre, Montparnasse, les cabarets parisiens usent de tous les moyens publicitaires pour attirer cette clientèle à l'argent facile.

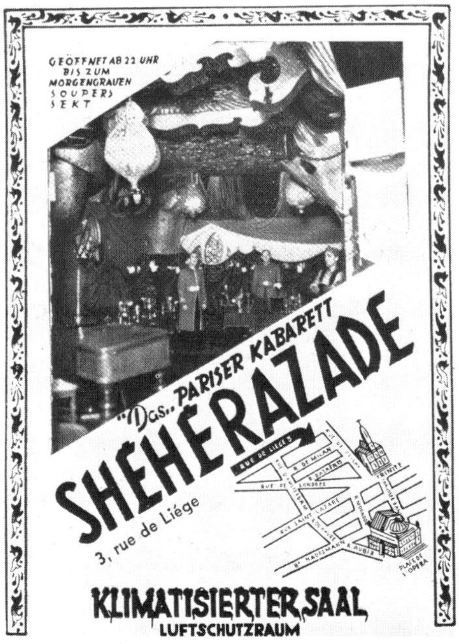

Destiné à devenir, selon le vœu d'Hitler, la Babylone des uniformes verts, Paris a rouvert ses premiers cabarets dans les derniers jours de juin 1940 et le sous-officier interprète Wallraf observe dès l'été que ses « camarades, qui fréquentent le soir les boîtes où on leur présente sur une scène élégante d'appétissantes filles nues, se jurent bien de revenir tous les ans à Paris... après la guerre » !

Pendant toute la durée de celle-ci, il est de fait que la vie nocturne à Paris ne cessera pas : aux occupants se mêleront sans vergogne les trafiquants du marché noir, qui dépensent sans compter dans les cabarets, et les nuiteux impénitents et nostalgiques, pour qui une soirée chez « Shéhérazade » restitue un peu l'atmosphère d'avant-guerre. L'annuaire du spectacle de 1942 dénombre 102 boîtes de nuit auxquelles il faudrait ajouter la cinquantaine d'autres qui n'ont pas désiré payer un emplacement publicitaire dans ladite revue !

Certains généraux allemands de la vieille école s'inquiètent cependant de cet aspect de la vie parisienne où ils craignent que leurs soldats s'amollissent : en 1942, ils firent part à Hitler de leur intention de demander la fermeture des boîtes du *Paris bei Nacht.* « Annulez immédiatement cette décision stupide, leur répondit Hitler, et laissez les Français se repaître de ces insanités : c'est un signe de décadence. Au contraire, encouragez-les à continuer : ainsi, ils se perdront encore plus rapidement ! »

Sur ce chapitre des plaisirs, précisons enfin que cinq des maisons les plus « chics » de la capitale, parmi lesquelles le célèbre *One Two Two* (122, rue de Provence), seront réservées aux officiers des forces d'occupation, la troupe ne pouvant se satisfaire qu'avec les pensionnaires de 22 maisons closes d'apparence plus modeste et de mobilier moins luxueux.

Une réglementation sanitaire très sévère préside aux contacts entre soldats et prostituées, avec un système de pointage de fiches imprimées où figurent la date du coït, l'adresse du bordel, l'identité de la *Partnerin,* etc. En cas de la survenue d'un mal vénérien, l'enquête permet de découvrir rapidement la responsable.

Quatre fois quatre saisons

Pour les Allemands, cette occupation commence bien, en juin 1940; aucun d'entre eux ne pense, à cette époque, qu'elle se terminera très mal.

Du côté des occupés, l'atmosphère est à la résignation. Passée la crainte des premiers jours, s'installent entre les occupants — que les occupés appellent entre eux, les *Fritz,* les *Frisés,* les *Vert-de-gris,* les *Doryphores,* mais très rarement les *Boches* — et les habitants de la capitale des relations de voisinage assez froides dans la plupart des cas, plus cordiales dans d'autres.

L'une des histoires les plus caractéristiques de ce début de l'occupation se situe dans le métro. Sur le quai, un Allemand, embarrassé sur le choix de la direction à prendre, s'adresse à un Parisien en casquette, dans un français approximatif :

— Meuzieu, la diregzion Bouton-Duferné, bitte ?

Et l'autre, sans lâcher son mégot, lui répond *mezza voce,* sur le ton de la plus exquise politesse :

— T'as voulu y venir à Paname, mon pote... Eh ben, dém...-toi !

L'anecdote n'est peut-être pas authentique; elle a cependant une certaine valeur folklorique dans la description de ce nouveau paysage parisien où tout indique une rupture brusque et totale avec le passé, un passé où on ne connaissait ni couvre-feu imposé, ni tickets de rationnement, ni points de textiles, ni tickets de chaussures, pour s'alimenter, se vêtir, se chausser, et où, par-dessus tout, n'existait pas cette lancinante présence étrangère, créatrice d'un malaise à la fois indéfinissable et trop bien défini, où la psychose de supériorité du vainqueur équipolle la psychose d'infériorité du vaincu.

Participent de la première, la parade quotidienne d'un bataillon de la *Wehrmacht,* de l'Etoile au rond-point des Champs-Elysées *(ci-contre, à gauche)*, et ces drapeaux obsédants, au haut de tous les monuments de la capitale *(ci-dessus).*

Et cela durera quatre fois quatre saisons.

Le premier tract ronéoté

Quelques voix s'élèvent pourtant dès juillet 1940 contre cette tentation de l'indifférence passive à l'Allemand : un fonctionnaire syndicaliste, Jean Texcier, diffuse lui-même un tract ronéoté de quatre feuillets, « Conseils à l'occupé », où il appelle les Parisiens à la résistance individuelle contre l'Allemand :

« Surveille-toi, civil mon frère, ajuste avec soin ton beau masque de réfractaire...

CONSEILS À L'OCCUPÉ

1. Les camelots leur offrent des plans de Paris et des manuels de conversation; les cars déversent leurs vagues incessantes devant Notre-Dame et le Panthéon; pas un qui n'ait, vissé dans l'œil, son petit appareil photographique. Ne te fais pourtant aucune illusion : CE NE SONT PAS DES TOURISTES.

2. Ils sont vainqueurs. Sois correct avec eux. Mais ne va pas, pour te faire bien voir, au-devant de leurs désirs. Pas de précipitation. Ils ne t'en sauraient, au surplus, aucun gré.

3. Tu ne sais pas leur langue ou tu l'as oubliée. Si l'un d'eux t'adresse la parole en allemand, fais un signe d'ignorance, et, sans remords, poursuis ton chemin.

4. S'il te questionne en français, ne te crois pas tenu de le mettre toi-même sur la voie en lui faisant un brin de conduite. Ce n'est pas un compagnon de route.

5. Si, au café, ou au restaurant, il tente la conversation, fais-lui comprendre poliment que ce qu'il va te dire ne t'intéresse pas du tout.

6. S'il te demande du feu, tends ta cigarette. Jamais, depuis les temps les plus lointains, on n'a refusé du feu, pas même à son ennemi le plus immortel.

7. S'ils croient habile de verser le défaitisme au cœur des citadins en offrant des concerts sur nos places publiques, tu n'es pas obligé d'y assister. Reste chez toi, ou va à la campagne écouter les oiseaux.

8. Depuis que tu es « occupé », ils paradent en ton déshonneur. Resteras-tu à les contempler? Intéresse-toi plutôt aux étalages. C'est bien plus émouvant, car, au train où s'emplissent leurs camions, tu ne trouveras bientôt plus rien à acheter.

9. Ton marchand de bretelles a cru bon d'inscrire sur sa boutique : « Man Spricht Deutsch »; va chez le voisin, même s'il paraît ignorer la langue de Gœthe.

10. Si tu vois une fille en conversation d'affaire avec l'un d'eux, ne t'en offusque pas. Ce garçon en aura juste pour son argent, qui ne vaut rien. Et dis-toi bien que les trois quarts des Français ne se montreraient pas avec cette fille, plus délicats que ce blondin de la Forêt Noire.

11. Devant le marivaudage d'une de ces femmes que l'on dit honnêtes avec un de tes occupants, rappelle-toi qu'au-delà du Rhin, cette jolie personne serait publiquement fouettée. Alors, en la détaillant, repère soigneusement la tendre place, et savoure d'avance ton plaisir.

12. Si la nécessité veut que tu t'adresses à une de ces sentinelles de bronze qui veillent aux Kommandantures, ne te crois pas tenu de te découvrir, comme je l'ai vu faire. Porte sobrement l'index à la hauteur de ton couvre-chef. Sois ménager de tes grâces.

13. C'est entendu. Ils savent chanter en chœur et d'une voix juste. Mais c'est au commandement, comme pour un exercice respiratoire. Chez nous, le soldat chante faux et rarement en mesure; mais il ignore la corvée du chant. Il chante quand ça lui chante.

14. La lecture des journaux de chez nous n'a jamais été conseillée à ceux qui voulaient apprendre à s'exprimer correctement en français. Aujourd'hui, c'est mieux encore, les quotidiens de Paris ne sont même plus pensés en français.

15. Abandonné par ta T.S.F., abandonné par ton journal, abandonné par ton Parti; loin de ta famille et de tes amis, apprends à penser par toi-même. Mais dis-toi que, dans cette désolation entretenue, la voix qui prétend te donner du courage est celle du Dr Goebbels. Esprit abandonné, méfie-toi de la propagande allemande.

16. Ils sont très « causants ». Ayant caressé les enfants, ils sourient à la mère et bientôt gémissent sur le sort de la France. Alors, suit le boniment : « Pauvres Français, vous avez été entraînés dans une funeste guerre par un Gouvernement de coquins à la solde de l'Angleterre », et ils récitent leur couplet à n'importe qui, à propos de n'importe quoi. Leur Grande Muette est bien une grande bavarde.

17. A l'autre guerre, on les a tout de suite appelés les Boches. Ce n'était pas très élégant. Cette fois, on s'est contenté de dire simplement : les Allemands. Progrès certain dans la tenue, si, à ce souci de correction, ne s'était mêlé, chez beaucoup, comme un secret désir d'abandon.

18. Aujourd'hui qu'ils sont partout, aux champs comme à la ville, un surnom leur est venu : les Doryphores. Se fâcheraient-ils? On aurait pu, pour la rime que tu sais, choisir le phylloxéra.

19. L'entomologie peut, d'ailleurs, fournir d'autres images. Du fond de l'horizon, ils arrivent en masses, obscurcissant le ciel, couvrant la terre. Ne songes-tu pas à une nuée de sauterelles vertes? Raidis-toi. Ils finiront bien par user leurs mandibules.

20. Il est interdit de lacérer leurs affiches. Aussi te gardes-tu de les frôler, même par temps de pluie.
Pourquoi, diable, leur saint Vincent de Paul en uniforme a-t-il donc tant de mal à garder sa figure ?

21. Etale une belle indifférence ; mais entretiens secrètement ta colère. Elle pourra servir.

22. Je connais un philosophe qui, las comme toi de les voir circuler à pleins camions, a trouvé un curieux moyen de se consoler. « Nous avons vraiment fait trop de prisonniers », soupire-t-il simplement.

23. L'Aigle allemand marche pompeusement et c'est le pas de l'oie. Partant en guerre contre l'Angleterre, il chante avec ostentation, et c'est peut-être le chant du cygne.

24. Comme jadis les Ardennes, voici Paris renseigné et conseillé par les gazettes de leur confection. Bien peu de signatures; mais s'il est vrai que le « style c'est l'homme », tous les articles sont signés FERDONNET.

25. Pour constituer une rédaction de choix, il ne leur suffisait pas que la frontière fût ouverte ; ils ont fait ouvrir aussi les prisons de France. Tel qui avait plaidé pacifisme a troqué, en riant, ses chaussons de lisière contre une paire de bottes. Tel autre, fait prisonnier par erreur, a échangé, avec reconnaissance, sa vareuse de soldat contre une livrée de propagandiste. A la fin du mois, passant à la caisse, l'un et l'autre toucheront, sans étonnement, leurs trente deniers, en papier sombre. La France paiera !!!

26. Leurs docteurs leur avaient dit que Paris était à la fois Sodome, Gomorrhe et Babylone ; que les délices de la chair s'y mêlaient affreusement aux plaisirs de la table et que tous les vices du monde s'y donnaient rendez-vous.
Sans doute n'est-ce pas seulement pour avoir leur part de luxures qu'ils ont mis tant d'empressement à gagner cette ville perdue. En tout cas, aujourd'hui, ils baffrent dans les bons restaurants, sirotent à la terrasse des grands cafés, vident les confiseries, dévalisent les rayons de lingerie pour dames et, dans les librairies spéciales, il n'y aura pas assez de photos d'art pour satisfaire la friandise de ces soldats du Graal.
Prends patience.
Ni Sodome, ni Gomorrhe, pas même Babylone. Peut-être tout simplement Capoue.

27. Tu me dis que, dans cette impressionnante et victorieuse organisation, faite surtout de discipline, si tu découvrais une faille, tu respirerais mieux, car ce serait un mécanisme plus humain, et pourtant, plus destructible. Très juste. Mais tu m'annonces aujourd'hui d'un air triomphant qu'ils ne prennent pas toujours les clous pour traverser la chaussée et qu'ils négligent bien souvent de passer par le portillon du métro. Je te croyais plus sérieux.

28. Un citoyen romain acheta, pendant qu'Annibal assiégeait la ville, un bout de terrain sur lequel campaient les Carthaginois. Il savait qu'Annibal n'était là qu'en passant.

29. Une dame, que leur vue rendait au début littéralement malade, me dit aujourd'hui d'un ton dégagé : « Je crois bien que je finis par ne plus les voir. » Quand elle avait si mal au cœur, j'aurais embrassé cette clairvoyante. Maintenant qu'elle digère tout si facilement, j'ai envie de mordre cette somnambule.

30. Tu grognes parce qu'ils t'obligent à être rentré chez toi à vingt-trois heures précises.
Innocent, tu n'as pas compris que c'est pour te permettre d'écouter la radio anglaise ?

31. Tu en as déjà vu de toutes les couleurs. Les verts, les gris, les noirs sont venus les premiers.
C'étaient les militaires. Puis sont venus les moutardes avec, au bras, une bague rouge comme en ont les cigares. C'étaient les militants.
Voici venir les sans-couleurs.
Ils arrivent par paquets avec leurs petits et leurs femmes. A les voir, tu jurerais des civils. Vêtus de pacifiques vestons et de paisibles jupons, ils logent dans ta maison, écoutent à ta porte, épient tes gestes, dénoncent tes propos. Méfie-toi de tous. Aussi de toutes.

32. En prévision des gaz, on t'a fait suer sous un groin de caoutchouc et pleurer dans des chambres d'épreuve. Tu souris maintenant de ces précautions.
Tu es satisfait d'avoir sauvé tes poumons. Sauras-tu maintenant préserver ton cœur et ton cerveau ?
Ne vois-tu pas qu'ils ont réussi à vicier l'atmosphère que tu respires, à polluer les sources auxquelles tu crois pouvoir te désaltérer, à dénaturer le sens des mots dont tu prétends encore te servir. Voici l'heure de la véritable DEFENSE PASSIVE.
Surveille tes barrages contre leur radio et leur presse. Surveille tes blindages contre la peur et les résignations faciles. Surveille-toi, civil mon frère, ajuste avec soin ton beau masque de réfractaire.

33. Inutile d'envoyer tes amis acheter ces Conseils chez le libraire. Sans doute n'en possèdes-tu qu'un exemplaire et tiens-tu à le conserver. Alors, fais-en des copies que tes amis copieront à leur tour.
Bonne occupation pour des occupés. »

Cette résistance passive est-elle bien comprise ? Non. Des habitants de la capitale remplissent le parvis de Notre-Dame où des musiciens de la *Wehrmacht* offrent un concert gratuit, le 23 juin 1940. Curiosité de badauds désœuvrés, pensent les indulgents.

La vie continue, rue de Rivoli comme ailleurs, à l'ombre des drapeaux allemands *(ci-dessus)*.
Et l'occupé se fait à tout, même aux nouveaux voyageurs du métro qui, eux, sont transportés gratis *(à droite)*.

… on s'écrase dans le métro

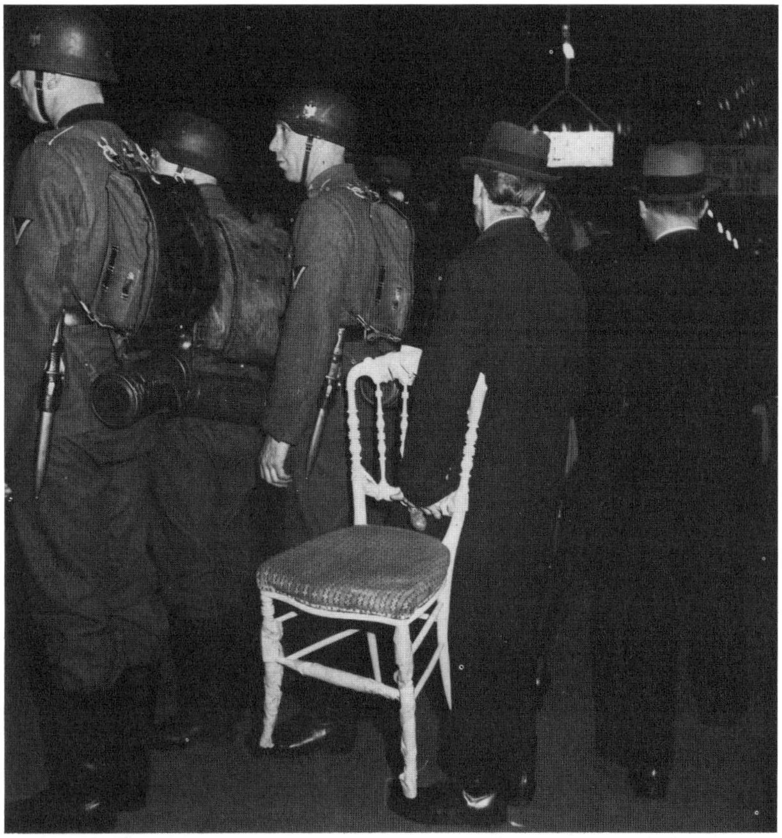

La bicyclette est une valeur sûre

Les transports dans Paris subissent une transformation profonde. A part le métro qui fonctionne à peu près normalement (en 1942, le métro transporte 3 500 000 voyageurs par jour!), encore que de nombreuses stations aient été fermées sur tout le réseau, les autobus sont peu nombreux; et ce toit bombé qui leur donne un faux air de bus londonien est, en réalité, un réservoir de gaz alimentant le moteur *(ci-contre, en haut, à gauche)*.

Aussi la bicyclette redevient-elle véritablement la « petite reine » des rues parisiennes : en 1944, pour une population d'environ trois millions d'habitants, on comptera deux millions de vélos!

Fait très significatif, le vol de vélos est courant : au cours du dernier trimestre 1940, 20 000 de ces engins sont dérobés à leur légitime propriétaire. La Préfecture de Police a certes prévu de munir chaque bicyclette d'une plaque d'immatriculation semblable à celle des voitures disparues *(ci-contre, au milieu, à gauche)*, mais cette précaution n'empêche pas les vols. Accessoire indispensable de la bicyclette, la remorque où est généralement placé le ravitaillement glané en grande banlieue *(ci-dessous, à gauche)*.

La bicyclette est une « valeur sûre », et son commerce, source de profits considérables : en 1944, le prix d'achat d'une bicyclette neuve au marché noir atteindra celui d'une petite voiture avant la guerre!

Quant à trouver des chambres à air et des pneus neufs pour remplacer les anciens, c'est quasiment impossible : les pneus sont réparés avec du chatterton entourant la jante, ce qui transforme beaucoup de vélos en cycles burlesques du « vélodrome du rire » de Luna Park, célèbre parc d'attractions situé à la porte Maillot (maintenant disparu).

La « petite reine » inspire les conteurs d'histoire. En voici une, de 1941 :

« Jeannot rencontre son copain Bébert qui pédale sur un splendide vélo de femme. "Mais d'où tiens-tu ce vélo?" Bébert raconte : "L'autre matin, je me promenais au bois de Boulogne. Au détour d'un chemin, je rencontre une fort belle femme en manteau de fourrure, poussant sa bicyclette d'une main. Elle s'arrête devant moi, me regarde dans les yeux et, de son autre main,

ouvre son manteau : elle était toute nue dessous ! Et elle me dit, lascive : “Prends ce que tu veux, chéri.” Alors moi, j'ai pris le vélo”... »

Devant le célèbre Maxim's, un garage de bicyclettes et une station de fiacres pour les clients *(ci-dessus)* : des vélos chez Maxim's — Georges Feydeau, qui l'eût cru ! Quant aux pédaleurs des vélos-taxis, frères lointains des tireurs de pousse-pousse exotiques, ils disputent leur championnat en 1942 *(ci-dessous)*.

Outre le défilé quotidien d'une compagnie de la *Wehrmacht,* de l'Etoile au rond-point des Champs-Elysées, les Allemands organisent parfois des parades plus importantes dans la capitale : celle que commande, le 9 juillet 1941, le général Schaumburg vise un double but *(ci-dessus).* Il s'agit de célébrer, avec pompe, seize jours après l'attaque de l'U.R.S.S. par la *Wehrmacht,* le début d'une « croisade européenne contre le bolchevisme » à laquelle une légion de volontaires français, créée le 7 juillet par les partis favorables à la collaboration franco-allemande, doit apporter sa contribution. En outre, les Parisiens seront impressionnés par ce déploiement

de forces auquel Schaumburg préside devant la statue de Clemenceau.

Si les *Fritz* peuvent descendre les Champs-Elysées, les Français en sont dispensés : et cet original *(à droite)* qui, en mars 1944, a prétendu jouer au cavalier solitaire sur la plus célèbre et la plus déserte avenue du monde, est amené au quart le plus proche par les gardiens de la paix. Il ne gêne personne, certes, mais le règlement...

Celui de l'armée allemande prévoit la corvée de cinéma, en colonne par trois *(à gauche)*. Le programme est stimulant : actualités de la semaine diffusées par la section de propagande du commandement suprême de l'armée.

Midi moins dix, rue Royale : le cercueil de l'amiral Lothar von Arnauld de la Perrière, commandant de la *Kriegsmarine* à l'ouest, passe devant les curieux : un gardien de la paix salue la dépouille mortelle de cet Allemand au nom si français, descendant d'un protestant émigré après la révocation de l'édit de Nantes, que le hasard de la guerre a fait mourir sur la terre de ses lointains aïeux où il est revenu en conquérant. Arnauld de la Perrière avait été l'un des plus célèbres commandants de sous-marins allemands pendant la Première Guerre mondiale où il avait coulé un tonnage allié impressionnant.

Autre défilé présenté par le général SS « Sepp » Dietrich, l'un des meilleurs spécialistes allemands des blindés *(ci-*

dessus), au moment où sa division passe par la capitale avant de gagner ses emplacements de combat en Normandie après le débarquement allié : ce sera la dernière grande parade allemande dans Paris, Paris qui a vécu, pendant quatre ans, au bruit des bottes allemandes martelant le pavé.

Ces défilés intentionnels offrent parfois matière à réflexion aux occupés : lors de celui du 9 juillet 1941 *(ci-contre, à gauche),* les Parisiens avertis des choses militaires ont observé que parmi les chars allemands figuraient quelques chars de fabrication française — des Renault et des Somua, prises de guerre pour les premiers, assemblés dans les usines réquisitionnées par l'occupant pour les seconds.

Gross Propaganda Aktion

Afin de ne pas s'égarer dans cette ville tentaculaire, l'occupant a installé son propre système de signalisation : ses poteaux indicateurs aux plaques blanches, noires et rouges (les couleurs de son drapeau) montrent le bon chemin aux bidasses perdus.

Ces panneaux sont entretenus aux frais des occupés : ils sont soigneusement repeints chaque année.

Au fil des mois, les occupés découvrent de nouvelles pancartes, celle du *Soldatenheim* (foyer du soldat) installé dans une grande brasserie de la place Clichy, d'autres encore...

Dans la nuit du 20 au 21 juillet 1941, de gigantesques V accompagnés d'une banderole où on lit « l'Allemagne vainc sur tous les fronts » *(Deutschland siegt an allen Fronten)* sont apposés sur les principaux monuments de la capitale : que signifie cette gigantesque action de propagande *(Gross Propaganda Aktion)*? Pour la comprendre, il faut remonter au 14 janvier 1941 : ce jour-là, trois speakers belges de la radio anglaise, dans une émission destinée à la Belgique occupée, demandent à leurs compatriotes de marquer à la craie des V sur les murs, V, première lettre du mot victoire, cette victoire espérée pour les Anglais... La consigne est suivie à Paris avec enthousiasme : les murs se couvrent de V, les voyageurs du métro découpent leurs tickets en forme de V, qu'après usage ils dispersent à tous les vents coulis des couloirs de correspondance.

Cette campagne de persiflage mural et de papier exaspère l'occupant. Sa parade? Il s'annexe le V de la radio anglaise qu'il transforme en un mot latin, *victoria* (en allemand, victoire se dit *Sieg*) et, sans plus de façon, le V résistant devient un V nazi.

V
CHAMBRE DES DEPUTES
DEUTSCHLAND SIEGT AN ALLEN FRONTEN

Speise-und Aufenthaltsräume
Soldatenheim
der Kommandantur Paris
Lese-Schreib-und Spielzimmer

Désormais les agents ont des gants blancs

Si les Allemands ont imposé aux gardiens de la paix des gants blancs à crispins pour régler la circulation de leurs voitures *(ci-dessus)*, ils leur ont également donné l'ordre de saluer leurs officiers, un ordre qui, on l'a vu précédemment, est ponctuellement exécuté.

Une petite histoire de plaques de rue...

Il y avait à Pierrefitte, avant la guerre, un boulevard de la Station. En octobre 1938, la municipalité décida de lui donner le nom de boulevard Neville-Chamberlain, « artisan de la paix » ; Premier ministre anglais, Chamberlain avait signé avec Daladier, Président du Conseil français, les accords dits de Munich qui, le 29 décembre 1938, consacraient le rattachement du territoire des Sudètes à l'Allemagne et laissaient prévoir la disparition de la Tchécoslovaquie de la carte européenne.

Au-dessus de la plaque célébrant le souvenir de Neville Chamberlain, un petit parapluie de bronze, emblème dudit artisan, fut scellé dans le mur. Le 16 janvier 1941, parapluie et Neville sont dévissés et une plaque toute neuve gravée au nom de Philippe Pétain, maréchal de France, chef de l'Etat, est fixée à sa place ! Pourtant, dans les deux cas, l'ancien nom de « boulevard de la Station » demeure en réserve, badigeonné de blanc. On ne sait jamais... Comment donc croyez-vous que s'appelle en 1979 le boulevard ex-Neville-Chamberlain, ex-Philippe-Pétain à Pierrefitte ? Cherchez, et vous trouverez...

Cet exemple n'est pas unique. Par ordre du gouvernement de Vichy, quelques rues sont débaptisées çà et là, mais, le plus souvent, ce sont les municipalités nommées par le pouvoir qui décident de donner le nom du Chef de l'Etat à une avenue ou à un cours portant le nom d'un personnage qui fleure un peu trop bon la IIIe République.

Papiers dans les poches...

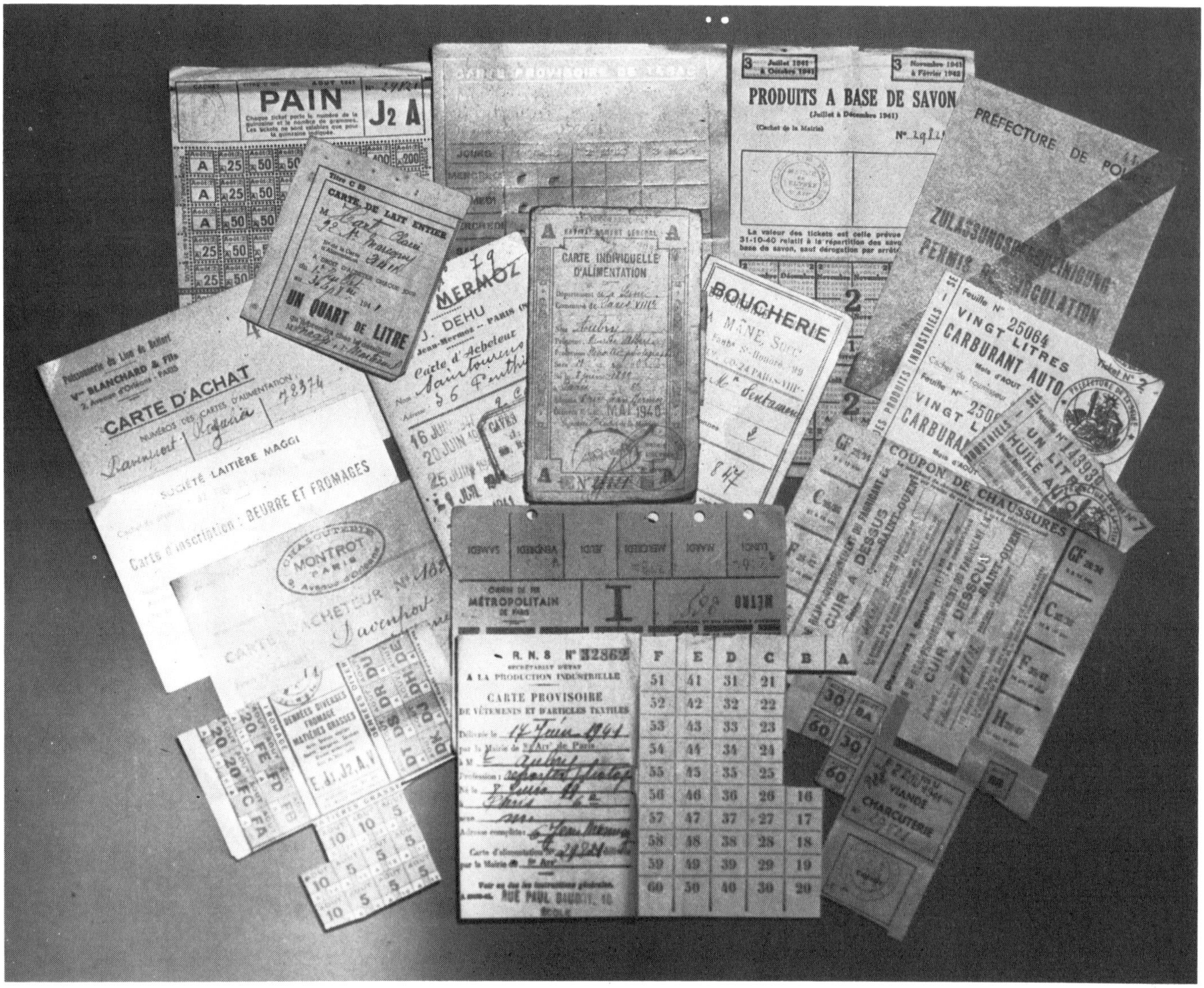

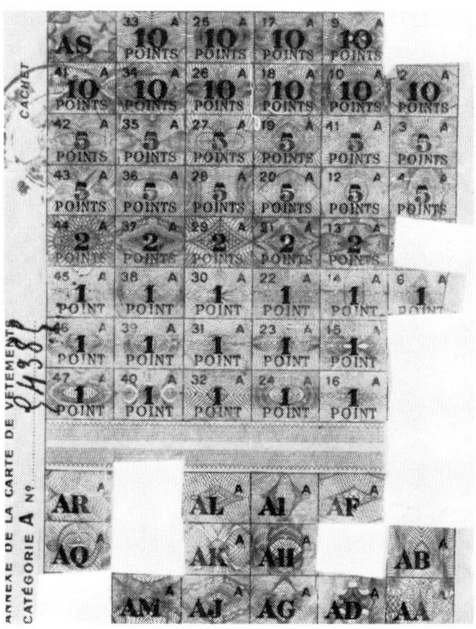

Pour l'occupé, l'occupation c'est d'abord la pénurie : pénurie d'aliments, de vêtements, de moyens de chauffage au premier chef. Cette pénurie est néanmoins réglementée par les pouvoirs publics qui dotent chaque Français d'une carte d'alimentation et de feuilles de rations qui visent tous les produits de première nécessité : pain, lait, sucre, viande, matières grasses, charcuterie, savons, textiles, etc. Il y a des « rations » de vin comme de charbon, de papier d'écolier comme de chocolat pour certaines catégories de consommateurs, de tabac comme de souliers. Et encore, pour ces derniers, le consommateur n'a droit qu'à un nombre limité de ressemelages.

Les tickets, voilà un sujet de conversation permanent. Cela durera près de

dix ans : le dernier ticket d'alimentation (125 grammes de café) sera « honoré » le 11 janvier 1950, plus de quatre ans et demi après la fin de la guerre.

Si l'occupé moyen emplit ses poches de papiers divers en surnombre — il est préférable d'avoir sur soi sa carte d'identité, sa carte d'alimentation, ses tickets donnant droit à l'achat des aliments, sa carte de charbon —, quelques occupés disposent, en outre, d'*Ausweis* variés, ces laissez-passer que délivre l'autorité allemande à des fins très précises.

4855

AUSWEIS

Die/Der .... Name PRINET .... Vorname ....

von (Wohnort) 72 rue de Seine PARIS ist [redacted]rité

Bibliothèque Nationale Er/Sie ist berechti[redacted] Strasse auch waehrend

eines Fliegeralarms zu betreten, um seine/ihre [redacted]stobliegenheiten zu erfuellen.

Alle militaerischen und zi[redacted]hoerden und Dienststellen werden ersucht, die/den oben Genann[redacted]ngehindert passieren zu lassen.

Für den Praefekt der Polizei :
Der Generalsekretär für den zivilen Luftschutz,

[redacted] Ausweis gilt nur in Verbindung mit einer Identitaetskarte.

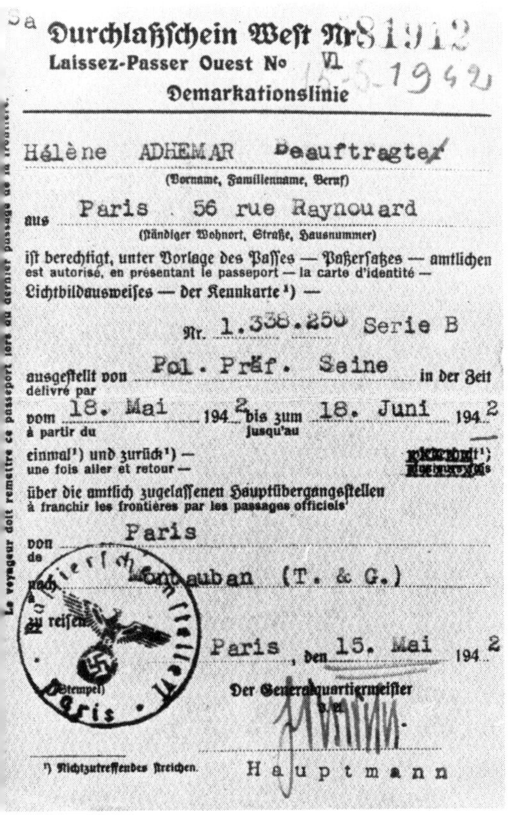
Durchlaßschein West Nr. 81912
Laissez-Passer Ouest No VI 15-5-1942
Demarkationslinie

Hélène ADHEMAR Beauftragter
(Vorname, Familienname, Beruf)

aus Paris . 56 rue Raynouard
(ständiger Wohnort, Straße, Hausnummer)

ist berechtigt, unter Vorlage des Passes — Paßersatzes — amtlichen
est autorisé, en présentant le passeport — la carte d'identité —
Lichtbildausweises — der Kennkarte¹) —

Nr. 1.338.250 Serie B

ausgestellt von Pol. Präf. Seine in der Zeit
délivré par

vom 18. Mai 1942 bis zum 18. Juni 1942
à partir du / jusqu'au

einmal¹) und zurück¹) —
une fois aller et retour —

über die amtlich zugelassenen Hauptübergangsstellen
à franchir les frontières par les passages officiels

von Paris
de

nach Montauban (T. & G.)

zu reisen.

Paris, den 15. Mai 1942

Der Generalquartiermeister

Hauptmann

¹) Nichtzutreffendes streichen.

Le voyageur doit remettre ce passeport lors du dernier passage de la frontière.

autorisant les chauffeurs des camions ravitaillant la capitale à se rendre dans des départements dépendant de *Feldkommandanturen* locales, en fait tous les départements limitrophes au département de la Seine. *Ci-dessus et ci-dessous,* deux *Ausweis* de Jean Prinet, bibliothécaire à la Bibliothèque nationale : il est autorisé à circuler sur la voie publique après l'heure du couvre-feu et pendant les alertes aériennes. Ce fonctionnaire pourrait, en cas d'incendie par exemple, se trouver aussitôt à la Bibliothèque nationale.

Nº B 02.657

Gültig bis zum
Valable jusqu'au 27 JUIL 1944

Ausweis — Laissez-Passer

Name, Vorname : Prinet Jean
Nom et prénom :

Wohnung : 72, rue de Seine - Paris
Domicile :

Geburtsdatum : 15-5-1912
Date de naissance

Beruf : Bibliothécaire - Bibliothèque Nationale
Profession :

ist berechtigt, auch nach der für die Zivilbevölkerung angeordneten Sperrstunde aus zwingenden **beruflichen** Gründen die Strassen des Departements de la Seine zu betreten.

Jeder Missbrauch dieser Karte wird streng bestraft.

Dieser Ausweis ist nach Ablauf seiner Gültigkeit sofort der ausstellenden Behörde vorzulegen.

pour d'impérieux motifs d'ordre **professionnel**, est autorisé à circuler sur les voies publiques du Département de la Seine après l'heure du couvre-feu.

Tout abus sera sévèrement réprimé.

A l'échéance de la validité ce laissez-passer doit être présenté au service qui l'a établi.

Paris, le 27 AVR 1944 194

Der Kommandant von Gross-Paris.

Le Préfet de Police.

Le Chef de Bureau,

Dans la grande majorité des cas, ces *Ausweis* sont d'inspiration professionnelle : ils sont destinés à faciliter l'exercice de leur métier à différentes catégories de Parisiens. Ainsi, il y a un *Ausweis* pour les médecins qui peuvent être appelés à se déplacer après l'heure du couvre-feu pour une visite urgente. Il y a un *Ausweis* pour les auxiliaires de la D.P. (la défense passive) qui ont le droit de se trouver dans les rues pendant les alertes aériennes, alors que la population doit trouver refuge dans les caves abris des immeubles. Il y a un *Ausweis*

1er MAI . FÊTE DU TRAVAIL
JE TIENS
LES PROMESSES
MÊME CELLES DES AUTRES
41, Rue François 1er
SNAP
Elysées 42-93
RUE VIVIENNE
OLYMPIA
LE JOUEUR

La Préfecture de Police informe que la lacération et l'endommagement d'affiches de l'Autorité occupante seront considérés comme acte de sabotage et punis des peines les plus sévères.
POPULATIONS
abandonnées,

FRANÇAIS! AU SECOURS!
INSTITUT D'ÉTUDE DES QUESTIONS JUIVES . 21 RUE LA BOËTIE PARIS

Après les papiers dans les poches, les papiers sur les murs; la télévision n'existant pas, propagande et publicité ne peuvent s'exprimer que par affiches. La première vante les mérites du régime de Vichy dont la devise « Travail, Famille, Patrie » a remplacé « Liberté, Egalité, Fraternité », vertus trop fâcheusement républicaines; la seconde présente, au début de l'occupation, le soldat allemand comme ami des populations.

Par ses excès et ses contraintes, cette propagande ne « mord » pas sur la grande majorité de la population qui affecte de ne pas voir les propositions qu'elle contient. Les affiches sont, finalement, peu regardées... ou pas vues et, assez souvent, lacérées ou surchargées d'inscriptions malgré les avertissements menaçants de la police parisienne.

Paris, den 23. I. 4I.

Note de la Censure.

Toutes les photos, qui montrent exclusivement des scènes sportives , seront dèsormais exemptes de la censure.

Sous cette nouvelle réglémentation tombent toutes les images prises pendant les compétitions sportives suivantes:

Athlétisme	Natation en piscine
Football	Tennis
Boxe	Lutte
Cyclisme sur piste	

et en général toutes les manifestations sportives dans les lieux spécialement réservés à ce genre d'activité sportive. De même les portraits d'athletes et photos, les montrants dans leur vie privée.

Les images et photos de courses à cheval, compétitions routières de cyclisme, courses de ski, patinage et natation en dehors de piste ou de piscine et en plain air, aviron, ainsi que les photos sportives montrant des soldats allemands, resteront soumises à la censure.

I.A.
Hydr.
Sdf Z

Prop. Staffel Paris
Gruppe
Presse
Abtg. Frankreich

Paris, den 25. Januar 194I.

Note de la Censure.

Faisant suite à la nouvelle réglémentation de la censure des photos de sport, nous vous signalons que les foot-balleurs H i d e n et R o h r doivent être ni photographiés, ni publiés.

Hydr.

Sdf. (Z) H e y d r i c h
Bildzensuroffizier

Afin d'éviter aux Français de mal penser, les Allemands suscitent des journaux à leur dévotion ou inondent le pays de magazines jusque-là inconnus, dont un très bel illustré en couleurs, *Signal*, qu'ils ont lancé en dix-huit langues dès avril 1940 : édition spéciale de la *Berliner Illustrierte Zeitung, Signal,* sous le prétexte d'une information internationale illustrée à l'imitation des grands hebdomadaires européens, sert en fait de véhicule aux grands thèmes de la propagande de guerre allemande. Paru le 1er juin 1940, son numéro 4 montre une attaque aérienne allemande : son titre, « En plein sur le but : des bombes sur un aérodrome français »...

Si *Signal* annonce nettement ses couleurs (noire, blanche, rouge avec la croix gammée), plus insidieuse apparaît la propagande en faveur de la collaboration franco-allemande exprimée par des journaux français, écrits par des écrivains et des journalistes français, et non des moindres. Ces germanophiles, dont certains vont jusqu'à la germanolâtrie, peuvent certes dire qu'ils suivent à la lettre les consignes implicites que contenait l'appel du maréchal Pétain quand, quelques jours après son entrevue avec Hitler, à Montoire, le 24 octobre 1940, il déclarait :

« Une collaboration a été envisagée entre nos deux pays. J'en ai accepté le principe. Les modalités en seront discutées ultérieurement... Cette collaboration doit être sincère. Elle doit être exclusive de toute pensée d'agression. Elle doit comporter un effort patient et confiant... »

Mais, comme tout dessein politique, la collaboration compte ses « ultras » parmi des Français qui veulent aller plus vite et plus loin dans cette voie que le Chef de l'Etat lui-même. D'où la parution et la reparution de journaux engagés *perinde ac cadaver* dans cette réconciliation franco-allemande qui doit déboucher sur une alliance franco-allemande.

Ainsi, *la Gerbe, la France au travail, l'Œuvre, Au Pilori,* celui-ci à dominante antisémite, sont-ils, en zone occupée, les porte-parole des « ultra-collabos » *(ci-contre, à gauche).*

L'orthodoxie de leurs éditorialistes, un Alphonse de Chateaubriant, un Marcel Déat, ne supprime pas, pour autant, les pointilleuses exigences de la censure allemande. A Paris sévit un *censeur des images* d'une inlassable sévérité : le nom de footballeurs aimés des foules avant la guerre doit être implacablement rejeté... quand leur possesseur, comme Hiden, est Anglais ! Ce censeur impitoyable, le lieutenant Heydrich, est le frère de l'un des personnages les plus puissants du IIIe Reich, Reinhardt Heydrich, chef de l'Office central de sécurité du Reich et futur protecteur de Bohême-Moravie. La censure s'exerce partout, même sur les films et si, pendant l'occupation, la production française reste des plus honorables, elle trouve ses sources d'inspiration dans des romans du passé : la fiction doit faire oublier la réalité...

Tickets et « ersatz » sont rois...

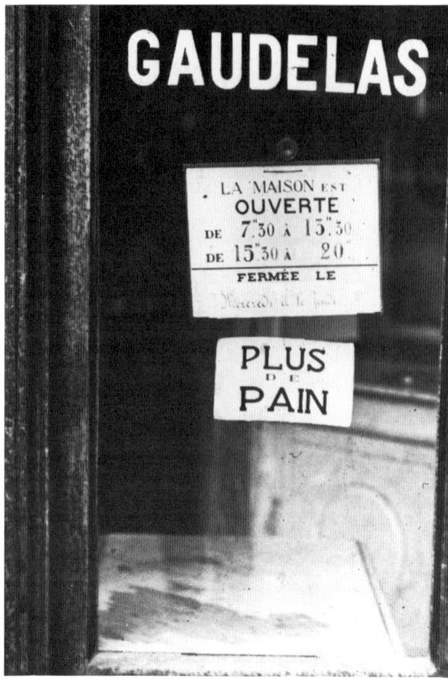

Le commerce alimentaire devient une sorte d'administration où le « ticket » est roi, ce ticket qui donne droit à l'achat d'une maigre ration quotidienne, hebdomadaire ou mensuelle (ci-dessus, à gauche et à droite). *En février 1941, dans une école de jeunes filles de Paris, est servi un repas dans la composition duquel entrent les inévitables rutabagas, mais où le lard dans la salade de pissenlits constitue une gâterie tout à fait exceptionnelle* (ci-dessus, au centre). Ci-dessous, *« ersatz » alimentaire, l'escalope de poisson fait son apparition en 1941 : elle est vendue 4 francs les 100 grammes, soit environ 5 francs de 1979.*

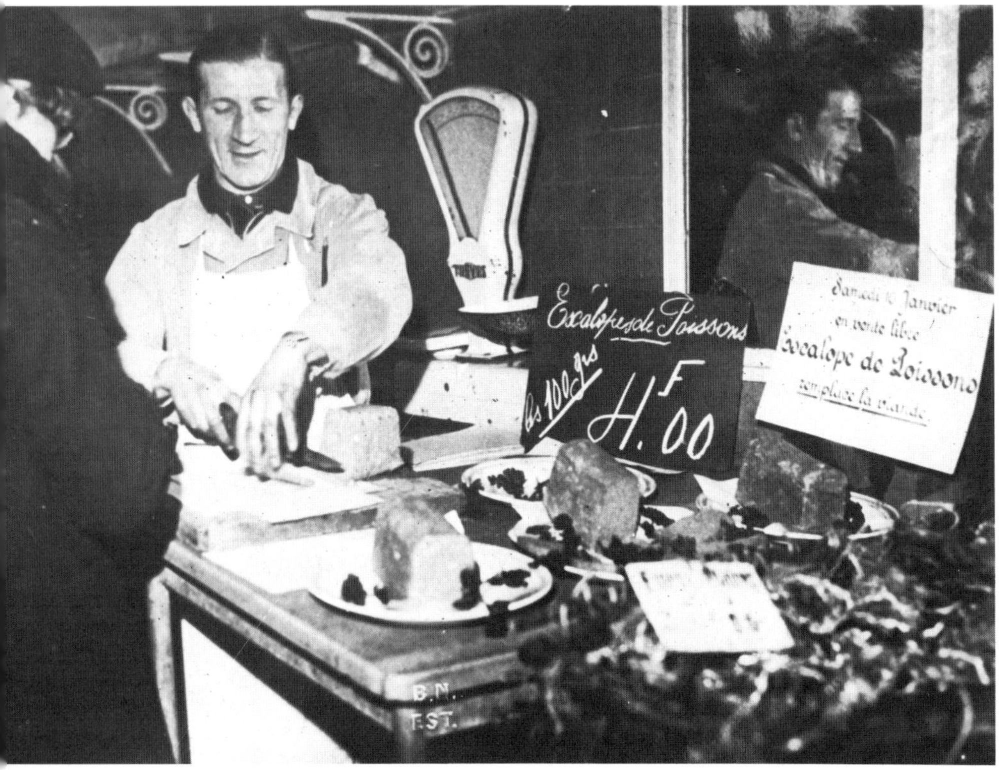

Cette réalité quotidienne est d'abord axée sur le ravitaillement qui devient le problème dominant tous les autres : car il faut d'abord vivre et survivre.

Créé à Vichy, le 20 octobre 1940, un ministère du ravitaillement aura désormais pour tâche de répartir équitablement entre les Français, en fonction des besoins énergétiques liés à leur âge ou à leurs activités, des rations alimentaires, calculées à la fois en fonction de la production nationale et l'importation des denrées et en fonction des prélèvements que l'occupant opère sur l'une et l'autre.

Le 23 octobre 1940, tous les Parisiens ont reçu des cartes d'alimentation et connu le début de restrictions nouvelles : au pain, aux pâtes alimentaires et au sucre, antérieurement « rationnés », s'ajoutent le beurre, le fromage, la viande, la charcuterie et le riz dont la vente cesse d'être libre.

En ce premier automne d'occupation, les adultes « toucheront » 50 grammes de fromage, 100 grammes de matières grasses, 360 grammes de viande ou de charcuterie par semaine et 300 grammes de café ou de mélange (orge grillé et café) par mois.

A part les restaurants de « marché noir » où l'on peut bien se nourrir... sans tickets, mais avec beaucoup de billets de banque, les petits bistrots de Paris affichent des menus d'une consternante monotonie...
Et, bien entendu, les textiles, comme les aliments, sont « rationnés » : quelques points de la carte de textile sont nécessaires pour l'achat d'un complet neuf : en avril 1941, un deux pièces coûte 805 francs – près de 950 francs actuels (ci-dessus, à droite).

Au fil des années, ces quantités s'amenuiseront au point que 55 pour 100 de la population se révéleront malnutris en 1944 ! Un chiffre très simple permet d'apprécier l'incidence de la sous-alimentation sur la population de la région parisienne en 1943, celui de l'examen d'aptitude au S.T.O. (Service du travail obligatoire) de jeunes gens de 20 ans : 38 pour 100 avaient maigri de 4 à 8 kilos depuis 1940, 23 pour 100 avaient perdu plus de 8 kilos !

Le sort des jeunes enfants et des vieillards s'avère plus particulièrement dramatique : bien qu'ils disposent, quand c'est possible, de distributions « supplémentaires » de lait, la mortalité de ces deux catégories de consommateurs fut particulièrement élevée. Ainsi, la mortalité infantile passait de 63 pour 1 000 en 1939 à 75 pour 1 000 en 1943 et 77 pour 1 000 en 1944...

Peut-on boire pour oublier la tristesse des temps ? Oui, mais vite : soumis au rationnement, « l'apéro » familier ne peut être servi que pendant quatre heures dans la journée (ci-contre). *Ce sera l'une des rares conséquences bienfaisantes de l'occupation : la mortalité alcoolique diminuera considérablement, le* delirium tremens *disparaîtra presque totalement...*

L'obsession de l'assiette quotidienne

Mort aux vaches ? songe mélancoliquement ce gardien de la paix... Non ! Il surveille leur traite, afin d'éviter que le lait recueilli soit détourné de sa destination et arrive, des pelouses du bois de Vincennes, directement sur les tables des trafiquants du « marché noir ». Non loin des vaches, les moutons broutent l'herbe vincennoise, sans se soucier des autobus.

Ce que furent la véritable hantise du ravitaillement, l'obsession de l'assiette quotidienne qui calmerait la faim, un bref rappel du « tableau » des rations alimentaires « prévues » pour le mois de mars 1944 permet de les mesurer :

Enfants de moins de trois ans : 125 g de pain par jour. Enfants de 3 à 6 ans et consommateurs de plus de 70 ans : 225 g de pain. Enfants de 6 à 13 ans et consommateurs de 21 à 70 ans : 300 g de pain. Consommateurs de 13 à 21 ans : 375 g de pain.

Pour la plupart des consommateurs, 150 g de matières grasses par semaine, 120 g de viande par semaine, 50 g de fromage. 500 g de sucre pour le mois, 150 g de « mélange national » (café + orge).

Vin : un litre par semaine pour certaines catégories de consommateurs. Chocolat réservé à certaines autres (enfants et adolescents). Riz : 300 g par mois pour les enfants de moins de 3 ans.

Légumes secs, confitures, conserves, pommes de terre et pâtes feront l'objet de distributions irrégulières et peu importantes...

De la bonne terre, cette pelouse des Invalides, quand elle est labourée : des haricots y sont plantés, qui pousseront sous la gueule de canons d'autres guerres (ci-dessus).

Puisque les denrées alimentaires sont rares à Paris, les Parisiens vont les chercher à la campagne (à droite). *Chaque ménage parisien connaît sa « corvée de ravitaillement » : sur le porte-bagages du vélo, le panier d'œufs et de beurre ; sur le dos, le sac de pommes de terre. Tous les dimanches soir, les cyclistes « ravitailleurs » se pressent aux portes de Paris, guettés par les employés de l'octroi, les contrôleurs des services du ravitaillement et les gardiens de la paix. Malheur à qui ne peut pas fournir la preuve que son voyage fut d'inspiration familiale !*

Mondanités et misère

Jamais, peut-être, autant que pendant les quatre années de l'occupation la différence fut si grande, le déséquilibre si flagrant, l'inégalité si profonde, entre les riches et les pauvres.

Ils existaient, certes, avant la guerre mais n'avaient jamais pris ce tour dramatique, quasiment inhumain : on est mort de faim de 1940 à 1944, alors qu'avant la guerre cette issue n'existait pour personne en France.

Et ce drame secret des très pauvres restait ignoré, caché derrière une vie quotidienne qui s'efforçait de ressembler à la normale, masqué par des apparences mondaines maintenues malgré la guerre, malgré la pénurie, malgré l'occupation.

Il fallait bien, certes, que les théâtres, les cinémas, les entreprises de mode marchent « comme avant », ne serait-ce que pour donner du travail à l'immense main-d'œuvre qui, à Paris, les faisait « tourner », du travail, c'est-à-dire le moyen de subsister. Mais la façade, si brillante soit-elle, ne pouvait pas faire oublier l'envers du décor et les misères qu'il recèle : et ce restaurateur du boulevard de Rochechouart qui, chaque jour, offrait une soupe aux pauvres de son quartier ne savait pas qu'il rendait finalement insupportable le spectacle de mondanités bourgeoises figées dans leur luxe immuable...

THÉATRES
MUSIC-HALLS
PARIS-SPECTACLES
AFFICHES
FOLIES-BERGÈRE
3 MILLIONS
CASINO DE PARIS
LA REVUE DES CHANSONS
SUZY SOLIDOR
ALHAMBRA
ETOILE
CHANSONNIERS
CAVEAU
LINA MARGY
DED RYSEL
RENÉ GENIN
GABY BASSET
JACQUES PILLS
BARBARA
LYSIANE REY
AMBASSADEURS
CLOTILDE
AMBIGU
J'AI 17 ANS
ANTOINE
APOLLO
CENT VIERGES
ATELIER
L'HONORABLE Mr PEPYS
ATHÉNÉE
Colinette
CAPUCINES
OUVERTURE PROCHAINEMENT
CORRIDA
CHATELET
VALSES DE FRANCE
L'AVARE
LE FLEUVE AMOUR
CARNAVAL
GRAND GUIGNOL
GYMNASE
RÊVES D'AMOUR
HUMOUR
REVENANTS
LANCRY
PYGMALION
MADELEINE
MICHEL
25 ANS DE BONHEUR
MICHODIÈRE
PÈRE
MONTPARNASSE
MACBETH
NOCTAMBULES
LE BOUT DE LA ROUTE
NOUVEAUTÉS
VIVE PARIS!
PALAIS-ROYAL
On DEMANDE UN MÉNAGE
N'écoutez pas MESDAMES!
PETIT MONDE
PIGALLE
PORTE St MARTIN
LE MAITRE DE FORGES
THÉATRE St GEORGES
MON AMI
TH. des VARIÉTÉS
Son Excellence
PARIS SPECTACLES
CINÉMA DES CHAMPS-ELYSÉES
L'APPEL DU SILENCE
MOULIN DE LA GALETTE
CAF' CONC' SURPRISE
SALLE PLEYEL
MARIEMMA
COLISÉE & AUBERT
EDWIGE FEUILLÈRE
RIGAUD
LUGUET
L'HONORABLE CATHERINE
L'HERBIER
L'Ange Rouge
6, RUE FONTAINE
Aux Anges...
VEDETTES
8 HOMM
CINÉ-SPO

La présence des Allemands contribue à rendre ce contraste encore plus fort, dans la mesure où ils pèsent lourd dans le plateau de cette injuste balance. Quand l'occupant se prélasse dans la salle à manger de l'hôtel « Prince de Galles » *(ci-dessus)*, l'occupée consacre, elle, plusieurs heures à suivre la queue des chalands devant les magasins d'alimentation *(ci-contre, à gauche)* : et, bien souvent, lorsqu'enfin son « tour » est venu d'acquérir la denrée précieuse, il n'y en a plus. Revenez la semaine prochaine... Mais si les riches ont les produits achetés à prix d'or aux trafiquants du marché noir pour améliorer leur ordinaire, les pauvres se contentent du « Secours national », association gouvernementale d'entraide, où ils peuvent espérer recevoir pour leurs enfants un petit supplément de sucre de raisin ou de bananes séchées *(ci-contre, à droite)*.

ENTR'AIDE
D'HIVER
SECOURS NATIONAL
DES BÉBÉS SANS LANGES...
DES VIEILLARDS SANS MANTEAUX...
DES PRISONNIERS SANS COUVERTURES !
SECOURS NATIONAL.
DÉPARTEMENT DE LA SEINE
POUR LE
SECOURS D'HIVER
Ph. PÉTAIN
Français !
Français !

DANS CET ETABLISSEMENT

Malgré les lois et réglementations en vigueur, une clientèle de privilégiés trouvait en tout temps des consommations de luxe au prix de

40 à 150 francs

Des ŒUFS, du LAIT, de la CREME, détournés du ravitaillement général, et dont manquent les ENFANTS, les MALADES et les VIEILLARDS, servaient à confectionner des COCKTAILS pour de RICHES OISIFS.

En décrétant la fermeture de cet établissement, Joseph DARNAND a affirmé une nouvelle fois sa volonté de justice.

CONTRE les SCANDALES de l'ARGENT

Le « marché noir », où l'on peut se procurer à des prix très supérieurs à ceux fixés par la taxe toutes les denrées rationnées, se tient souvent en boutique. Parfois, elles sont fermées... *(ci-dessus, à gauche)*. Mais les « grands » trafiquants disposent, grâce à la complicité des occupants avec qui ils font commerce, de vastes entrepôts où les « affaires » se traitent par centaines de kilos, voire par tonnes. L'un d'eux, Mendel Szkolnikoff, laissera après sa mort une fortune immobilière évaluée à 2 milliards de francs en 1945, soit environ 550 millions de francs en 1979 : contre ces bandits de haut vol, provisoirement alliés à l'occupant, la police de Vichy ne peut rien...

Elle se rabat sur les « petits » affairistes dont elle saisit les stocks, distribués aussitôt par la milice française, police politique en uniforme chargée de lutter contre résistants et maquisards. Ces distributions à la population ne vont pas sans quelque propagande : au service du peuple, la milice n'est-elle pas la seule à faire quelque chose contre le marché noir... ?

L'emprise de l'occupant sur la ville...

L'emprise de l'occupant sur la ville est totale et, au fil des mois et des ans, se resserre. Il entre dans les vues des Allemands de la rendre plus lourde, afin d'éviter d'avoir à se servir de la force en cas de résistance à leur domination. D'où la répétition de ces parades, de ces défilés qui viennent s'ajouter au flot normal de ses véhicules administratifs dans la ville : la puissance allemande se doit d'être visible à chaque instant et partout. Et même dans les instants où il doit satisfaire aux besoins des fronts qu'il a ouverts, en Afrique ou à l'Est de l'Europe, l'Allemand conserve des forces importantes en France occupée. Il montre sa force, en attendant de s'en servir, dans l'espoir que ses intimidations inclineront l'occupé à la résignation plutôt qu'à la révolte.

BONNE NOUVELLE
METRO
PIETONS

« Ils » prennent tout, même les statues.

Depuis qu'il y a des hommes et qu'ils font la guerre, une troupe d'occupation vit sur le pays qu'elle occupe. En le pillant.

Les prélèvements alimentaires lèsent directement les Français. Ainsi, les prélèvements de blé ont atteint, en moyenne, 750 000 tonnes par campagne — ce qui aurait permis de donner 65 g supplémentaires de pain par jour (soit 150 calories) à chaque rationnaire. En 1943, les Allemands prélevèrent 220 000 tonnes de viande de boucherie, dont l'utilisation, en France, aurait permis d'accroître la ration de viande de chaque consommateur de 120 g par semaine — soit plus de 6 kilos en une année. Les prélèvements de beurre par l'occupant ont représenté 20 pour 100 de la production commercialisée, ceux du lait 15 pour 100 de la collecte.

Mais ces prélèvements ne constituent qu'une petite partie du pillage des biens français par l'occupant. Dès août 1940, les Allemands ont fixé à 400 millions de francs par jour les « frais d'entretien » de leurs soldats dans les territoires occupés. La somme excède de beaucoup les besoins réels et le surplus est utilisé par les Allemands pour acheter à prix fort, par l'intermédiaire de « bureaux d'achats », toutes les marchandises pouvant se trouver sur le marché : c'est la mise en coupe de l'économie française qui commence. D'autre part, les Allemands font tourner les usines à leur profit, réquisitionnent wagons et locomotives pour leurs besoins, s'approprient une grande partie de la production minière. En bref, la France est devenue une vassale, taillable et corvéable à merci.

« Ils prennent tout », constate la sagesse populaire. Et c'est vrai.

Ont-« ils » besoin de fonte? « Ils » déboulonnent quelques-uns des monuments chers au cœur des Parisiens, la statue de Rouget de l'Isle, le ballon des Ternes qu'ils expédient en Allemagne... Le cuivre manque-t-il? « Ils » imposent au gouvernement de Vichy un « impôt métal » que tous les contribuables devront acquitter.

Mais nous sommes en 1944 : et la Résistance veille, qui dénonce avec force cet impôt-métal qu'il faut refuser...

PAS UN HOMME !

PAS UN GRAMME DE MÉTAL !

PAS UN CENTIME AUX TRAITRES DE VICHY ET AUX BOCHES !

Les feuilles d'impôts pleuvent de tous les côtés. Pour aider les boches à prolonger leur guerre de brigandage, Pétain-Laval n'ont rien trouvé de mieux, en plus des impôts sur les revenus, que de créer ce qu'ils appellent : **l'impôt-métal.**

Ainsi, les Français ont un triple impôt à payer à l'envahisseur : **l'impôt humain**, par la déportation, **l'impôt financier et l'impôt métal.**

En face d'une trahison aussi complète, les directives du Front National correspondent entièrement aux sentiments patriotiques de tous les Français : **pas un homme, pas un centime, pas un gramme de métal**, car le tout est destiné aux boches et aux traitres.

Des hommes ? Pour les faire produire pour la machine de querre hitlérienne, les faire tuer sous les bombes des alliés, s'en servir d'ôtages pour demain ? **Ils n'en auront plus un !**

De l'argent ? Ouvriers, paysans, commerçants, artisans, patrons, Français et Françaises de toutes conditions, réfléchissez à ce chiffre :

Pour l'année 1943, Pétain-Laval ont payé aux boches 282 milliards de frais d'occupation ! Cela fait 772 millions par jour, 32 millions par heure, 533.000 francs par minute.

Faut-il continuer à payer des impôts ? La Dette de l'Etat en chiffre rond atteint 1.500 milliards de francs, soit 37.500 francs par tête d'habitant. Voilà ce que les traitres font de l'argent des Français. **Ils n'auront pas un centime de plus !**

Du métal ? Mais les boches ont tout volé : le cuivre, le bronze, l'étain, le nickel, le plomb. Ils ont enlevé les statues de nos places et jardins, les rampes des escaliers du métro, nos pièces de monnaie. Faut-il leur donner nos batteries de cuisine, nos boutons de portes et nos bijoux ? Non ! non et non ! **Ils n'auront plus un gramme de métal !**

La situation est claire : avec les français déportés et notre métal volé, les boches font faire des munitions pour prolonger la guerre et nous tirer dessus. Avec notre argent, les traitres de Vichy paient les boches, ils entretiennent une légion luttant contre nos meilleurs alliés à l'Est. Un légionnaire coûte au moins 25.000 francs par mois. Ils entretiennent la milice de Darnand qui assassine les patriotes des maquis et incendie nos villages; un milicien coûte plus de 5.000 francs par mois. Ils entretiennent une bande de policiers tortionnaires, de mouchards, de contrôleurs, de vérificateurs, d'inquisiteurs, qui coûtent des centaines de milliers de francs par mois. Ajoutons que le 1er Régiment de France coûte 68 millions par an, soit plus de 100.000 francs par soldat.

Ces exemples doivent suffire pour convaincre les Français que la comédie a assez duré.

Ne pas payer ses impôts en argent ou en métal, c'est un devoir patriotique.

Français et Françaises ! Adhérez au Front National, soyez de la Promotion : Pour le million d'adhérents. Unissez-vous dans les Comités du Front National. Consultez-vous entre voisins. Organisez la grève collective des impôts. Pas un centime pour Vichy ! Cachez tous les métaux non ferreux que vous possédez. Le gouvernement de la France en aura besoin demain et vous en sera reconnaissant.

Sans argent, Vichy ne tiendrait pas ! Sans métal la guerre ne peut se poursuivre. A l'heure actuelle, donner de l'argent et du métal aux traitres de Vichy, c'est trahir la France.

La bataille contre les impôts, c'est donc la bataille pour la libération de la Patrie.

Par la grève collective des impôts, frappons l'envahisseur et les traitres !

Vive l'union de tous les Français et Françaises pour l'action et pour la Victoire !

Vive la France !

LE FRONT NATIONAL DE LUTTE
POUR L'INDÉPENDANCE DE LA FRANCE

Hiver de guerre

Avec l'hiver 1939-1940, l'hiver 1940-1941 fut l'un des plus froids que la capitale ait connus depuis longtemps : la neige tint sur les trottoirs pendant plusieurs semaines ; on patina sur les lacs.

En double page suivante :
Passés quelques mois, l'occupé voit l'occupant avec un autre regard ; on ne « les » supporte plus...

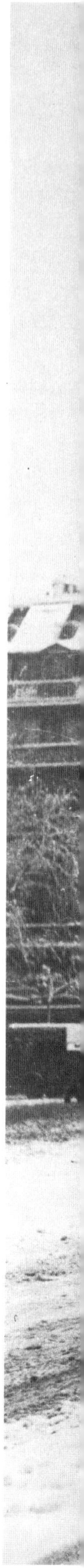

Il s'appelle Jacques Bonsergent, il a vingt-huit ans en cet automne de 1940 où il flâne dans la ville *(ci-contre, à gauche)*. Ingénieur des Arts et Métiers, Jacques Bonsergent travaille dans une firme de métaux précieux et de machines-outils à la Plaine-Saint-Denis.

Le 10 novembre 1940, dans la rue Saint-Lazare, Jacques et sept de ses amis dont une femme, heurtent des soldats allemands dans la nuit noire : les Allemands ont imposé un black-out total à la capitale. Il y a un début de bagarre, à laquelle, semble-t-il, le jeune ingénieur ne participe pas... Les copains s'égaillent comme une volée de moineaux, Jacques, seul, est arrêté par une patrouille peu de temps après l'empoignade.

Il est emprisonné au Cherche-Midi, prison militaire allemande, dans la cellule 175. Le juge d'instruction militaire le somme de donner le nom de ses camarades qui se trouvaient avec lui rue Saint-Lazare le 10 novembre. Jacques refuse : on ne dénonce pas un copain. Le châtiment sera impitoyable...

Au matin du 24 décembre 1940, veille du premier Noël de l'occupation, les Parisiens lisent sur les murs de la capitale le texte d'une affiche collée dans la nuit :

— L'ingénieur Jacques Bonsergent de Paris a été condamné à mort par le tribunal militaire allemand pour acte de violence envers un membre de l'armée allemande. Il a été fusillé ce matin.

Paris, le 23 décembre 1940.

Der Militärbefehlshaber in Frankreich

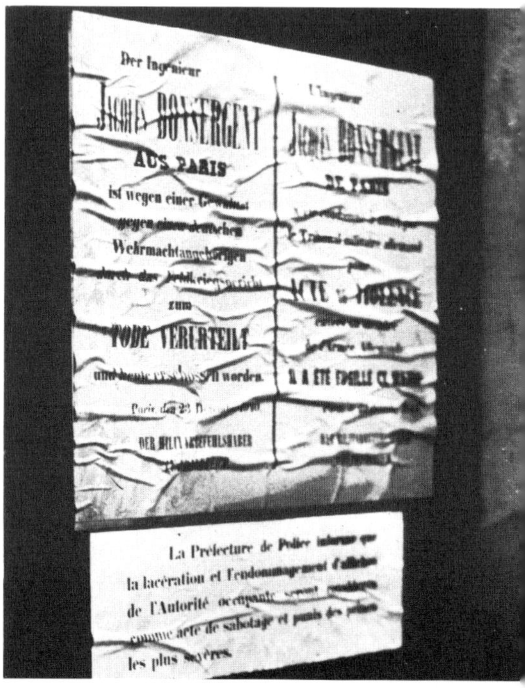

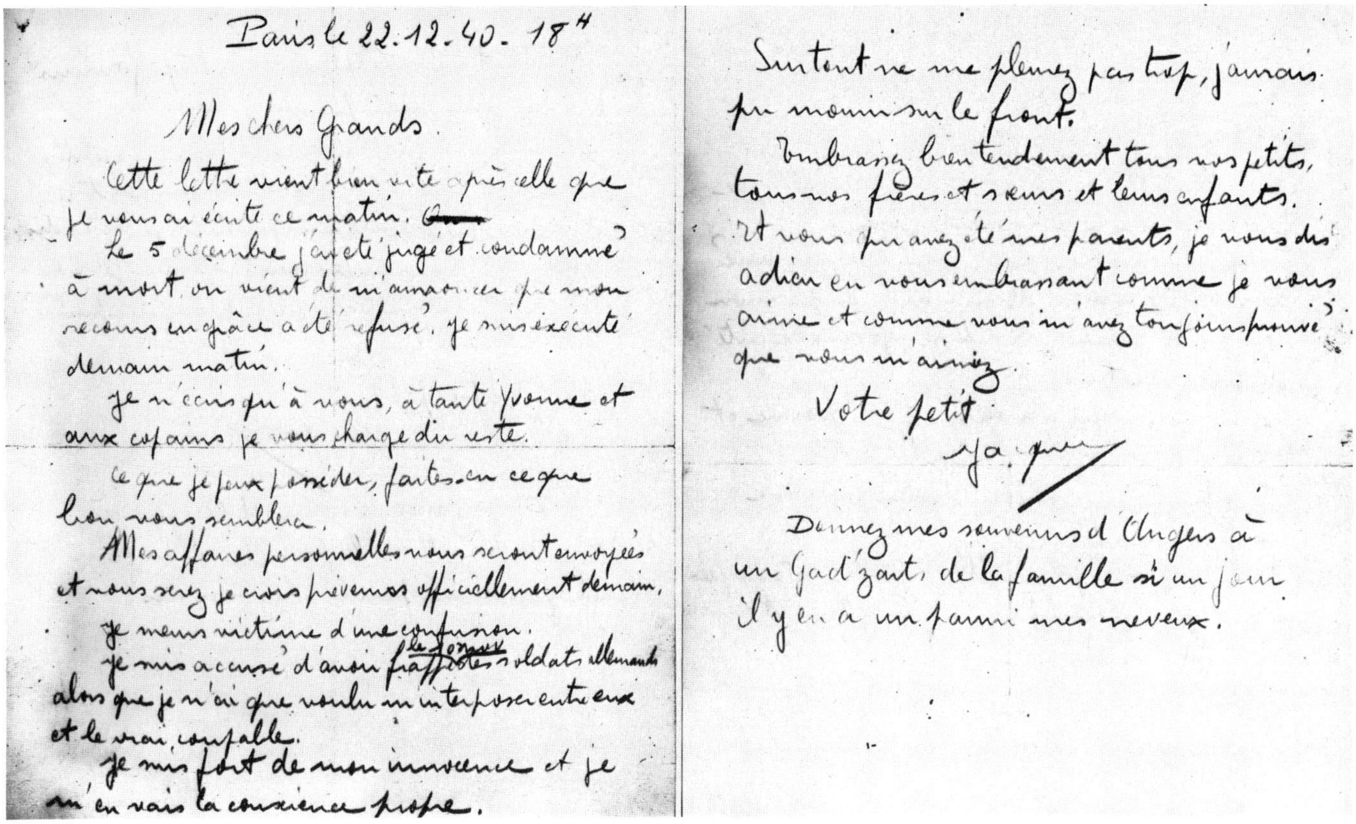

Paris le 22.12.40. 18h

Mes chers Grands.

Cette lettre vient bien vite après celle que je vous ai écrite ce matin.

Le 5 décembre j'ai été jugé et condamné à mort, on vient de m'annoncer que mon recours en grâce a été refusé, je suis exécuté demain matin.

Je n'écris qu'à vous, à tante Yvonne et aux cousins je vous charge du reste.

Ce que je peux posséder, faites-en ce que bon vous semblera.

Mes affaires personnelles vous seront envoyées et vous serez je crois prévenus officiellement demain.

Je meurs victime d'une confusion.

Je suis accusé d'avoir frappé les soldats allemands alors que je n'ai que voulu m'interposer entre eux et le vrai coupable.

Je suis fort de mon innocence et je m'en vais la conscience propre.

Surtout ne me pleurez pas trop, j'aurais pu mourir sur le front.

Embrassez bien tendrement tous vos petits, tous mes frères et sœurs et leurs enfants.

Et vous qui avez été mes parents, je vous dis adieu en vous embrassant comme je vous aime et comme vous m'avez toujours prouvé que vous m'aimiez.

Votre petit

Jacques

Donnez mes souvenirs d'Angers à un Gadz'art, de la famille si un jour il y en a un parmi mes neveux.

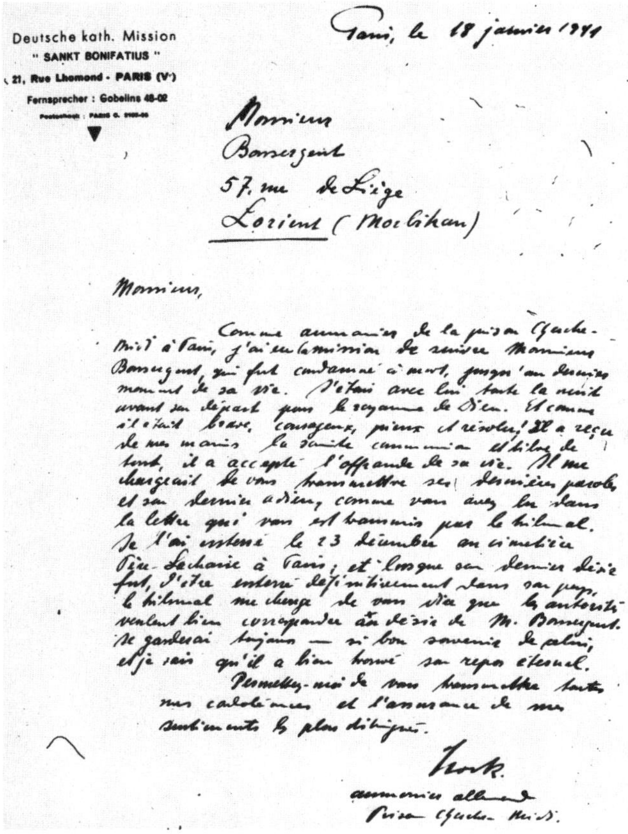

Deutsche kath. Mission
" SANKT BONIFATIUS "
21, Rue Lhomond - PARIS (Ve)
Fernsprecher : Gobelins 48-02

Paris, le 18 janvier 1941

Monsieur
Bonsergent
57, rue de Liège
Lorient (Morbihan)

Monsieur,

Comme aumônier de la prison Cherche-Midi à Paris, j'ai eu la mission de assister Monsieur Bonsergent, qui fut condamné à mort, jusqu'au dernier moment de sa vie. J'étais avec lui toute la nuit avant son départ pour le royaume de Dieu. Et comme il était brave, courageux, pieux et résolu! Il a reçu de mes mains la Sainte communion et l'ultime de tout, il a accepté l'offrande de sa vie. Il me chargeait de vous transmettre ses dernières paroles et son dernier adieu, comme vous avez lu dans la lettre qui vous est transmise par le tribunal. Je l'ai enterré le 23 décembre au cimetière Père-Lachaise à Paris, et lorsque son dernier désir fut, d'être enterré définitivement dans son pays, le tribunal me charge de vous dire que les autorités veulent bien correspondre au désir de M. Bonsergent. Je garderai toujours un bon souvenir de lui, et je sais qu'il a bien trouvé son repos éternel.

Permettez-moi de vous transmettre toutes mes condoléances et l'assurance de mes sentiments les plus distingués.

Stock
aumônier allemand
Prison Cherche-Midi.

C'est à son frère aîné Gabriel Bonsergent et à sa belle-sœur, qui l'ont élevé, qu'avant de mourir, Jacques écrira la vérité : il n'est pas coupable, il « paye » pour un autre (ci-dessus). *Catholique et breton, il a sans doute partagé son secret avec son confesseur, l'abbé Franz Stock, qui, dans une lettre à sa famille, racontera les derniers instants de celui qu'il a assisté* (ci-contre).

C'est au bois de Vincennes que Bonsergent est tombé sous les balles du peloton d'exécution. « J'aurais mieux aimé mourir sur un champ de bataille », avait-il confié à l'abbé Franz Stock, aumônier militaire allemand de la prison du Cherche-Midi.
Ce premier sang versé va figer l'attitude d'une partie de la population de la capitale : à l'indifférence va succéder le mépris, à la neutralité attentiste, la résistance passive.

FRANCE
Oberleutnant J. DORIOT
638 I.R. L.V.F.

Naissance de la L.V.F.

Le 22 juin 1941, un an jour pour jour après la signature de l'armistice franco-allemand de Rethondes, Hitler lance ses armées contre l'U.R.S.S. : pour les Parisiens, c'est, sans doute, l'événement le plus considérable, le plus émouvant aussi, qu'ils vivent depuis l'entrée des Allemands dans leur ville. Le plus chargé d'espérance, enfin, car beaucoup pensent que, seule, l'Armée Rouge dispose de la puissance qui permettra de mettre la *Wehrmacht* à genoux.

Cet état d'esprit de la population des territoires occupés est ainsi apprécié par un fonctionnaire d'autorité, le sous-préfet des Andelys, Moreigne, dans un rapport au préfet de l'Eure du 28 juin 1941 :

— De nombreuses couches de la population, écrit-il, appellent de leurs vœux des succès russes et des succès anglais lesquels, à leur idée, provoqueraient en Allemagne un mouvement révolutionnaire et un effondrement du régime national-socialiste... En suite de quoi, les peuples opprimés se soulèveraient à leur tour et bouteraient hors l'envahisseur désarçonné.

A cette espérance de la majorité s'oppose une minorité de citoyens, les « ultras » de la collaboration, groupés dans quelques partis politiques autorisés par les Allemands, le Parti populaire français de Jacques Doriot, ancien député communiste, le Rassemblement national populaire de Marcel Déat, directeur du journal *l'Œuvre*, et le Mouvement social révolutionnaire de l'ancien « cagoulard » Eugène Deloncle.

Ils décident de lancer l'idée de la création d'une « Légion des volontaires français » qui, au côté des Allemands et sous leur uniforme, ira combattre l'ennemi communiste dans l'Est européen.

Seul chef de ces partis à s'engager, Jacques Doriot, leader du P.P.F., boucle la cantine marquée à son nom et à son grade d'*Oberleutnant*, c'est-à-dire lieutenant, revêt sa tunique *feldgrau* portant sur la manche l'écusson tricolore de la L.V.F. et coiffe le calot réglementaire d'officier, confectionné par Präckel et Schober de Breslau, fournisseurs attitrés de l'armée allemande *(ci-contre, à gauche)*. Doriot est l'un des 7 800 engagés de 1941 dans la Légion; sur ce nombre, 4 000 environ seront reconnus aptes au service en campagne.

Les Allemands n'ont accepté ce renfort que du bout des lèvres, Hitler se sentant assez fort pour conquérir sans alliés « les terres qui devront échoir à l'Allemagne à l'est » (note de Martin Bormann du 16 juillet 1941). Quant au gouvernement de Vichy, s'il « autorise les engagements pour la Légion des

volontaires », il « ne saurait aller au-delà » (note de l'amiral Darlan à Fernand de Brinon du 11 août 1941), sauf « si le gouvernement et le haut commandement allemands lui faisaient savoir officiellement, au préalable, leur désir de voir la France représentée parmi les forces combattant le bolchevisme par une Légion de volontaires qui serait le symbole de notre participation à la lutte anticommuniste », ce qui ne se produira pas.

Passant outre à ces réserves, les partis « collabos » ouvrent des centres d'engagement dans la capitale sous l'égide du maréchal Pétain, tout en proclamant çà et là des sentiments antisémites *(voir à la page précédente),* provocation un peu grossière si l'on sait que ce « bureau de recrutement » se trouve à peu de distance de la synagogue de la rue de Nazareth.

Le mercredi 27 août 1941, les premiers engagés dans la Légion des volontaires français sont groupés à la caserne Borgnis-Desbordes, à Versailles, où les Allemands ont autorisé que le drapeau national soit hissé en leur honneur *(ci-contre, à gauche)* : ne faut-il pas parer l'engagement de ces Français aux côtés des Allemands de quelque solennité ? Deux chefs des partis « recruteurs », Déat et Deloncle, sont présents à cette cérémonie inaugurale ; inopinément, Pierre Laval, ancien président du Conseil des ministres de Pétain, renvoyé de son poste par le Maréchal le 13 décembre 1940, et qui, depuis ce moment réside le plus souvent à Paris, s'est joint à eux. Les trois hommes décident de rendre visite aux engagés à l'intérieur de la caserne ; sous le porche, un de ces hommes tire sur eux plusieurs balles de revolver...

Il s'appelle Paul Collette ; il est immédiatement arrêté par les gendarmes français.

Le général von Stülpnagel va alors insister auprès des autorités françaises pour que les pièces de la procédure menée par un juge d'instruction dans l'affaire Collette lui soient communiquées. Cette demande s'explique assez facilement : le 21 août 1941, à la station de métro Barbès-Rochechouart, un assistant d'intendance de la *Kriegsmarine,* Alfons Moser, a été abattu de trois balles de 6,35 mm par un inconnu qui a pris la fuite. Or, ce sont des projectiles de même calibre qui ont atteint Laval et Déat : est-ce la même arme ? Est-ce le même tireur ? D'où cette lettre de Stülpnagel *(ci-contre),* dont voici la traduction :

Le Commandant des Forces
militaires allemandes en France
au Délégué général du Gouvernement
français auprès du Commandant en Chef.

Objet : Instruction contre Paul Léon Collette
attentat Laval et Déat

J'ai appris qu'invoquant le droit français, les Autorités judiciaires françaises élevaient des objections contre la participation de mes représentants aux interrogatoires de P.L. Collette, dans l'affaire de l'attentat Laval et Déat.

Etant donné que la collaboration de mes services est nécessaire pour que la lumière soit complètement faite sur les coulisses, aussi bien que sur tous les tenants et aboutissants de cette affaire Laval et Déat, afin que la sécurité et l'ordre public soient maintenus en territoire occupé — même si cela devait porter atteinte au droit français —, je vous prie de faire savoir à votre Administration que mes représentants continueront à prendre part à l'instruction de l'affaire Collette.

Stülpnagel.

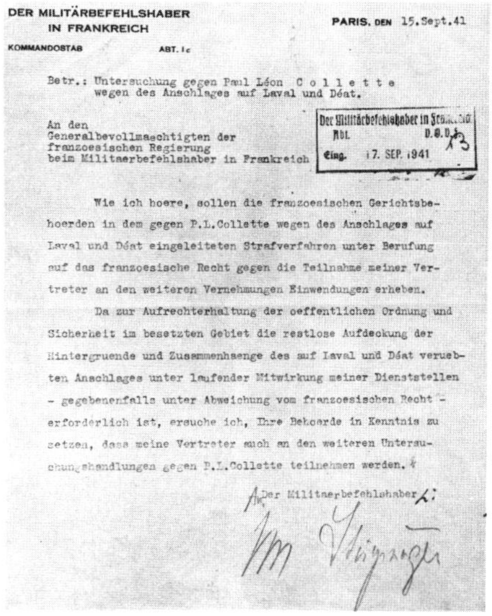

DER MILITÄRBEFEHLSHABER
IN FRANKREICH
KOMMANDOSTAB ABT. Ic

PARIS, DEN 15.Sept.41

Betr.: Untersuchung gegen Paul Léon C o l l e t t e
wegen des Anschlages auf Laval und Déat.

An den
Generalbevollmaechtigten der
franzoesischen Regierung
beim Militaerbefehlshaber in Frankreich

Der Militärbefehlshaber in Frankreich
Abt. D.B.D.
Eing. 17. SEP. 1941

Wie ich hoere, sollen die franzoesischen Gerichtsbehoerden in dem gegen P.L.Collette wegen des Anschlages auf Laval und Déat eingeleiteten Strafverfahren unter Berufung auf das franzoesische Recht gegen die Teilnahme meiner Vertreter an den weiteren Vernehmungen Einwendungen erheben.

Da zur Aufrechterhaltung der oeffentlichen Ordnung und Sicherheit im besetzten Gebiet die restlose Aufdeckung der Hintergruende und Zusammenhaenge des auf Laval und Déat veruebten Anschlages unter laufender Mitwirkung meiner Dienststellen – gegebenenfalls unter Abweichung vom franzoesischen Recht – erforderlich ist, ersuche ich, Ihre Behoerde in Kenntnis zu setzen, dass meine Vertreter auch an den weiteren Untersuchungshandlungen gegen P.L.Collette teilnehmen werden.

Der Militaerbefehlshaber

Ci-dessous, *le film de l'attentat.* A gauche, *avant que les coups de feu éclatent, Laval fume une cigarette non loin de Marcel Déat,* au centre, *en béret.* Au centre, *Laval vient d'être touché par l'une des balles tirées par Collette, qui donnera cette explication : « Honteux de la politique de collaboration de Vichy, j'avais fait le serment de laver les souillures faites à notre drapeau... »* A droite, *blessé lui aussi, Déat est transporté à l'hôpital de Versailles.*

La « croisade » contre le bolchevisme

Le 6 août 1941, la propagande allemande a décidé de transformer l'attaque de la *Wehrmacht* contre l'U.R.S.S. en « croisade » contre le bolchevisme et pour l'Europe nouvelle *(ci-dessus et ci-dessous, à gauche)*. Il faut à la fois donner bonne conscience aux engagés de la Légion et susciter de nouveaux engagements, en même temps que stimuler l'ardeur des occupés à embrasser la « cause » européenne : le 1er mars 1942, les Allemands lancent la seconde phase de leur opération séduction, celle qui vise à rallier à leurs vues la population civile.

Drapeau en tête, les légionnaires français, en uniforme allemand, défilent sur les Champs-Elysées *(ci-dessus)*. En fait, la Légion des volontaires français, c'est-à-dire le 638e régiment d'infanterie de la *Wehrmacht,* sera engagée en Russie jusqu'au 1er septembre 1944, date de sa dissolution. *Ci-dessous,* l'un des plus célèbres légionnaires français, Jacques Doriot, chef du P.P.F., photographié en juillet 1944, sur le front de Normandie où Alliés et Allemands sont aux prises depuis le débarquement du 6 juin. C'est probablement la dernière photographie de Doriot prise en France.

Ceux à qui l'on pense

Parmi toutes les épreuves imposées par la guerre, l'absence d'êtres chers constitue une inquiétude permanente au sein de la plupart des familles : en juillet 1940, il y a plus d'un million et demi de soldats français prisonniers des Allemands dont on sait que, conformément aux usages de la guerre, ils ne gagneront leur foyer qu'à la fin du conflit, une fois la paix signée entre la France et l'Allemagne.

Leurs conditions d'existence derrière les barbelés des camps allemands sont pénibles : ravitaillement médiocre, amélioré par quelques colis familiaux, correspondance mesurée, oisiveté, ennui — tel est le lot des captifs outre-Rhin. Et ne sont-ils pas finalement, pour les Allemands, des otages de choix dont ils entendent se servir comme moyen de pression dans leurs négociations avec le gouvernement de Vichy et, plus tard, de monnaie d'échange, quand ils exigeront que la France fournisse sa part de main-d'œuvre à l'industrie de guerre allemande ?

Mais, à l'automne de 1940, à l'issue de difficiles « conversations » entre Français et Allemands, ces derniers décident de libérer, par tranches, certaines catégories de prisonniers : les blessés et malades, les anciens combattants de 1914-1918, les pères de quatre enfants mineurs et plus, « pour autant que cela paraisse nécessaire pour parer à la détresse de leur famille » (lettre du 16 novembre 1940, du Dr Albrecht à l'ambassadeur Georges Scapini, chargé des prisonniers de guerre), bénéficient d'un « congé de captivité » qui leur permet de rentrer en France.

De ces libérations, la presse parle avec profusion, et la propagande allemande, de son côté, met l'accent sur cette générosité du vainqueur à l'égard du vaincu : elle sera exploitée ultérieurement à des fins politiques.

D'où une avalanche de photographies orientées, certaines prises sans doute sur le vif *(ci-contre, à gauche)*, d'autres manifestement faites à la commande *(ci-dessus, à droite)* : Attention ! A mon signal, en avant marche... vers l'objectif du photographe !

Kriegsgefangenenlager

Datum: 22. 6. 42

Chocolat disparu

Chers tous,

J'ai reçu le colis que vous avez bien voulu m'envoyer et qui m'a fait grand plaisir. Je vous en remercie sincèrement.

Je profite de l'occasion pour vous rappeler de bien suivre les instructions données précédemment concernant le contenu autorisé et l'emballage bien solide.

Sincères salutations,

Petit Jules.

Le primum vivere *s'impose aux prisonniers de guerre comme aux civils, et les premiers comptent sur les colis de vivres que leur envoient les seconds pour améliorer l'ordinaire des camps. Hélas! ils sont souvent ouverts avant de parvenir à destination : le chocolat de Petit Jules a été volé* (ci-dessus)... *Peut-être le retrouvera-t-on à ce « bureau des litiges » que la S.N.C.F. a dû ouvrir devant les vols trop fréquents aux dépens des P.G., abréviation de prisonniers de guerre* (ci-dessous)*?*

Images familières du retour au pays : après un examen médical, le prisonnier libéré reçoit ses papiers civils, parmi lesquels l'indispensable carte d'alimentation et celle de tabac, serre la main des représentants de l'autorité et regagne ses pénates avec l'inévitable bâton sculpté pendant les longues heures d'inaction forcée derrière les barbelés, souvenir-totem de sa captivité *(ci-contre, à droite)*.

Cette captivité, les Allemands la retourneront assez vite à leur profit par une série de mesures optatives, dont ils estiment qu'elles leur procureront des travailleurs pour leurs usines. L'une de celles-ci permet aux prisonniers français de se « transformer » en travailleurs agricoles ou industriels à l'intérieur de l'Allemagne : ainsi combleront-ils une partie des vides que provoquent l'extension de la guerre et la mobilisation des classes de jeunes appelés allemands. Mais les résultats obtenus sont insuffisants.

L'occupant va user alors d'une deuxième proposition, celle faite aux ouvriers de la France occupée de partir volontairement pour l'Allemagne, afin d'exercer leur métier dans les usines et les chantiers; cet appel au volontariat sera, encore une fois, modeste dans ses résultats : en mars 1942, on ne compte que 62 600 ouvriers volontaires français en Allemagne contre 134 000 Hollandais, 122 000 Belges et 63 000 Danois (des volontaires ont été appelés dans la plupart des pays occupés par les Allemands).

La troisième et dernière de ces mesures proposées par les Allemands à Pierre Laval, redevenu chef du gouvernement en avril 1942, s'appelle « la relève »; c'est un troc humain pur et simple : Hitler mettra en congé de captivité 50 000 prisonniers français, si 150 000 ouvriers spécialisés viennent travailler en Allemagne.

Pour cette « relève », un intense effort de propagande est réalisé *(ci-contre, à droite)*. Il sera inutile, l'échec de la relève est total : du 1er juin au 1er septembre 1942, les Allemands ne verront arriver que 17 000 ouvriers spécialisés, venus de France... Il en manque 133 000 pour la date du 15 septembre, ultime délai fixé par les Allemands pour la fin de cette première opération d'« échange ».

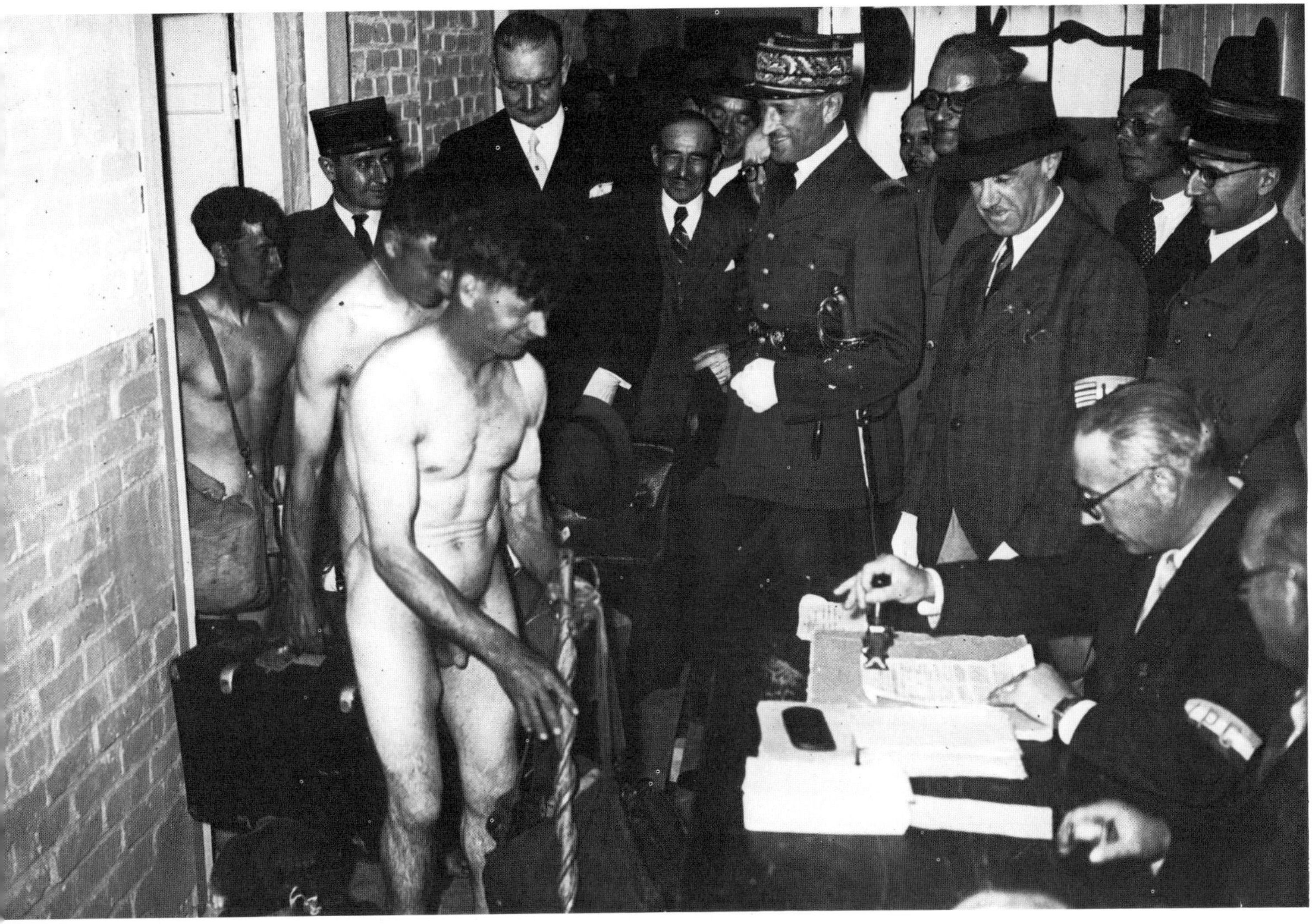

VIVE
PETAIN
VIVE
LAVAL
Nous revenons
grâce à la
RELEVE!!
3
RELEVEZ

PRISONNIERS
TRAVAILLEURS LIBRES
SALLE RAMEAU
Le Samedi 26 Juin 1943
Sous le Haut Patronage
DELEUZE
CANTE
C'ÉTAIT
COMÉDIE

Les hasards de l'affichage créent parfois d'étranges rapprochements. Ainsi *(à gauche),* une affiche de propagande en faveur de la transformation des prisonniers de guerre en travailleurs « libres » a partiellement recouvert le programme d'une salle de spectacles où se joue « C'était une comédie » : quel symbole que cette rencontre !

Mais ce n'est qu'en juillet 1943 que les parents et les femmes des prisonniers français pourront savoir, grâce à une carte installée place Clichy, où se trouve l'*Oflag* ou le *Stalag* des captifs qui leur sont chers *(en haut, à droite).*

D'autres Français vont d'ailleurs les rejoindre en Allemagne, les requis du S.T.O. Sous la pression des Allemands, soucieux de réparer l'échec du volontariat et de la « relève », le gouvernement de Vichy promulgue une série de lois qui, sous le nom d'ensemble de « service du travail obligatoire » (S.T.O.), créent une véritable conscription civile à laquelle seront appelés *tous* les Français en âge de travailler, de 18 à 50 ans, jeunes classes non appelées au service militaire comprises. Et tout Français ou Française (car les femmes de 21 à 35 ans ne sont pas oubliées !), requis pour le S.T.O., peut accomplir ce service en Allemagne, « à tous travaux que le gouvernement jugera utiles ».

Ceux qui se soustrairont à ce service seront punissables par l'autorité allemande » *(en page suivante).* En fait, des centaines de milliers de « requis » se « planqueront » dans des entreprises de France travaillant pour les Allemands et d'autres, les réfractaires, se cacheront dans les campagnes où ils constitueront des maquis dont certains se transformeront, au contact des Résistants, en maquis de combattants.

Travailleurs « libres »...

Que d'exils forcés dans cette France sous la botte allemande ! D'abord, ces prisonniers de guerre qui avaient bénéficié d'une « permission de captivité » à la condition de repartir pour l'Allemagne comme travailleurs « libres » *(ci-dessus)*.

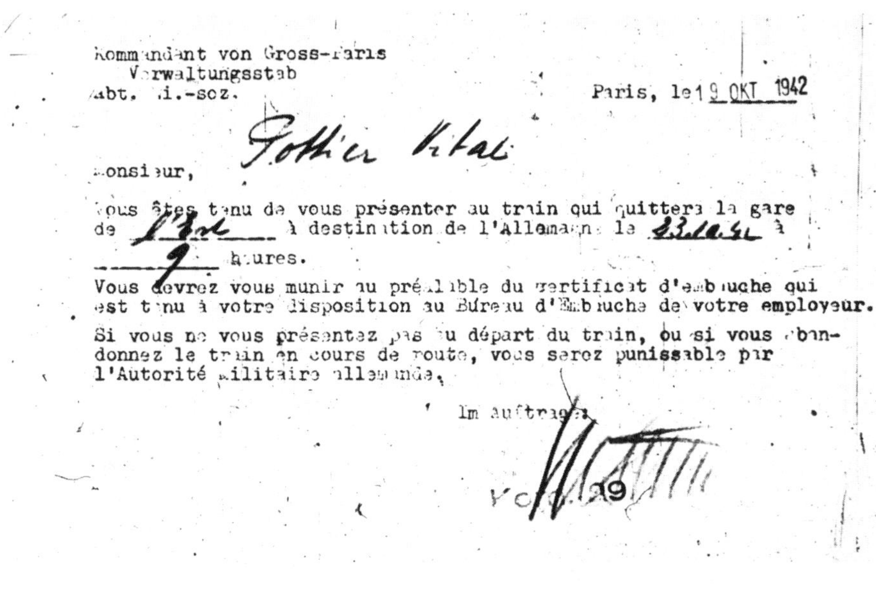

Kommandant von Gross-Paris
Verwaltungsstab
Abt. Wi.-soz.

Paris, le 19 OKT 1942

Pottier Vital

Monsieur,

Vous êtes tenu de vous présenter au train qui quittera la gare de l'Est à destination de l'Allemagne le 23.10.42 à 9 heures.

Vous devrez vous munir au préalable du certificat d'embauche qui est tenu à votre disposition au Bureau d'Embauche de votre employeur.

Si vous ne vous présentez pas au départ du train, ou si vous abandonnez le train en cours de route, vous serez punissable par l'Autorité militaire allemande.

Im Auftrage:

Et puis, les requis du S.T.O. qui, par centaines de milliers (604 000 hommes, 42 000 femmes, en 1944), louent par force leurs bras à l'industrie de guerre allemande : certains gardiens de la paix eux-mêmes sont astreints à ce qu'on appellera ultérieurement la déportation du travail *(en haut, à droite)*.

Qu'il est loin ce jour de novembre 1941 où, à la gare du Nord, le Dr Michel, chef de la Section économique auprès du général von Stülpnagel, félicitait le brave ouvrier en béret basque partant travailler « volontairement » en Allemagne ! *(En bas, à droite.)*

Quant aux réfractaires, qui ont gagné le maquis pour échapper à la réquisition, les dangers qu'ils courent tiennent leur famille dans l'angoisse.

Prisonniers, déportés, réfractaires, ceux à qui l'on pense... Ils paieront un lourd tribut à la guerre : 75 000 prisonniers et requis du S.T.O. mourront en Allemagne.

... et requis au S.T.O.

ICI

Juif...

Le 1er juin 1942, le général d'infanterie Carl Heinrich von Stülpnagel, commandant en chef en France occupée, ordonne que, dès l'âge de 6 ans révolus, tous les juifs devront « porter bien visiblement sur le côté gauche de la poitrine, solidement cousue sur le vêtement, l'étoile juive, étoile à six pointes ayant les dimensions de la paume d'une main, les contours noirs, en tissu jaune, et portant en caractères noirs l'inscription *« juif »*...

Toute infraction à l'ordonnance allemande sera punie d'emprisonnement, d'amende ou de l'internement dans un camp de juifs.

Avec cette décision, la tragédie juive de Paris commence, préludant à l'extermination des juifs vivant en France, dans les chambres à gaz des camps allemands où ils auront été déportés. A Paris, le préfet de police Langeron a fait procéder par ses services, à la demande des Allemands, au recensement des juifs habitant la capitale : au 26 octobre 1940, il s'en trouve 149 734, soit 85 644 sujets français et 64 070 étrangers.

Ce sont ceux-là qui, avant le 7 juin 1942, devront venir retirer dans les commissariats de quartier, où ils ont été recensés deux ans auparavant, l'étoile jaune en échange de trois points de leur carte de textiles.

Et, au matin du 8 juin, les Parisiens découvrent dans les rues de la ville ces hommes, ces femmes et ces enfants frappés de l'étoile jaune, comme d'un sceau qui fixe un destin inconnu et, sans doute, redoutable. *(Ci-contre, à gauche.)*

Quelques Gavroches décochent aussitôt une nasarde à l'occupant : ils se promènent en portant sur le côté gauche de la poitrine une étoile de papier avec des inscriptions diverses : « Papou », « Auvergnat », « Nègre »...

– Ils furent arrêtés et amenés à Drancy, raconte Georges Wellers, où j'en ai connu une trentaine... Ils vivaient comme nous et portaient l'étoile jaune comme nous avec une bande au-dessus de laquelle était marqué « Ami des juifs ». Ils furent libérés le 1er septembre 1942...

Mais l'apparition de l'étoile jaune n'est qu'un maillon dans la longue chaîne des mesures prises par les Allemands contre les juifs de Paris où, dès juillet 1940, l'entrée dans certains cafés et restaurants leur était interdite *(ci-dessus)*.

Dès le début de l'occupation, en effet, les Allemands se livrèrent à une propagande antisémite des plus violentes, encouragée par certains journaux français où fleurit un antisémitisme « à la Drumont », qui entre dans la ligne d'un certain antisémitisme que, dès 1901, décrivait le vieux manuel de Lavisse et Rambaud :

« Dans divers pays, les juifs émancipés ont manqué de prudence. Très portés vers le commerce de l'argent, beaucoup d'entre eux ont acquis sur le terrain financier et économique une prépondérance estimée dangereuse, qu'ils ont cherché à acquérir aussi sur le terrain politique. De là ce réveil des anciennes hostilités qu'on désigne sous le nom d'antisémitisme, et qui a gagné ces dernières années beaucoup de terrain en France, en Suisse, en Allemagne, en Autriche. Mais ce mouvement a surtout un caractère économique et politique, et n'a pas, comme on dit aujourd'hui, de caractère "confessionnel" : ce qu'il vise chez les juifs, c'est la ploutocratie ou la race, ce n'est pas la religion. »

Les Allemands tentent d'insuffler aux occupés leur fureur antisémite. Les moyens qu'ils utilisent ressortissent à une propagande grossière qui s'étale dans les vitrines et dans les stands d'une exposition, « Le Juif et la France », ouverte en 1942 au palais Berlitz. S'appuyant sur une pseudo-ethnologie, les organisateurs de l'exposition — en fait des Français d'un « institut d'étude des questions juives », créé en 1941 — entendent démontrer l'existence de stigmates raciaux chez les juifs, qui possèdent, selon eux, une morphologie particulière marquant les oreilles, les lèvres, les paupières, les nez...

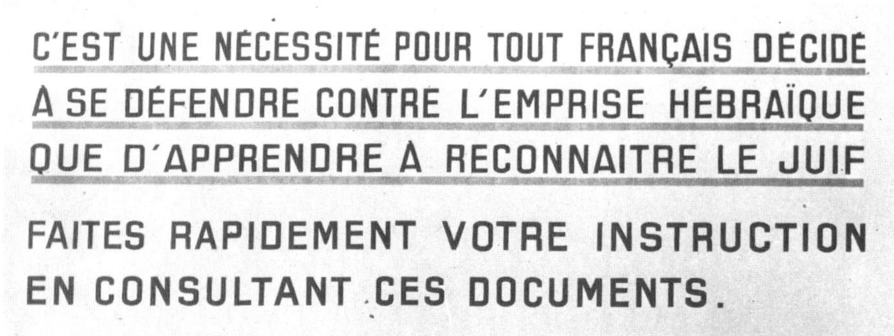

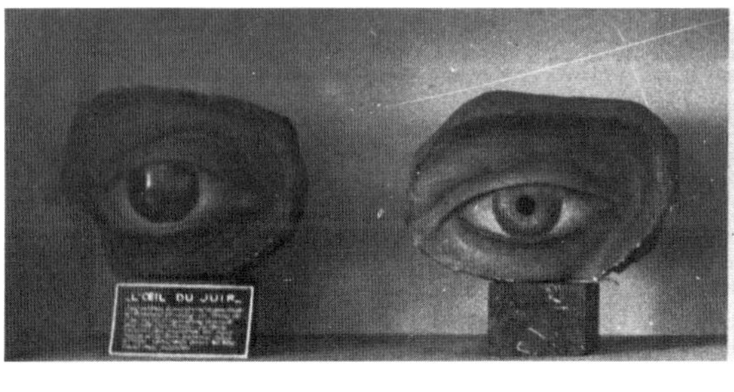

Avant d'imposer l'étoile jaune aux juifs de la zone occupée, les Allemands ont apporté progressivement des limitations à l'exercice de leurs droits de citoyen ou pris des mesures vexatoires les désignant à l'attention du public en tant que juifs.

En octobre 1940, tous les commerces juifs doivent afficher à l'intérieur de leurs vitrines des pancartes jaunes avec l'inscription en caractères noirs : Judisches Geschäft *(Entreprise juive)*. Le 7 novembre, les juifs reçoivent une carte d'identité portant la mention « juif » ou « juive », apposée avec un cachet rouge.

En mai 1941, des milliers de juifs étrangers sont emprisonnés dans deux camps installés à Pithiviers et à Beaune-la-Rolande. Le 13 août, les appareils de T.S.F. appartenant aux juifs leur sont confisqués. Prétexte officiel de cette brimade : « Cette mesure a été rendue nécessaire par le fait que des juifs répandaient dans le public les fausses nouvelles émises par certains postes étrangers. » Peu après, les bicyclettes des juifs leur sont enlevées ; leurs lignes téléphoniques sont coupées et il leur est interdit d'utiliser les cabines téléphoniques publiques.

En août, des « juifs étrangers, titulaires de condamnations ou faisant l'objet d'un arrêté d'expulsion » sont emprisonnés au camp de Drancy, où viennent les rejoindre, le 21, quarante avocats juifs de Paris.

Mais les Allemands souhaiteraient que les autorités de Vichy, qui, dès l'été de 1940, ont édicté des mesures discriminatoires contre les juifs, prennent à leur compte l'initiative de l'étoile jaune.

Pour cette raison, Stülpnagel a écrit à Brinon, le 14 décembre 1941, la lettre *(ci-contre)* dont voici la traduction :

Le Commandant en Chef des Forces militaires
en France
Verwst. V pol 290/883/41
au Délégué général du Gouvernement français
auprès du Commandant en Chef

C'est d'abord par la voie de la presse que j'ai appris que le Gouvernement français projetait de prendre diverses mesures légales d'après lesquelles entre autres tous les juifs qui n'habitent la France que depuis le 1er janvier 1936 seraient groupés en « Compagnies de Travail ».

Je saisis cette occasion pour attirer l'attention du Gouvernement français sur le fait que la part prise par les juifs dans les attentats contre des membres de l'armée d'occupation nécessite des mesures plus catégoriques et plus générales. J'entends indiquer de la sorte des mesures telles que, par exemple, celles qui consisteraient à pourvoir les juifs de signes distinctifs qui les feraient reconnaître par le public, à leur interdire la fréquentation des locaux publics, les théâtres, les cinémas à l'exception de quelques locaux qui leur seraient spécialement réservés et à leur imposer des heures de couvre-feu spéciales, par exemple de 20 heures à 7 heures.

J'attends qu'on me soumette dans un bref délai des mesures dans le sens de celles que je viens d'indiquer.

Le Commandant en Chef des Forces militaires
Stülpnagel

Vichy ne répondra pas à cette demande : s'il doit y avoir un « signe distinctif » pour les juifs, que les Allemands l'imposent !

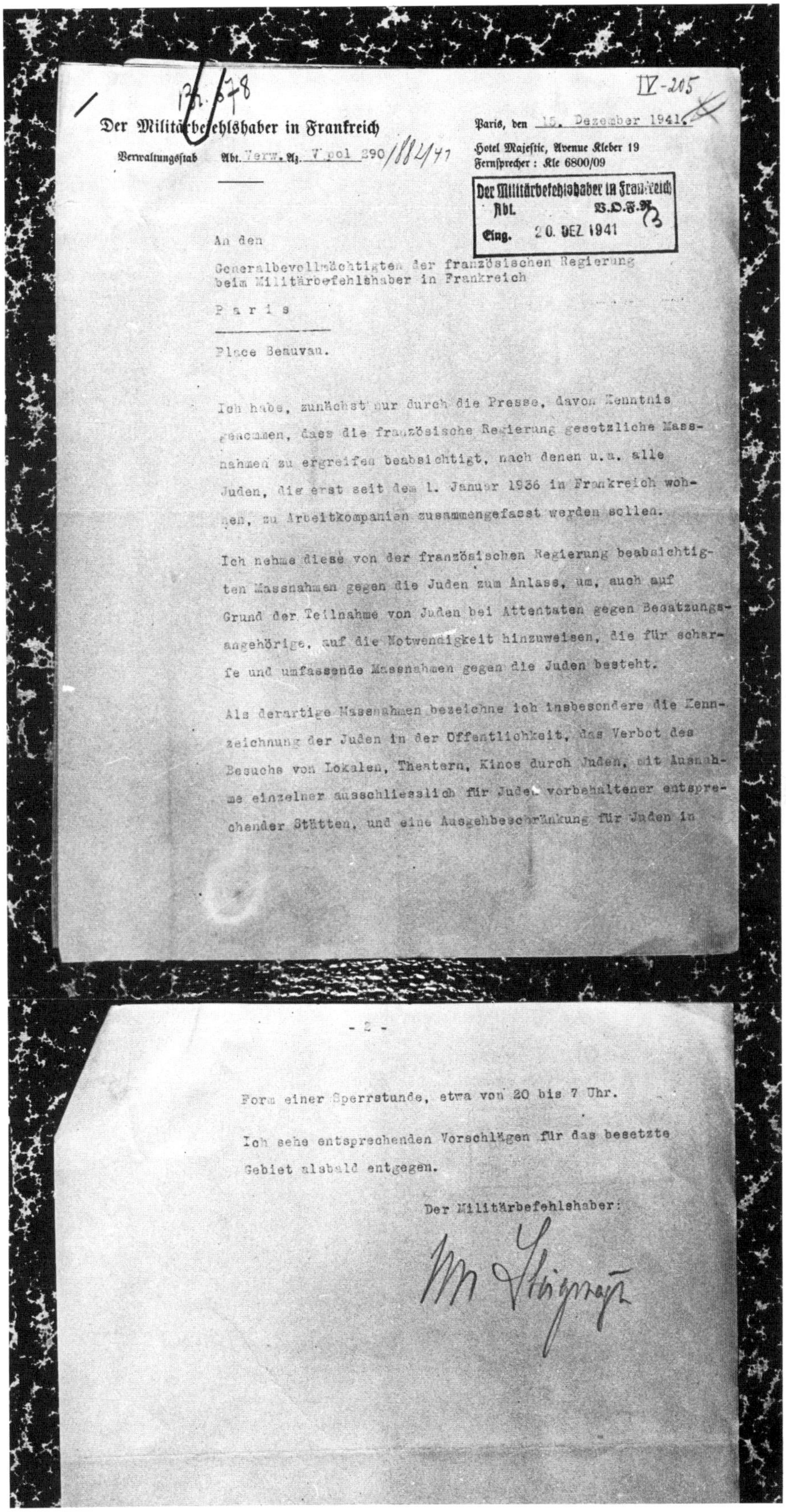

IV-205

Der Militärbefehlshaber in Frankreich
Verwaltungsstab Abt. Verw. Az. V pol 290/884/41

Paris, den 15. Dezember 1941.
Hotel Majestic, Avenue Kleber 19
Fernsprecher : Kle 6800/09

Der Militärbefehlshaber in Frankreich
Abt. V.O.F.R.
Eing. 20. DEZ 1941

An den
Generalbevollmächtigten der französischen Regierung
beim Militärbefehlshaber in Frankreich

P a r i s

Place Beauvau.

Ich habe, zunächst nur durch die Presse, davon Kenntnis genommen, dass die französische Regierung gesetzliche Massnahmen zu ergreifen beabsichtigt, nach denen u.a. alle Juden, die erst seit dem 1. Januar 1936 in Frankreich wohnen, zu Arbeitkompanien zusammengefasst werden sollen.

Ich nehme diese von der französischen Regierung beabsichtigten Massnahmen gegen die Juden zum Anlass, um, auch auf Grund der Teilnahme von Juden bei Attentaten gegen Besatzungsangehörige, auf die Notwendigkeit hinzuweisen, die für scharfe und umfassende Massnahmen gegen die Juden besteht.

Als derartige Massnahmen bezeichne ich insbesondere die Kennzeichnung der Juden in der Öffentlichkeit, das Verbot des Besuchs von Lokalen, Theatern, Kinos durch Juden, mit Ausnahme einzelner ausschliesslich für Juden vorbehaltener entsprechender Stätten, und eine Ausgehbeschränkung für Juden in

- 2 -

Form einer Sperrstunde, etwa von 20 bis 7 Uhr.

Ich sehe entsprechenden Vorschlägen für das besetzte Gebiet alsbald entgegen.

Der Militärbefehlshaber:

Un antisémite pointilleux

VICE-PRÉSIDENCE DU CONSEIL

COMMISSARIAT GÉNÉRAL
AUX
QUESTIONS JUIVES

7913 P

PARIS, le 9 Septembre 1942

2

NOTE de SERVICE

Le Commissaire Général a remarqué que, dans la correspondance de certains services, les juifs étaient dénommés "israélites".

L'emploi de cette dénomination est dû à l'influence juive qui, en interdisant le mot "juif", a réussi à matérialiser, dans les termes, le moyen principal de défense de la juiverie, qui consiste à prétendre que le problème juif n'est qu'un problème religieux.

Au Commissariat Général aux Questions Juives, un juif doit être appelé un juif, et on ne doit pas écrire " Monsieur LEVY" ou "Monsieur DREYFUS", mais le "juif LEVY" ou "le juif DREYFUS".

Le terme "israélite" ne sera employé que du point de vue religieux, par exemple "la confession israélite" ou "le culte israélite".

signé : DARQUIER DE PELLEPOIX

Notifié à tous les services de Vichy .

COMMISSARIAT GÉNÉRAL
AUX QUESTIONS JUIVES
ARCHIVES
Date X
N° ....
Dossier ... Note de Service

De son côté, le gouvernement de Vichy a créé un Commissariat général aux questions juives dont le chef est, en mai 1942, Darquier de Pellepoix *(à gauche)*, ancien conseiller municipal de Paris, qui s'était fait remarquer avant la guerre par ses outrances antisémites.

Dès l'été de 1940, le régime du maréchal Pétain a prôné, en effet, un certain « antisémitisme d'Etat », qui culmine avec le statut des juifs, promulgué le 3 octobre 1940, où se trouvent pêle-mêle une définition « raciale » du juif, la fixation d'un *numerus clausus* pour certaines professions libérales, l'exclusion des juifs de certaines fonctions publiques, l'interdiction pour eux d'exercer certaines professions.

Toutes ces mesures discriminatoires portent en elles une tare originelle : elles ont été prises en présence de l'Allemand. Est-ce pour aller au-devant des exigences ennemies à venir? Est-ce pour les freiner quand l'ennemi les imposera? Peu se posent la question pendant l'occupation.

« Elles constituaient, écrira Pierre Laval, le moindre mal, une sorte de protection pour les juifs français que les Allemands allaient ainsi être moins tentés de persécuter. Des mesures légères françaises pouvaient empêcher des mesures allemandes beaucoup plus dures... Je voulais avant tout, à défaut de mieux, défendre nos nationaux, et c'est dans ces conditions que notre police, si elle intervint, eut à agir dans la contrainte et la menace de voir frapper les juifs français... »

A cette argumentation, Joseph Billig a répondu en ces termes :

« On ne s'avance pas trop en concluant que, tout seul, l'occupant n'aurait pas obtenu les résultats que lui apportait la collaboration de l'Etat français, qui a administré le déracinement social et matériel des juifs, a prêté sa police pour l'exécution des "mesures de sécurité" nazies et a, enfin, désigné et "concentré" de vastes catégories de victimes vers l'inconnu, derrière le rideau de la nuit et du brouillard. »

Mais, en 1942, l'histoire va vite et dans le secret : où vont donc aller ces juifs qu'on arrête? Personne ne le sait... Et l'anonymographe s'en donne à cœur joie, qui dénonce aux services allemands ou français, indifféremment, ou proteste *(ci-contre, à droite)*.

LXXVII-17 72

Monsieur le Commandant

1 cav

Chaque jour, presse et radio nous parle de collaboration et de la question juive. Je suis toujours d'accord.
Croyant ainsi servir mon pays, de ceci le vôtre ne peut m'en vouloir; en bon français je désire de tout coeur l'union de nos deux pays.
La question juive m'intéresse beaucoup et c'est pour cela que je me permets Monsieur, de vous signaler ce qui se passe au restaurant Beulemans. Bld. St Germain.
Deux juives grecques, les deux soeurs toutes deux maîtresses de Monsieur Brice non inscrites au régistre du travail prennent le travail des françaises. tiennent la caisse et attirent en filles de mauvaise vie les allemands officiers de préférence pour leur soutirer argent et renseignements jusqu'au chéf du ravitaillement le Capitaine Martini et ces dames ne se gênent pas étant sûres de l'impunité parceque bien avec officiers pour accuser le personnel honnête de voleur lorsque bijoux ou porte-feuille disparaissent
2000 francs ont été soustraits à un marin cette semaine.
Avant la rentrée de vos troupes à Paris Monsieur Brice tenait des propos désobligeants, il préférait mourir de faim plutôt que de vivre avec des crapules de votre espèce et maintenant il voudrait nous faire croire qu'il est germanophile de toujours et en plus, chéf de la Gestapo.
Ce monsieur a demandé autorisation de faire boîte de nuit, ses deux maîtresses étant prévues pour la passe
aussi je dis bien haut, à la porte les fripouilles, les juifs qui nous ont fait tant de mal
Et ensuite avec des bons français nous pourrons collaborer et travailler à la paix universelle

73

Veuillez recevoir, Monsieur, mes civilités empressées

[signature]

---

17 juillet 42 XLI-21

BdS IVJ

En vertu du premier paragraphe de la 9e ordonnance du 8 juillet 1942 ... etc... etc... relativement aux Juifs

Vous leur interdisez: les Restaurants, Cafés, Théâtres, Cabines téléphoniques, Piscines, Plages, marchés, Parc ... etc...

Vous rendez vous compte que vous êtes tout simplement idiots! Pourquoi ne leur interdisez vous pas aussi les cabines des W.C.?

Notez que je ne défends pas les Juifs = Je suis Catholique.

Mais vraiment, vous êtes bêtes et monstrueux encore plus que je croyais!!

Sales Boches vous êtes, et sales Boches vous restez... ce que vous appelez vous mêmes Schweinkopf!

Je ne peux naturellement pas signer mon nom entier. Avec de tels salauds il faut prendre des précautions

G.A. 71

Profitez en... Vous n'en avez plus pour longtemps!

Floraison de pancartes

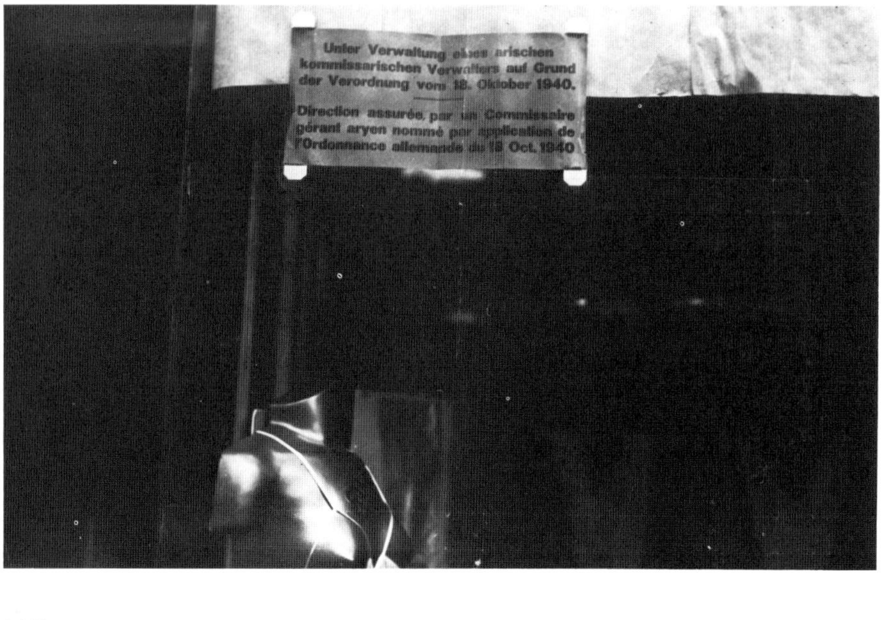

C'est le 14 décembre 1941 que, pour la première fois, Stülpnagel a évoqué le sort réservé aux juifs arrêtés par la police allemande, après les attentats dont ont été victimes des soldats de la *Wehrmacht* dans les territoires occupés, et dont il croit déceler les auteurs parmi « des hommes à la solde des Anglo-Saxons, des juifs et des bolcheviks »...

« Un grand nombre d'éléments criminels judéo-bolcheviks, lit-on dans son "Avis" du 14, seront déportés et soumis aux travaux forcés à l'Est. D'autres déportations seront envisagées sur une grande échelle, si de nouveaux attentats venaient à être commis. »

Les onze cents premiers juifs de Paris, envoyés à Auschwitz le 3 mars 1942, appartiennent à ce lot annoncé par Stülpnagel au mois de décembre 1941...

Mais cette expression de « déportation à l'Est » ne reviendra que très rarement (à deux ou trois reprises) dans les textes de l'occupant : il ne faut pas inquiéter la population... Les juifs arrêtés s'en iront ailleurs : il n'est pas nécessaire de savoir où, et, dans sa quasi-totalité, la population ignorera la destination finale des convois transportant les porteurs de l'étoile jaune.

Ceux qui restent dans la capitale supportent, les 8 et 13 juillet 1942, de nouvelles brimades : dans le métro, ils ne

pourront voyager que dans la dernière voiture de la rame, et certaines avenues de la capitale (les Champs-Elysées, les grands boulevards) leur sont interdites, ainsi que l'entrée dans les restaurants, hormis les restaurants cachères, dans les cafés, salons de thé, bars, salles de concert, music-halls, marchés, foires, piscines, plages, musées, bibliothèques, salles d'expositions, monuments historiques, champs de courses, stades et parcs publics.

Enfin, les juifs ne pourront pénétrer dans les magasins d'alimentation de détail qu'une heure par jour, et ils n'ont pas le droit de se « mêler » aux autres consommateurs. Ainsi, verra-t-on devant les boutiques trois « files d'attente » : celle des « prioritaires » (femmes enceintes, mères de famille nombreuse, etc.), celle des consommateurs tout venant et celle des juifs.

Que de nuances dans les indications de ces interdits : pour l'Hôtel des Ventes, rue Drouot, c'est simple *(ci-contre, en haut, à gauche)* ; pour un restaurant cachère, c'est clair *(au centre, à droite)*. La boutique « juive » et son commissaire gérant, aryen, sont « marqués » et, parfois, le profiteur dénoncé par la Résistance *(en bas, à droite)*. Enfin, il est des commerçants qui, par peur, par flagornerie, en « rajoutent » : ils ne sont pas juifs, eux, et tiennent à le faire savoir *(en haut, à droite)*.

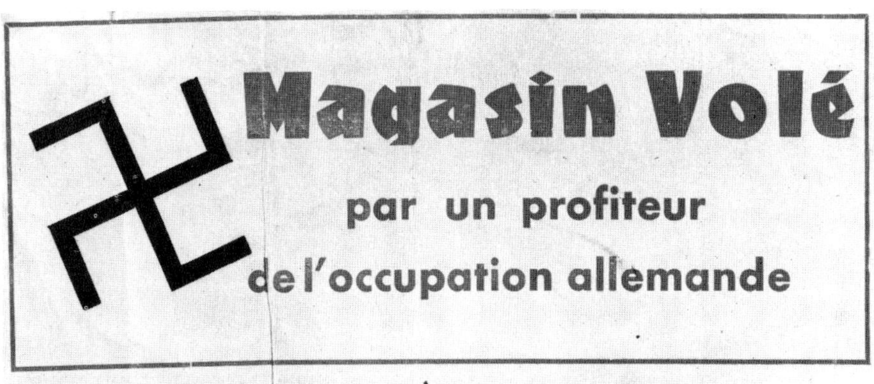

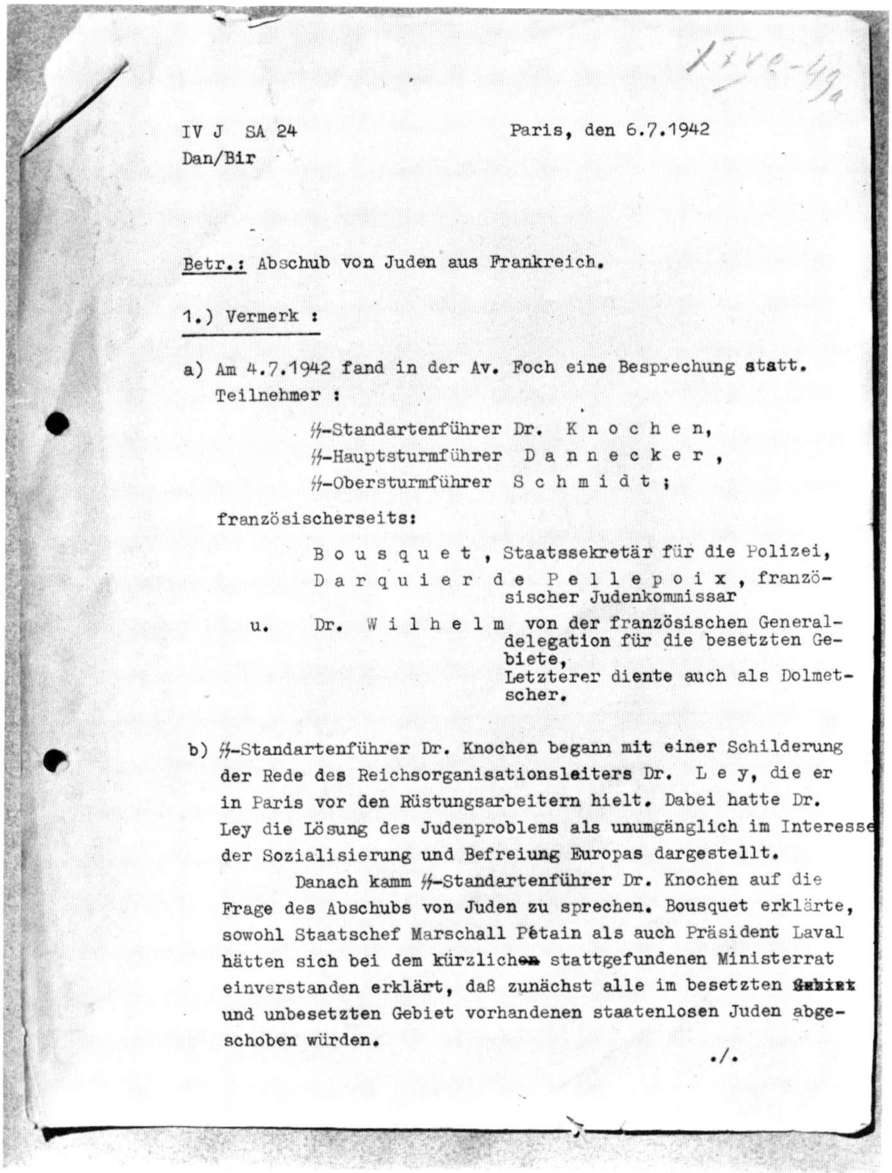

XXVc-49a

IV J SA 24 — Paris, den 6.7.1942
Dan/Bir

Betr.: Abschub von Juden aus Frankreich.

1.) Vermerk :

a) Am 4.7.1942 fand in der Av. Foch eine Besprechung statt.
Teilnehmer :

ℌ-Standartenführer Dr. K n o c h e n,
ℌ-Hauptsturmführer D a n n e c k e r ,
ℌ-Obersturmführer S c h m i d t ;

französischerseits:

B o u s q u e t , Staatssekretär für die Polizei,
D a r q u i e r d e P e l l e p o i x , französischer Judenkommissar
u. Dr. W i l h e l m von der französischen Generaldelegation für die besetzten Gebiete,
Letzterer diente auch als Dolmetscher.

b) ℌ-Standartenführer Dr. Knochen begann mit einer Schilderung der Rede des Reichsorganisationsleiters Dr. L e y, die er in Paris vor den Rüstungsarbeitern hielt. Dabei hatte Dr. Ley die Lösung des Judenproblems als unumgänglich im Interesse der Sozialisierung und Befreiung Europas dargestellt.
Danach kamm ℌ-Standartenführer Dr. Knochen auf die Frage des Abschubs von Juden zu sprechen. Bousquet erklärte, sowohl Staatschef Marschall Pétain als auch Präsident Laval hätten sich bei dem kürzlichen stattgefundenen Ministerrat einverstanden erklärt, daß zunächst alle im besetzten Gebiet und unbesetzten Gebiet vorhandenen staatenlosen Juden abgeschoben würden.

./.

Le 4 juillet 1942, une réunion franco-allemande se tient avenue Foch, siège de la direction de la police de sûreté allemande (S.D.), en France occupée : Knochen, chef du S.D., Dannecker, chargé des questions juives, et Schmidt, représentant du Service des transports ferroviaires, imposent à leurs interlocuteurs français, René Bousquet, secrétaire d'Etat à la Police, et Darquier de Pellepoix, commissaire aux questions juives, assistés par l'interprète Wilhelm, la déportation vers l'Est de juifs vivant en France. Le gouvernement de Vichy cède aux injonctions allemandes et, si l'on en croit le procès-verbal allemand de la réunion, rédigé quarante-huit heures après *(ci-dessus),* Bousquet a assuré qu' « aussi bien le maréchal Pétain que le Président Laval s'étaient déclarés d'accord, au cours d'un récent Conseil des ministres, pour que soient d'abord déportés tous les juifs apatrides *(Staatenlosen)* de zone occupée et de zone libre ».

Le 8 juillet, une seconde réunion bipartite (policiers allemands et policiers français) jette les bases de « l'organisation de déportations futures hors de France ». Il y est prévu que la police parisienne se saisira dans la capitale d'environ 22 000 juifs choisis d'après le fichier du recensement d'octobre 1940 : la rafle pourrait commencer le lundi matin 13 juillet, dans tous les arrondissements — les juifs arrêtés devant être transportés au lieu de rassemblement général, le Vélodrome d'Hiver, puis transférés, par les soins de la police parisienne, dans les différents camps autour de la capitale.

Initialement prévue pour le 13, cette première rafle d'envergure est repoussée au jeudi 16 et au vendredi 17, à Paris et dans la banlieue. Les modalités de l'arrestation des juifs sont précisées dans leurs moindres détails, par la circulaire secrète 173-42, signée par Edmond Hennequin, directeur de la Police municipale :

Préfecture de Police — Paris, le 13 juillet 1942
Direction de la Police Municipale
Etat-Major
Secret
1er bureau A
Circulaire Nr. 173-42

à Messieurs les Commissaires Divisionnaires, Commissaires de Voie Publique et des Circonscriptions de Banlieue.

(En communication à Direction P.J. - R.Gx. - Gendarmerie et Garde de Paris).

Les autorités occupantes ont décidé l'arrestation et le rassemblement d'un certain nombre de juifs étrangers.

I — Principes

A - A qui s'applique cette mesure ?

a) catégories :

La mesure dont il s'agit, ne concerne que les juifs des nationalités suivantes :

— Allemands,
— Autrichiens,
— Polonais,
— Tchécoslovaques,
— Russes (réfugiés ou soviétiques, c'est-à-dire « blancs » ou « rouges »).
— Apatrides, c'est-à-dire de nationalité indéterminée.

b) âge et sexe :

Elle concerne tous les juifs des nationalités ci-dessus, quelque soit leur sexe, pourvu qu'ils soient âgés de 16 à 60 ans (les femmes de 16 à 55 ans).

Les enfants de moins de 16 ans seront emmenés en même temps que les parents.

Dérogations :

Ne tombent pas sous le coup de la mesure :

— les femmes enceintes dont l'accouchement serait proche,
— les femmes nourissant au sein leur bébé
— les femmes ayant un enfant de moins de 2 ans, c'est-à-dire né après le 1er juillet 1940,
— les femmes de prisonniers de guerre,
— les veuves ou veufs ayant été mariés à un non-juif,

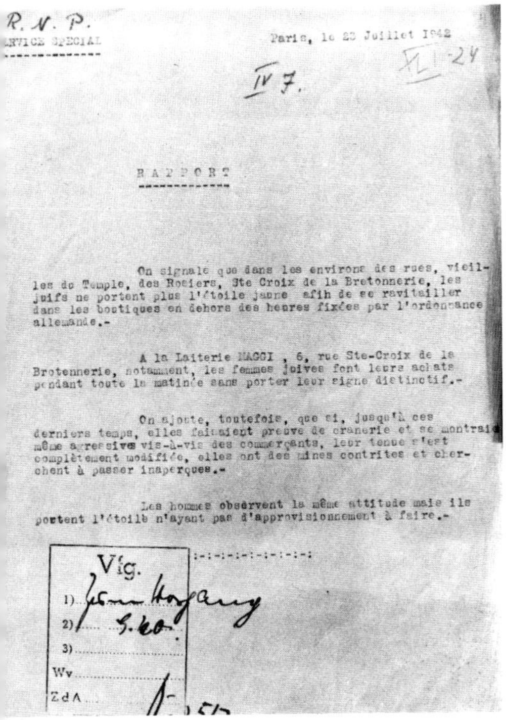

R. N. P.
[illegible]RVICE SPÉCIAL

Paris, le 23 Juillet 1942

IV J.

XLI-24

RAPPORT

On signale que dans les environs des rues, vieilles du Temple, des Rosiers, Ste Croix de la Bretonnerie, les juifs ne portent plus l'étoile jaune afin de se ravitailler dans les boutiques en dehors des heures fixées par l'ordonnance allemande.-

A la Laiterie MAGGI, 6, rue Ste-Croix de la Bretonnerie, notamment, les femmes juives font leurs achats pendant toute la matinée sans porter leur signe distinctif.-

On ajoute, toutefois, que si, jusqu'à ces derniers temps, elles faisaient preuve de cranerie et se montrai[ent] même agressives vis-à-vis des commerçants, leur tenue s'est complètement modifiée, elles ont des mines contrites et cherchent à passer inaperçues.-

Les hommes observent la même attitude mais ils portent l'étoile n'ayant pas d'approvisionnement à faire.-

:-:-:-:-:-:-:-:

Vfg.
1) [illegible]
2) [illegible]
3)
Wv
ZdA

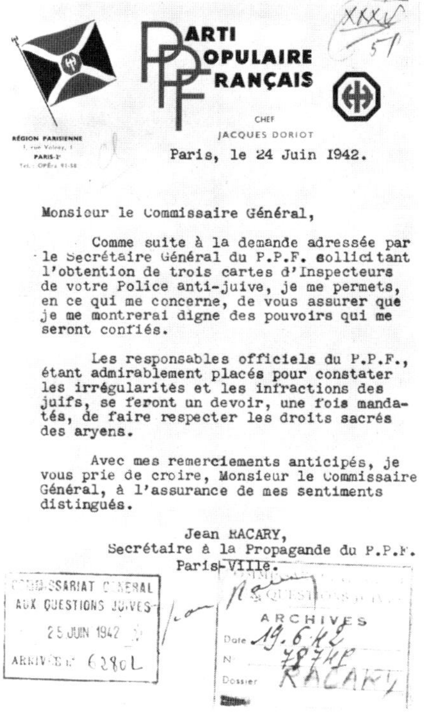

PARTI POPULAIRE FRANÇAIS
CHEF JACQUES DORIOT
RÉGION PARISIENNE
1, rue Volney, 1
PARIS-2e
Tél. : OPÉra 91-58

XXXV-51

Paris, le 24 Juin 1942.

Monsieur le Commissaire Général,

Comme suite à la demande adressée par le Secrétaire Général du P.P.F. sollicitant l'obtention de trois cartes d'Inspecteurs de votre Police anti-juive, je me permets, en ce qui me concerne, de vous assurer que je me montrerai digne des pouvoirs qui me seront confiés.

Les responsables officiels du P.P.F., étant admirablement placés pour constater les irrégularités et les infractions des juifs, se feront un devoir, une fois mandatés, de faire respecter les droits sacrés des aryens.

Avec mes remerciements anticipés, je vous prie de croire, Monsieur le Commissaire Général, à l'assurance de mes sentiments distingués.

Jean RACARY,
Secrétaire à la Propagande du P.P.F.
Paris-Ville.

COMMISSARIAT GÉNÉRAL
AUX QUESTIONS JUIVES
25 JUIN 1942
ARRIVÉE N° 6280 L

ARCHIVES
Date 19.6.42
N° 7874 P
Dossier RACARY

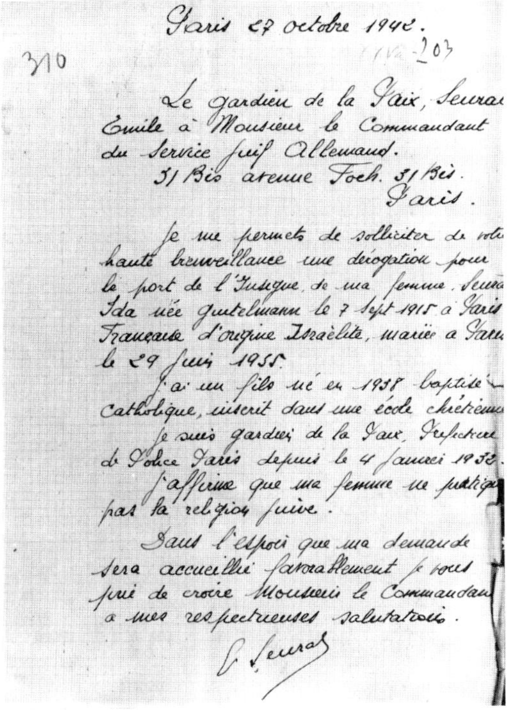

Paris 27 octobre 1942.

310

XLIa-203

Le gardien de la Paix, Seurat Emile à Monsieur le Commandant du Service juif Allemand.
31 Bis avenue Foch. 31 Bis.
Paris.

Je me permets de solliciter de votre haute bienveillance une dérogation pour le port de l'Insigne de ma femme. Seurat Ida née Gutelmann le 7 Sept 1915 à Paris Française d'origine Israëlite, mariée a Paris le 29 Juin 1955.

J'ai un fils né en 1938 baptisé Catholique, inscrit dans une école chrétienne.

Je suis gardien de la Paix, Préfecture de Police Paris depuis le 4 Janvier 1932.

J'affirme que ma femme ne pratique pas la religion juive.

Dans l'espoir que ma demande sera accueillie favorablement je vous prie de croire Monsieur le Commandant a mes respectueuses salutations.

E. Seurat

Les agents chargés de l'arrestation s'assurent, lorsque tous les occupants du logement sont à emmener, que les compteurs à gaz, de l'électricité et de l'eau sont bien fermés. Les animaux sont confiés au concierge...

Après un séjour dans ces camps (Drancy, Compiègne, Pithiviers,

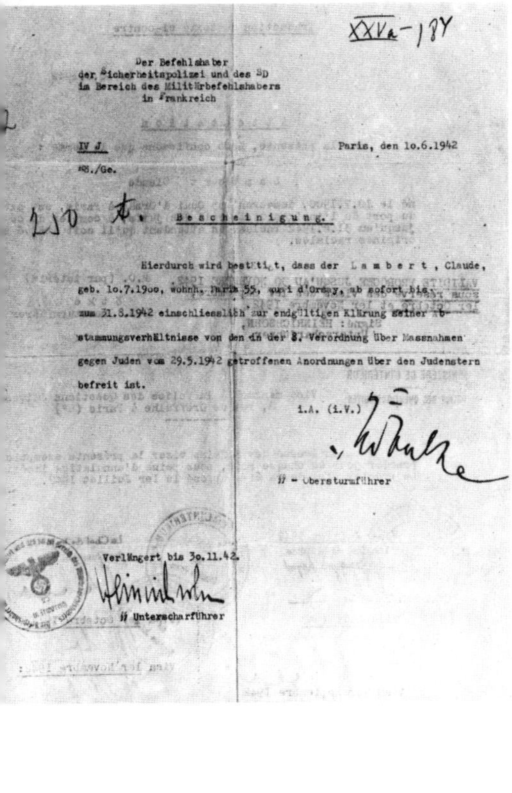

XXVa-184

Der Befehlshaber
der Sicherheitspolizei und des SD
im Bereich des Militärbefehlshabers
in Frankreich

IV J.
SS./Ge.

Paris, den 10.6.1942

210 st.

Bescheinigung.

Hierdurch wird bestätigt, dass der Lambert, Claude, geb. 10.7.1900, wohnh. Paris 55, quai d'Orsay, ab sofort bis zum 31.8.1942 einschliesslich zur endgültigen Klärung seiner Abstammungsverhältnisse von den in der 8. Verordnung über Massnahmen gegen Juden vom 29.5.1942 getroffenen Anordnungen über den Judenstern befreit ist.

i.A. (i.V.)
[illegible]
SS - Obersturmführer

Verlängert bis 30.11.42.
[illegible]
SS Unterscharführer

Beaune-la-Rolande), les juifs seront déportés vers l'Est :

« On décide qu'un transport par semaine peut quitter chaque camp, précise Dannecker dans son compte rendu de la réunion, daté du même jour. On s'est arrêté à cette solution, puisque chaque transport demande une préparation sérieuse (fouille des juifs, ravitaillement, listes, etc.). Ainsi, 4 trains avec 1 000 juifs par trains quitteront chaque semaine la zone occupée pour l'Est. »

Cette « grande rafle », la première et la plus importante de l'occupation, n'a ramené dans les filets de la police que 12 884 hommes, femmes et enfants; les Allemands se déclarent déçus de la faiblesse de cet effectif...

Pour les juifs, « le sombre jeudi » de juillet, *« der finsterer Donnerstag »*, comme on peut lire en yiddish dans un tract diffusé dès le 18, sera suivi de bien d'autres : la chasse à l'homme est commencée...

Si certains se proposent comme volontaires pour aider les policiers à arrêter les juifs *(en haut, au centre),* d'autres tentent l'impossible pour soustraire des êtres chers à l'arrestation que laisse prévoir le port de l'étoile jaune, pour lequel ils demandent une dispense *(en haut, à droite).* Les Allemands l'accordent dans quelques cas exceptionnels — ceux demandés pour certains de ses amis par le maréchal Pétain lui-même, ceux présentés par la police allemande pour certains de ses indicateurs juifs, ceux réclamés par certains services économiques pour des juifs « économiquement utiles » *(ci-dessous, à gauche et à droite).*

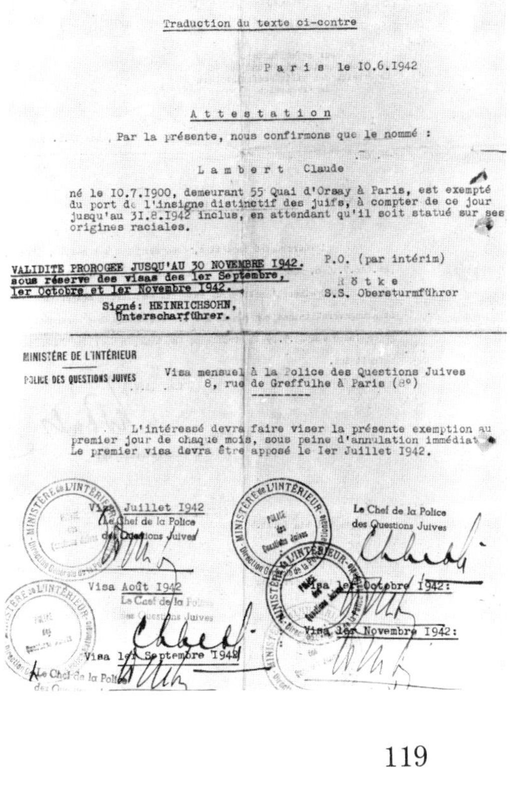

Traduction du texte ci-contre

Paris le 10.6.1942

Attestation

Par la présente, nous confirmons que le nommé :

Lambert Claude

né le 10.7.1900, demeurant 55 Quai d'Orsay à Paris, est exempté du port de l'insigne distinctif des juifs, à compter de ce jour jusqu'au 31.8.1942 inclus, en attendant qu'il soit statué sur ses origines raciales.

P.O. (par intérim)
Röthke
S.S. Obersturmführer

VALIDITE PROROGEE JUSQU'AU 30 NOVEMBRE 1942.
sous réserve des visas des 1er Septembre, 1er Octobre et 1er Novembre 1942.
Signé: HEINRICHSOHN,
Unterscharführer.

MINISTÈRE DE L'INTÉRIEUR
POLICE DES QUESTIONS JUIVES

Visa mensuel à la Police des Questions Juives
8, rue de Greffulhe à Paris (8e)

L'intéressé devra faire viser la présente exemption au premier jour de chaque mois, sous peine d'annulation immédiat[e]. Le premier visa devra être apposé le 1er Juillet 1942.

Visa Juillet 1942
Le Chef de la Police des Questions Juives

Le Chef de la Police des Questions Juives

Visa Août 1942
Le Chef de la Police des Questions Juives

Visa 1er Octobre 1942:

Visa 1er Septembre 1942
Le Chef de la Police des Q[uestions Juives]

Visa 1er Novembre 1942:

Drancy, « la juive »...

A « Drancy-la-Juive », comme on nommera plus tard le groupe de bâtiments où sont parqués hommes, femmes et enfants juifs arrêtés, les conditions d'habitation, d'hygiène et d'alimentation sont lamentables. Et puis, il y a chez les détenus cette hantise du départ vers l'inconnu, qui pousse au suicide beaucoup d'entre eux...

« Il y avait des périodes où il y avait beaucoup de suicides, entre autres en été 1942, a raconté un ancien détenu, le biologiste Georges Wellers, lors de sa déposition au procès d'Eichmann, à Jérusalem, le 9 mai 1961. Je pense que probablement en deux mois, deux mois et demi, il y eut certainement une centaine de suicides. Ces suicides étaient assez mal jugés dans le camp. Ceux qui ont essayé de se suicider sans succès étaient fortement critiqués ensuite par les camarades, parce qu'on considérait que celui qui voulait se suicider, devait le faire après le départ du camp de Drancy et non pas avant, parce que celui qui se suicidait était remplacé par un autre pour que le convoi de 1 000 détenus soit toujours au complet... »

Quand les listes de détenus à déporter étaient closes, il arrivait fréquemment qu'elles comprissent des malades :

« A peu près à chaque convoi, on emmenait sur des civières des gens malades, des plâtrés, on emmenait des fous auxquels les médecins injectaient des calmants avant de les mettre dans les autobus (qui les amenaient à la gare). C'était chose courante... »

Et les femmes enceintes?

« Quand des femmes arrivaient à Drancy en fin de grossesse, on les gardait peu de temps : jusqu'à la naissance du bébé. Tout de suite après la naissance, on les déportait avec le nouveau-né. »

Juif

Drancy, côté femmes

FORCES DE GENDARMERIE
DE PARIS-EST

CAMP D'INTERNÉS
DE DRANCY

N° 587/2

NOTE DE SERVICE

Par suite de l'arrivée importante d'internés juifs, il y a lieu de prendre les dispositions en conséquence:

a) Pas un interné, homme ou femme, ne devra stationner ou circuler dans les cours, à l'exception de ceux qui y sont appelés par leur service;

b) En ce dernier cas, comme pour les corvées, les commandants de détachements devront obtenir qu'ils s'effectuent en bon ordre et en silence.

Pour quelque cause que ce soit, en dehors des raisons de service, je rappelle qu'il est formellement interdit de parler aux internés hommes ou femmes.

c) La promenade des femmes aura lieu à des heures fixées par M. le Commandant du camp. Elle s'effectuera dans la partie de la cour réservée à cet effet.

Consignes : Interdire formellement toute communication avec les autres internés. Ne pas causer aux femmes.

Drancy, 15 juillet 1942

Le Capitaine VIEUX, commandant
le service de gendarmerie,

Drancy, le 5 novembre 1942

NOTE DE SERVICE

Les internés : SCHIFFRIN Léon, Mle 16 065, et PARIENTE Roger, Mle 16 420, avaient été chargés, en raison de leurs fonctions d'adjoints d'escalier, de distribuer des vivres aux internés partants.

C'est ainsi qu'ils devaient distribuer un fromage pour 8 internés. Or abusant de la confiance qui leur avait été accordée, ils n'en distribuèrent qu'un pour 10 internés.

En raison de la gravité de ces faits, et quoique les intéressés soient de nationalité française, et maris d'aryennes, ils seront déportés ce jour, conformément aux instructions reçues des autorités allemandes.

Il est rappelé, encore une fois, que toute défaillance des employés du camp sera sanctionnée de la même manière, quelle que soit leur situation personnelle.

Le commissaire de Police
Commandant de Camp,

Quant aux enfants, ils quittèrent Drancy pour les camps d'extermination entre août et septembre 1942 :

« La plupart du temps, c'était une affreuse opération. On les réveillait à 5 heures du matin, on leur donnait le café. Quand on voulait les faire descendre dans la cour, c'était très difficile... Plusieurs fois il est arrivé que les enfants commencent à pleurer, à se débattre... Alors, les gendarmes montaient dans les chambrées, prenaient dans leurs bras les enfants, qui se débattaient et qui hurlaient, et les descendaient dans la cour... »

Les gendarmes et policiers qui gardent les juifs à Drancy sont d'une extrême sévérité : les deux notes de service *(ci-contre, à gauche)* le prouvent. En fait, Drancy était une vaste cité dont la construction intérieure n'avait pas été achevée :

« C'était un ensemble de bâtiments formant un carré, mais non terminés, de sorte que, par les escaliers, on accédait dans de grandes chambres de forme fantaisiste, qui étaient destinées à être de petits appartements », a précisé Georges Wellers...

Finalement, cette déportation des juifs de France fit combien de victimes?

On ne connaîtra la vérité qu'en 1978, après une longue enquête menée par Serge Klarsfeld, publiée sous le titre : *le Mémorial de la déportation des juifs de France.*

Au total, 75 721 juifs, hommes, femmes et enfants ont été déportés par les Allemands, de 1941 à 1944. Sur le nombre, il y eut 14 469 Français d'origine et 7 724 naturalisés, le reste étant composé d'étrangers ou d'apatrides. Quant au nombre des rescapés des chambres à gaz, il fut d'environ 2 500.

Ces chiffres n'ont de signification que par comparaison avec celui des juifs vivant en France en 1940. Dans ce domaine, on ne peut se fonder que sur des approximations. Selon certains historiens, 350 000 juifs vivaient en France en 1940, 150 000 Français d'origine et naturalisés et 200 000 étrangers, venus s'installer dans ce pays au gré des émigrations d'Europe de l'Est, d'Europe centrale et d'Europe occidentale, de 1919 à 1940.

Cette estimation est considérée comme très exagérée par d'autres auteurs, pour qui le nombre des juifs de France n'a jamais excédé 300 000 personnes.

Ces photographies (ci-contre, à droite), *prises par des opérateurs allemands de la* Propaganda Staffel, *donnent assez bien une idée des installations de Drancy, antichambre de la déportation.*

TAILO

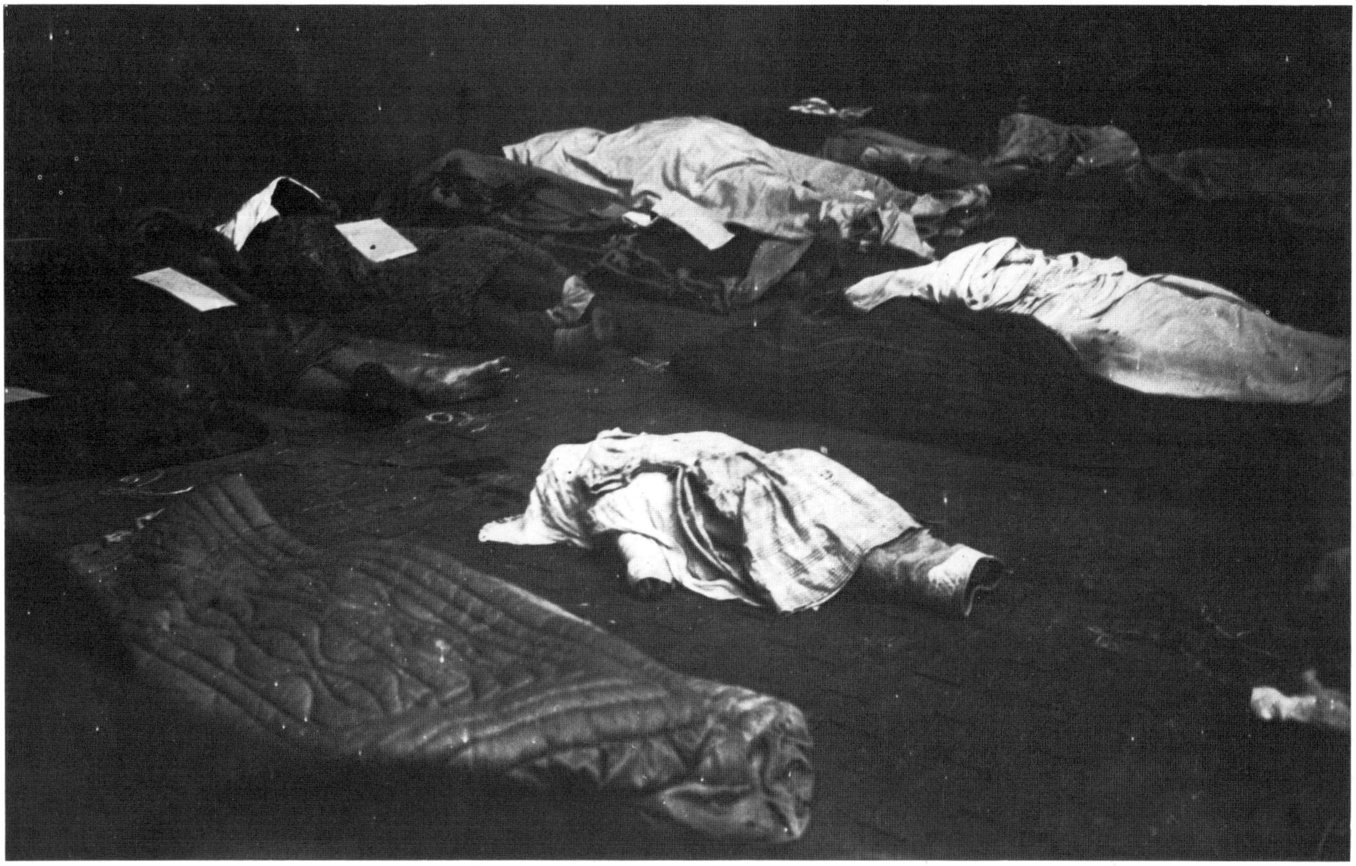

Sous les bombes

Ces avions alliés, qui passent très haut dans le ciel de Paris, vont jeter leurs bombes sur l'Allemagne, et, malgré l'alerte, les Parisiens contemplent volontiers le spectacle... *(Double page précédente.)*

Comme la plupart des villes d'Europe, Paris subira de nombreux bombardements aériens, et ses habitants paieront un lourd tribut de larmes et de sang à la guerre. Mais, sur ce plan particulier, la capitale de la France aura vécu une surprenante aventure : car, si elle ne fut bombardée que deux fois, en mai 1940 et en août 1944, par les Allemands, ses ennemis, elle subit des dizaines d'attaques aériennes par les Alliés, bien qu'ils soient ses amis.

Le phénomène s'explique par sa situation de métropole occupée à l'ouest de l'Europe, métropole économique au premier chef : les industries de la région parisienne « tournent » par force, au profit de l'Allemagne dont elles satisfont une partie des besoins, en matériel de guerre et en matériel automobile notamment. D'autre part, la banlieue de Paris est au centre de la vaste toile d'araignée ferroviaire et routière dont se sert l'occupant pour ses transports stratégiques et économiques.

Aussi, les Alliés, dès que leur puissance le leur permettra, lanceront-ils leurs avions à l'attaque de la région parisienne, lâchant leurs bombes sur les usines, les gares de triages et certains itinéraires routiers. Avant le 6 juin 1944, ces bombardements visent à diminuer *in globo* le potentiel militaire allemand et à préparer le débarquement sur la côte normande ; après le 6 juin, ils aident à la progression des armées alliées, en agissant à vue sur les villes que l'ennemi a transformées en centres de résistance et sur ses transports.

Ces bombardements atteignent très cruellement la population civile, dont les habitations sont souvent proches des objectifs visés par l'aviation alliée qui, le plus souvent, effectue ses raids à très haute altitude, afin d'être hors de portée de l'artillerie anti-aérienne allemande. Il convient de remarquer que la ville de Paris, par elle-même, a moins souffert que sa banlieue, hormis quelques îlots très durement atteints dans les Vème, XVIème, XVIIIème et XIXème arrondissements. Ainsi, la banlieue Ouest (Boulogne-Billancourt, Courbevoie, Asnières, Colombes, Bois-Colombes) et les XVème et XVIème arrondissements furent sévèrement touchés par les attaques aériennes des 3 et 6 mai 1942, des 3, 9, 15 août et 31 décembre 1943.

Au total, 7 112 bâtiments d'habitation, industriels et commerciaux furent détruits totalement, et 59 641 partiellement, représentant 145 663 logements. On déplora plusieurs milliers de victimes.

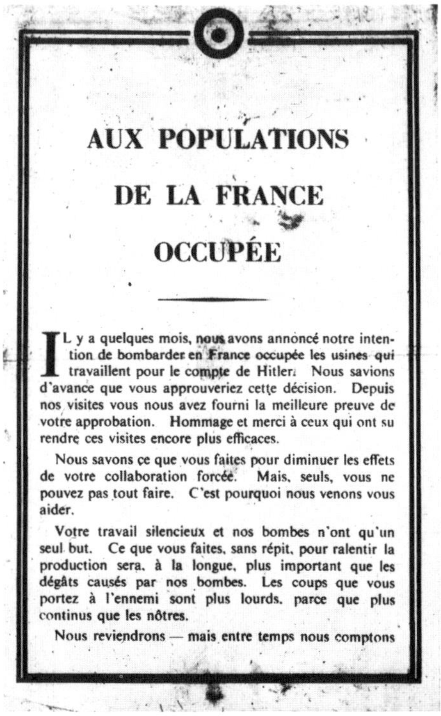

AUX POPULATIONS

DE LA FRANCE

OCCUPÉE

Il y a quelques mois, nous avons annoncé notre intention de bombarder en France occupée les usines qui travaillent pour le compte de Hitler. Nous savions d'avance que vous approuveriez cette décision. Depuis nos visites vous nous avez fourni la meilleure preuve de votre approbation. Hommage et merci à ceux qui ont su rendre ces visites encore plus efficaces.

Nous savons ce que vous faites pour diminuer les effets de votre collaboration forcée. Mais, seuls, vous ne pouvez pas tout faire. C'est pourquoi nous venons vous aider.

Votre travail silencieux et nos bombes n'ont qu'un seul but. Ce que vous faites, sans répit, pour ralentir la production sera, à la longue, plus important que les dégâts causés par nos bombes. Les coups que vous portez à l'ennemi sont plus lourds, parce que plus continus que les nôtres.

Nous reviendrons — mais entre temps nous comptons

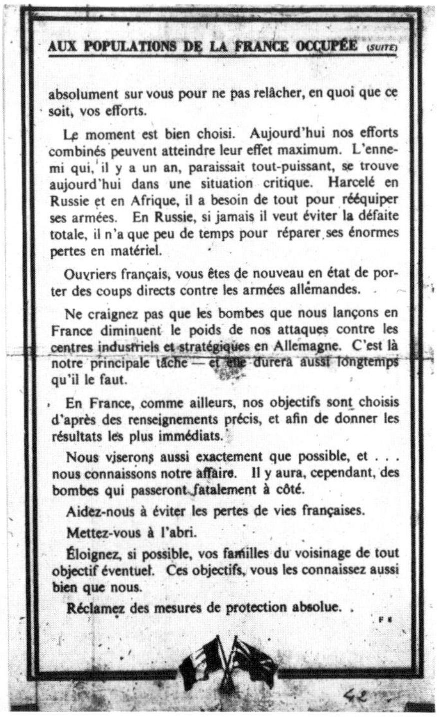

AUX POPULATIONS DE LA FRANCE OCCUPÉE (SUITE)

absolument sur vous pour ne pas relâcher, en quoi que ce soit, vos efforts.

Le moment est bien choisi. Aujourd'hui nos efforts combinés peuvent atteindre leur effet maximum. L'ennemi qui, il y a un an, paraissait tout-puissant, se trouve aujourd'hui dans une situation critique. Harcelé en Russie et en Afrique, il a besoin de tout pour rééquiper ses armées. En Russie, si jamais il veut éviter la défaite totale, il n'a que peu de temps pour réparer ses énormes pertes en matériel.

Ouvriers français, vous êtes de nouveau en état de porter des coups directs contre les armées allemandes.

Ne craignez pas que les bombes que nous lançons en France diminuent le poids de nos attaques contre les centres industriels et stratégiques en Allemagne. C'est là notre principale tâche — et elle durera aussi longtemps qu'il le faut.

En France, comme ailleurs, nos objectifs sont choisis d'après des renseignements précis, et afin de donner les résultats les plus immédiats.

Nous viserons aussi exactement que possible, et . . . nous connaissons notre affaire. Il y aura, cependant, des bombes qui passeront fatalement à côté.

Aidez-nous à éviter les pertes de vies françaises.

Mettez-vous à l'abri.

Éloignez, si possible, vos familles du voisinage de tout objectif éventuel. Ces objectifs, vous les connaissez aussi bien que nous.

Réclamez des mesures de protection absolue.

F 8

Dans la nuit du 3 au 4 mars 1942, l'usine Renault, à Boulogne-Billancourt, est bombardée par l'aviation anglaise *(ci-dessus)* et les ateliers qui fabriquent des chars pour la *Wehrmacht* partiellement détruits. On déplore 500 morts et 1 500 blessés parmi la population civile. 200 maisons ont été détruites.

Ce bombardement, le premier depuis 1940, inspire aux Anglais une opération de propagande auprès des Parisiens, opération destinée à apaiser leur éventuelle rancœur après l'explosion des bombes. Dans la nuit du 3 au 4 mars, ils jettent sur la banlieue bombardée et sur la capitale des milliers de tracts expliquant les raisons pour lesquelles ils ont effectué cette attaque. *(Ci-contre, à gauche, avers et revers du tract anglais.)*

Cette démonstration est révélatrice de l'importance qu'a prise la propagande de guerre dans le conflit : davantage que pendant la Première Guerre mondiale,

LES USINES RENAULT TRAVAILLAIENT POUR L'ARMÉE ALLEMANDE

LES USINES RENAULT ONT ÉTÉ FRAPPÉES

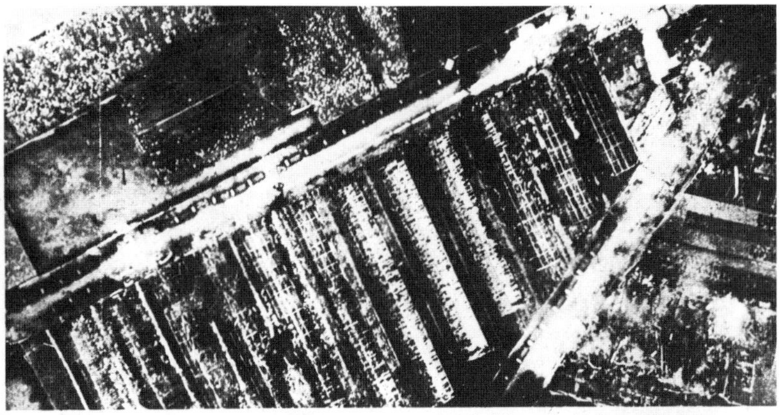

On voit deux longues files de camions prêts à être expédiés à la Wehrmacht. En frappant les usines Renault la R.A.F. détruit une des sources principales de la puissance motorisée de l'ennemi.

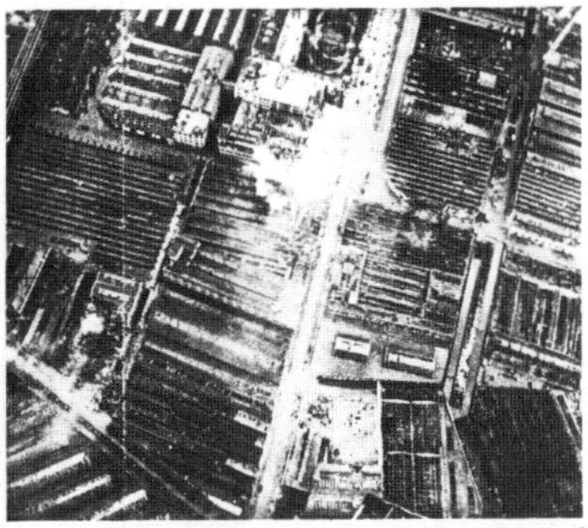

Ces photographies ont été prises le lendemain de l'opération par un avion de la R.A.F. volant à faible altitude. Les dégâts causés aux usines embrayées par l'Allemagne à son organisation de guerre expliquent suffisamment les cris d'indignation des propagandistes allemands et de leurs sous-agents.

les belligérants se servent de tous les moyens (radios, tracts, journaux clandestins livrés par la poste ou par les airs) dont ils disposent pour vanter leur action et déconsidérer l'adversaire, rassurer leurs amis, tout en effrayant leurs ennemis.

Ces tracts de la R.A.F. participent de l'effort allié pour convaincre les populations occupées de prendre leurs maux en patience : ne sont-ils pas la condition de leur future libération ?

Dans cette offensive des tracts explicatifs, les Anglais marquent un second point : dans la nuit du 5 au 6 mars, ils lancent sur la capitale une seconde série de tracts *(ci-dessus et ci-dessous),* où ils présentent aux Parisiens le bilan des destructions opérées parmi le matériel de guerre destiné à l'occupant, ce qui justifie leur opération.

Les usines Renault travaillaient pour l'armée allemande

LES USINES RENAULT ONT ÉTÉ FRAPPÉES

LE bombardement des usines Renault et de certaines autres usines près de Paris fut une opération militaire.

L'Allemagne prépare ses offensives du printemps en faisant travailler les industries des pays occupés.

Le Gouvernement britannique avait annoncé il y a longtemps son intention de frapper la machine de guerre allemande partout où elle se trouve.

L'opération Renault fait partie de ce plan. Les usines dans tous les pays occupés, travaillant pour l'Allemagne, sont des objectifs militaires qui recevront les coups de la R.A.F.

Une indication des avantages que l'Allemagne obtient de la collaboration de certaines industries françaises est fournie par les chiffres qui suivent.

La production annuelle de camions en France est évaluée aujourd'hui à 40-50 mille, soit plus que le double de celle de l'année qui précéda la guerre. Cette production est presque entièrement dirigée sur l'Allemagne et suffit à doter avec le transport nécessaire 20-30 divisions d'infanterie motorisée.

LES USINES RENAULT PRODUISAIENT VINGT-CINQ POUR CENT DE CE CHIFFRE.

En examinant ces photographies aériennes on voit à quel point ces usines ont été touchées.

* * * *

Nous savons que la victoire seule pourra apporter une mesure de consolation aux familles, aux camarades et aux compatriotes de ceux qui ont perdu la vie pendant cette opération.

C'est pour rapprocher le jour de cette victoire, finale et absolue, que nous travaillons jour et nuit.

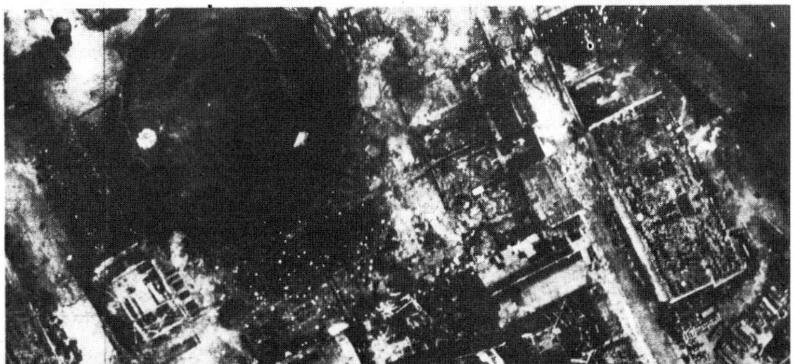

Renault fabriquait aussi des chars pour l'armée allemande. On les voit sur la photographie aérienne.

Comment vous pouvez aider l'Angleterre à aider la Russie . . .

En automne dernier nous avons annoncé par le tract, reproduit ci-contre, que les Allemands se servaient de chars français sur le front russe. L'opération effectuée le 3/4 mars interrompra leur fabrication en série.

Les Allemands répliquent, tout naturellement, à l'offensive de la propagande anglaise par une contre-manœuvre bien dans la manière du Dr Goebbels, ministre de la Propagande nazie. Le 10 mars, ils font distribuer un tract de la même taille que celui lancé par les avions anglais, dont l'avers reproduit purement et simplement une partie du tract anglais *(ci-dessus, en haut)*... mais dont le revers établit le compte des victimes civiles du bombardement du 4 mars *(ci-dessus, au centre)*.

Le 20 mars, les Allemands lancent sur la ville une série de tracts-pièges reprenant le même thème *(ci-contre, à droite)*, dans l'espoir que ce qui tombe du ciel a plus de chance d'être cru que ce qu'on donne sur terre : les commentaires qu'ils y ajoutent indiquent assez l'inspiration de ce papier, repris dans de petits papillons « vengeurs » collés sur les murs de la ville et ceux du métro.

LES PAROLES et... LES ACTES!
TRACTS et TORPILLES lancés le 3 Mars 1942
AUX POPULATIONS DE LA FRANCE OCCUPÉE
C'est pourquoi nous venons vous aider.
AUX POPULATIONS DE LA FRANCE OCCUPÉE
Une famille sinistrée.
Logements ouvriers à VILLEJUIF.
Une église à BOULOGNE.
Destructions à MEUDON.
Un groupe de maisons au PECQ.
Chapelle ardente à BILLANCOURT.
Des quartiers détruits à BOULOGNE-BILLANCOURT.

Voilà la nature de "l'aide"...
LE MARÉCHAL FLÉTRIT L'AGRESSION
Les mots me serrent dans la gorge pour dire ce que nous éprouvons, tant les récits de la nuit d'épouvante hantent notre pensée.
Rues soufflées, quartiers rasés, familles décimées, enfants précipités de leurs berceaux dans leurs tombes, pauvres restes arrachés aux décombres sous la fumée suffocante, la relève au petit jour des tués et des blessés, nous avons vécu minute par minute vos affreuses tortures.
L'histoire a déjà jugé la criminelle agression de l'ancienne alliée, qui n'a laissé nos soldats entrer seuls dans la mort que pour y jeter, deux ans plus tard avec la plus froide résolution, nos civils innocents. Il n'est pas de loi de la guerre, il n'est point de prétexte qui puisse justifier devant la conscience humaine d'aussi sanglantes hécatombes.
BILAN
MORTS RETROUVÉS (De nombreux morts se trouvent encore sous les décombres.) 410
BLESSÉS 1.585
MAISONS DÉTRUITES OU GRAVEMENT ENDOMMAGÉES Dans le Département de la Seine. 435
Et de nombreux autres immeubles en Seine-et-Oise.
PERSONNES SANS FOYER Dans le Département de la Seine. 1.193
Et un grand nombre en Seine-et-Oise.
FRANÇAIS, jugez vous-mêmes!
...anglaise aux populations françaises!

Ces victimes innocentes de la guerre totale

Les morts des bombardements de la région parisienne constituent le lot des « innocentes victimes » de la guerre, selon une formule déjà utilisée dans les conflits précédents. Mais leur nombre sera très élevé au cours de la Seconde Guerre mondiale, donnant à celle-ci ce caractère de « guerre totale » voulu par Hitler lui-même, où femmes et enfants ne sont guère considérés que comme géniteurs de futurs ennemis et d'ennemis à venir. Dans cette perspective, les bombes aveugles valent autant qu'un succès tactique.

Les habitants de la région parisienne supportent ces attaques aériennes comme la conséquence de leur état d'occupés : ils s'y résignent. Mais quel spectacle étonnant pour le badaud que celui des restes de ce bombardier américain éparpillés sur un grand magasin de la rive droite *(ci-dessus)* et sur les grilles du palais du Louvre *(ci-contre, en haut, à droite)*. Quand les bombardiers alliés se dirigent vers l'Est *(en bas, à droite)*, le badaud les regarde avec sympathie : il n'ira pas jusqu'à les applaudir... mais le cœur y est.

VOIE
29
VOIE
30

Du côté des collabos

La collaboration, ce mot-clé des années 1940-1944, n'est-il, finalement, qu'un mot factice ? Collaboration, cela signifie « travailler avec » — *cum laborare.* Que les Français soient, par la seule présence des « Fritz » sur leur sol, obligés de travailler avec, et, dans certains cas, pour eux, c'est une évidence quotidienne, terre à terre et inévitable.

Seuls certains politiques ou, si l'on préfère, certains politiciens voient, au-delà de ce mot, le début d'une réconciliation franco-allemande après la défaite de juin 1940 et l'amorce d'une alliance avec l'Allemagne d'Hitler. Et, après 1941, celle d'une contribution française à sa lutte contre le bolchevisme.

A Vichy, on ne sait pas exactement ce que Pétain veut réellement faire ; il parle certes de la collaboration, mais du bout des lèvres ; et le vieil homme ne fait guère que céder aux exigences de l'occupant, sans se hâter de manifester un enthousiasme délirant pour les buts qu'ils affichent.

Mais il y a aussi les « vrais » collabos, ceux qui se veulent tels, qui se sont rangés, une fois pour toutes, dans les rangs allemands, qui se réfèrent à leur doctrine, soutiennent leur politique, militent dans les partis français qui leur sont favorables, combattent à leurs côtés sous leur uniforme, renseignent leurs policiers, dénoncent juifs et Résistants, font commerce avec eux, les enrichissent et s'enrichissent aussi.

De l'idéologue au valet, du sincère au mouchard, du trafiquant à l'illuminé, les collabos sont omniprésents.

Hitler croit, peut-être, à la sincérité de certains d'entre eux. Pour eux, un geste théâtral, la restitution à la France du cercueil du duc de Reichstadt le 13 décembre 1940 *(document de la double page précédente),* qui s'est assorti d'une pensée politique un peu confuse et qui n'aura pas de suite. Un « collabo » de marque, Fernand de Brinon, délégué général du Gouvernement français dans les territoires occupés, salue « à l'allemande » la relique *(ci-contre)* ; il sera fusillé après la libération... Mais le chef du *Jeune Front (ci-dessus)* échappera au châtiment.

RASSEMBLEMENT NATIONAL POPULAIRE

Paris, le 3 Mars 1941

Monsieur le Maréchal,

Le Rassemblement National-Populaire vient de se constituer à Paris. En quelques semaines il a reçu, par dizaines de milliers, l'adhésion de Français et de Françaises de toutes conditions. Il a tenu à la Salle Wagram la première grande Assemblée populaire depuis la guerre. Le rythme des inscriptions et la rapidité avec laquelle se développe en province l'organisation nous donnent la certitude qu'avant peu ce mouvement d'opinion atteindra une magnifique ampleur. La politique française, de toute manière, ne pourra ignorer une pareille force.

Nous ne voulons pas attendre davantage pour vous faire part respectueusement d'un certain nombre d'idées que nous considérons comme essentielles et à propos de quoi nous tenons à ce qu'il n'y ait, ni dans votre

....

- Page 10 -

vie. Voyez-y une preuve de loyauté, mais veuillez aussi, Monsieur le Maréchal, y percevoir un appel angoissé que peut-être les circonstances ne nous permettront pas de renouveler. S'il devient définitivement évident que l'avenir du pays, dedans et dehors, n'a plus d'autre chance d'être sauvegardé que par l'action directe d'une masse résolue, entraînant derrière elle la Nation, c'est une entreprise que nous ne croyons pas au-dessus de nos forces. Nous maintiendrons l'unité contre toutes les trahisons, l'unité de la Métropole et celle de l'Empire, l'unité matérielle et l'unité morale. Nous referons cette Communauté Française que vous avez annoncée et d'où seront exclus la misère et les privilèges de l'argent. Convaincus que la France ne peut se passer de l'Europe, nous tâcherons que l'Europe ne veuille ni ne puisse se passer de la France.

Agréez, Monsieur le Maréchal, le salut loyal et déférent des Français et des Françaises résolus à servir et à vaincre sous le signe du Rassemblement National-Populaire.

pour le RASSEMBLEMENT NATIONAL-POPULAIRE
Le Comité Directeur.

Marcel DEAT, Chef du R.N.P.
Eugène DELONCLE, Délégué Gal à la Sécurité
Jean FONTENOY, Délégué Gal à la Propagande
Jean GOY, Délégué Général à l'Organisation Territoriale
Jean VANOR, Délégué Général

6I, rue de Monceau

Les collabos comptent de curieux farfelus dans leurs rangs. Dès juillet 1940, un incertain Christian Message (ce n'est pas son vrai nom) fonde le *Parti national-socialiste français* et prend la tête d'une « croisade française du national-socialisme ». Mais le croisé déplaît tout à la fois aux occupants, qui fermeront assez vite sa boutique, et au gouvernement de Vichy, qui le fera arrêter le 13 janvier 1941. *(Ci-contre, à gauche.)* Ce Ferdinand Lop du nazisme parisien n'aura pas d'émule.

Plus actifs, Marcel Déat, du R.N.P., et Eugène Deloncle, du M.S.R., entendent donner des leçons au maréchal Pétain, à qui ils adressent *(ci-dessous, à gauche)* une étrange missive : ils ne recevront pas de réponse. Deloncle, conspirateur-né, sera abattu par la police allemande pour des raisons qui ne sont pas encore complètement éclaircies ; Déat mourra après la guerre dans un couvent italien où il s'était réfugié en mai 1945.

Sur les ondes de *Radio-Paris,* Jean Hérold-Paquis *(ci-contre, à droite)* se révèle l'un des meilleurs présentateurs radiophoniques des grands thèmes de la collaboration. La Résistance le menace. Il sera fusillé après la libération.

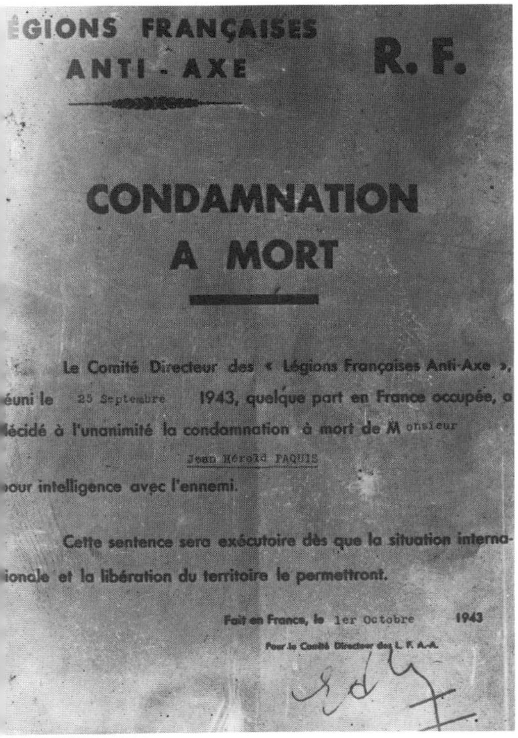
ÉGIONS FRANÇAISES ANTI - AXE

R. F.

CONDAMNATION A MORT

Le Comité Directeur des « Légions Françaises Anti-Axe », éuni le 25 Septembre 1943, quelque part en France occupée, a écidé à l'unanimité la condamnation à mort de Monsieur

Jean Hérold PAQUIS

our intelligence avec l'ennemi.

Cette sentence sera exécutoire dès que la situation internaionale et la libération du territoire le permettront.

Fait en France, le 1er Octobre 1943

Pour le Comité Directeur des L. F. A.-A.

Marcel Bucard (ci-dessus), *chef du parti franciste, sera, comme Hérold-Paquis, fusillé à la libération pour trahison.*

Ci-dessous, *les membres d'un congrès P.P.F. sont salués, à la nazie, par de jeunes collabos et un volontaire de la L.V.F.*

Il arrive que, malgré la présence des Allemands, des militants des mouvements « collabos » soient malmenés par des contestataires présents, par exemple, sur les Champs-Elysées, par cet après-midi d'automne 1942, où défilent des membres du Parti de Doriot.

Si les partis favorables à la collaboration aspirèrent à jouer un rôle politique important (Déat obtiendra, en 1944, le poste de ministre du Travail dans le gouvernement dirigé par Pierre Laval), leur importance numérique fut toujours des plus faibles : toutes forces groupées, leurs adhérents ne représentèrent jamais plus de 0,5 pour 100 de la population, soit 200 000 personnes, si tant est que ce nombre ait jamais été atteint.

Une étude précise, faite dans un département français, celui de la Côte-d'Or, montre qu'en 1942, on dénombrait 332 collaborationnistes, soit 0,33 pour 100 de la population du département.

En fait, l'influence des « ultras » de la collaboration sur l'ensemble de l'opinion publique fut très restreinte, hormis celle de quelques vedettes de la radio, tels Hérold-Paquis et Philippe Henriot.

Et, à Vichy, que pense donc de la « collaboration » le maréchal Pétain, qui a lancé le mot après l'entrevue de Montoire? Il est assez difficile de le dire. La souhaite-t-il sincèrement? Lui apparaît-elle comme un moyen de gagner du temps et de voir venir? Pousse-t-il à la faire passer, sous toutes ses formes, y compris la militaire, dans les faits ou s'abrite-t-il derrière elle afin de calmer les exigences allemandes?

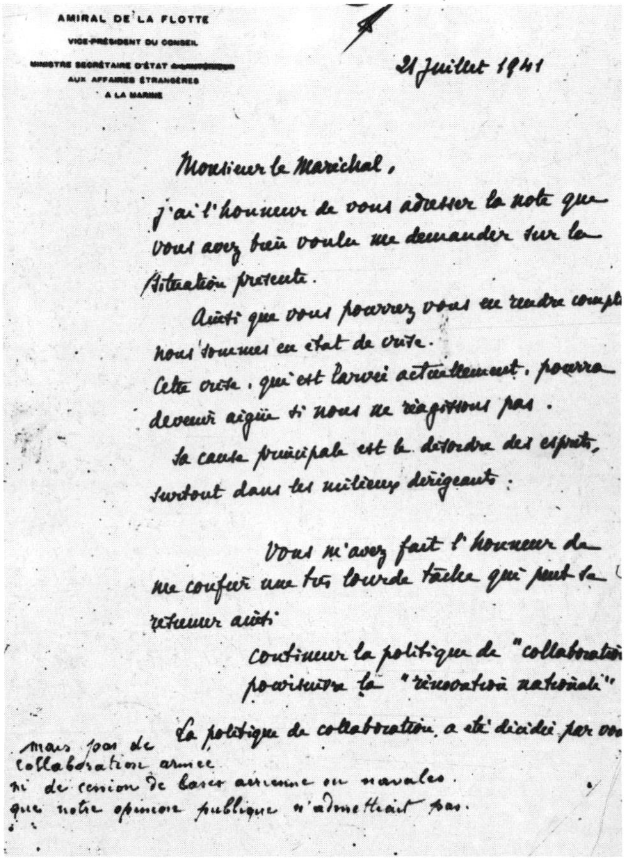
AMIRAL DE LA FLOTTE
VICE-PRÉSIDENT DU CONSEIL
MINISTRE SECRÉTAIRE D'ÉTAT
AUX AFFAIRES ÉTRANGÈRES
A LA MARINE

21 Juillet 1941

Monsieur le Maréchal,

j'ai l'honneur de vous adresser la note que vous avez bien voulu me demander sur la situation présente.

Ainsi que vous pourrez vous en rendre compte nous sommes en état de crise.

Cette crise, qui est larvée actuellement, pourra devenir aigüe si nous ne réagissons pas.

La cause principale est le désordre des esprits, surtout dans les milieux dirigeants :

Vous m'avez fait l'honneur de me confier une très lourde tâche qui peut se résumer ainsi

continuer la politique de "collaboration"
poursuivre la "rénovation nationale"

La politique de collaboration a été décidée par vous

mais pas de collaboration armée ni de cession de bases aériennes ou navales que notre opinion publique n'admettrait pas.

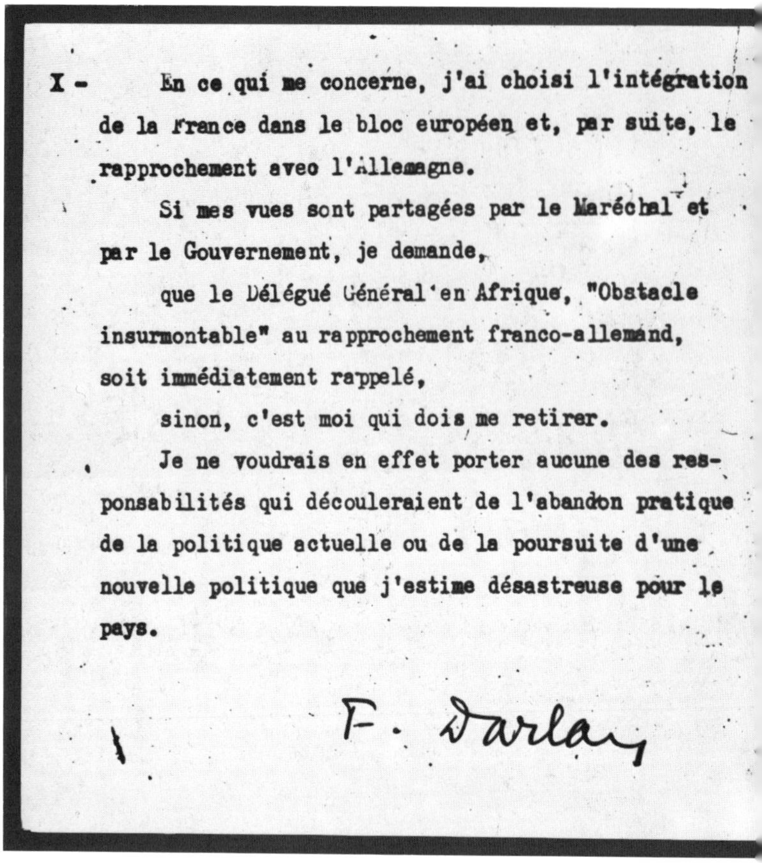
X - En ce qui me concerne, j'ai choisi l'intégration de la France dans le bloc européen et, par suite, le rapprochement avec l'Allemagne.

Si mes vues sont partagées par le Maréchal et par le Gouvernement, je demande,

que le Délégué Général en Afrique, "Obstacle insurmontable" au rapprochement franco-allemand, soit immédiatement rappelé,

sinon, c'est moi qui dois me retirer.

Je ne voudrais en effet porter aucune des responsabilités qui découleraient de l'abandon pratique de la politique actuelle ou de la poursuite d'une nouvelle politique que j'estime désastreuse pour le pays.

F. Darlan

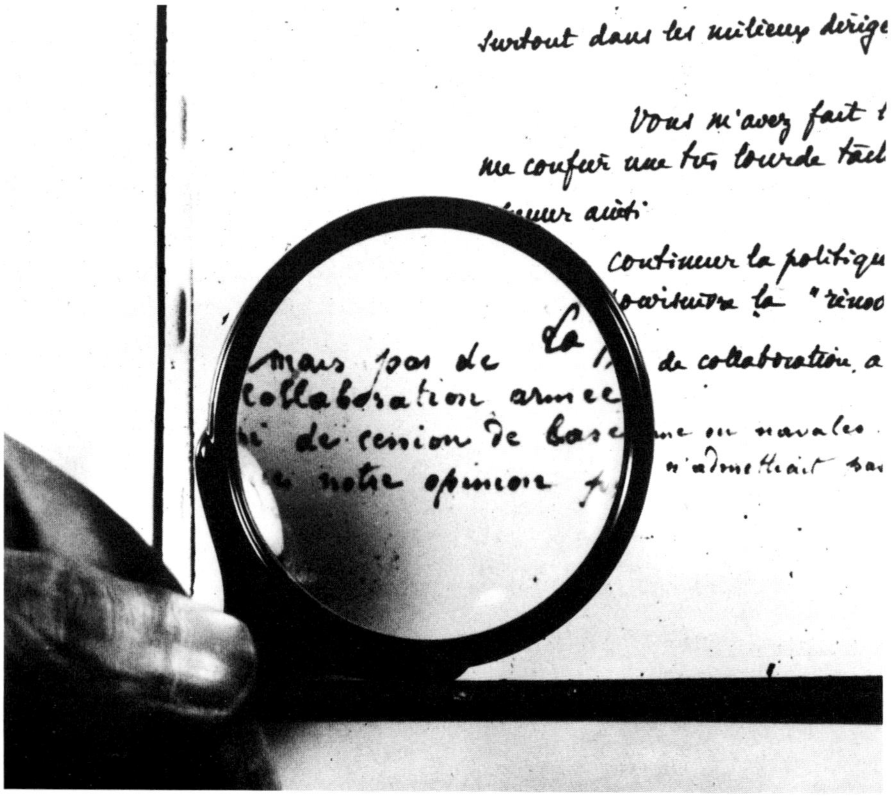

Pétain, le 13 décembre 1940, a remplacé Laval par l'amiral Darlan à la tête de son gouvernement. En fait, il y eut un court intérim Flandin, qui cesse en janvier 1941. Persuadé, en cet instant, de la victoire finale des Allemands (il évoluera à partir de 1942), Darlan souhaite continuer cette collaboration avec eux, en leur offrant, par exemple, de les aider à l'obtenir. Pétain tempère l'ardeur de l'Amiral par des conseils semblables à celui qu'il porte, le 21 juillet 1941, sur un rapport que lui a adressé Darlan :

« ... pas de collaboration armée, ni de cession de bases aériennes ou navales que notre opinion publique n'admettrait pas. » *(Ci-dessus et ci-contre, à gauche.)*

Darlan estime cependant qu'il faut jeter du lest et suggère au Maréchal *(ci-dessus)* le rappel en France du général Weygand, proconsul de Vichy en Afrique française du Nord (Algérie, Tunisie, Maroc), que les Allemands considèrent comme un adversaire irréductible : ne fait-il pas traîner systématiquement en longueur toutes les demandes relatives

au ravitaillement de l'*Afrika Korps* de Rommel, aux prises avec les Anglais en Libye ?

Quant à Fernand de Brinon *(ci-dessus, à gauche du document)*, il souhaite aller plus loin dans la voie de la collaboration avec l'Allemagne. Ses bonnes relations avec Stülpnagel lui font écrire, au chef militaire allemand, cette étonnante demande *(ci-contre, à droite)* :

« Je serais heureux de pouvoir obtenir l'autorisation de détenir un fusil de chasse et des munitions, et de chasser dans les territoires occupés. Je m'engage bien entendu à observer strictement les règlements allemands sur la chasse. J'ai donc l'honneur de vous demander ici cette autorisation, en vous exprimant, très honoré Monsieur le Général, l'assurance de ma plus haute considération. »

Les Allemands ayant interdit la chasse dans les territoires occupés, Brinon sera-t-il le seul chasseur autorisé ? Nous n'avons pas retrouvé la réponse de l'Allemand...

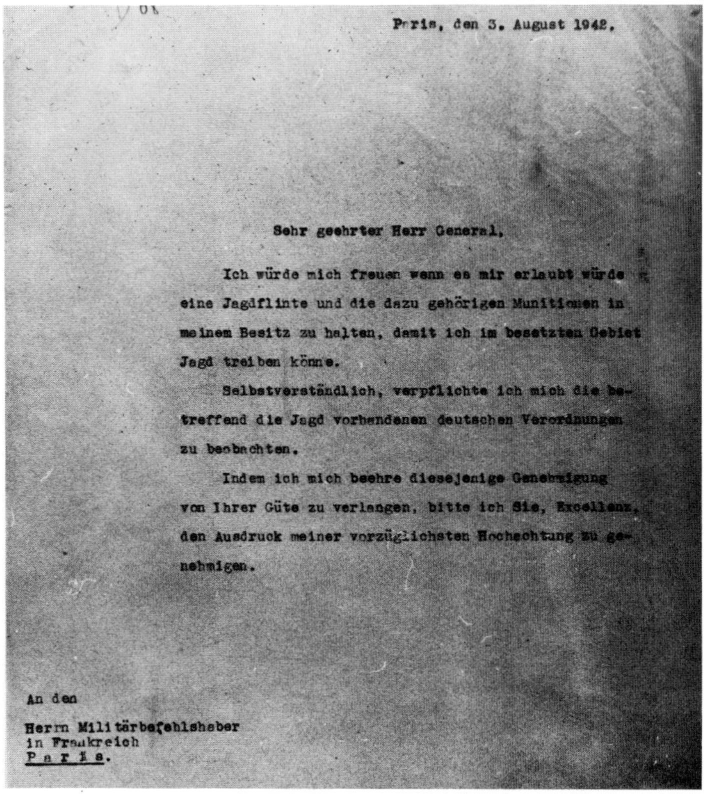

Paris, den 3. August 1942.

Sehr geehrter Herr General,

Ich würde mich freuen wenn es mir erlaubt würde eine Jagdflinte und die dazu gehörigen Munitionen in meinem Besitz zu halten, damit ich im besetzten Gebiet Jagd treiben könne.

Selbstverständlich, verpflichte ich mich die betreffend die Jagd vorhandenen deutschen Verordnungen zu beobachten.

Indem ich mich beehre diesejenige Genehmigung von Ihrer Güte zu verlangen, bitte ich Sie, Excellenz, den Ausdruck meiner vorzüglichsten Hochachtung zu genehmigen.

An den

Herrn Militärbefehlshaber
in Frankreich
Paris.

LA LOGIQ
DIS PAPA!!...PUISQUE TU TROUVES LA VIE SI CHÈRE....TU VAS ALLER TRAVAILLER EN ALLEMAGNE ???...
PETIT MISÉRA
INDISPENSABLE ICI

DE BICHOUNET
ALORS!!! PAPA! TU ESPÈRES
QUE TES DISCOURS FERONT
REVENIR L'ONCLE PAUL
DU STALAG ??...
con
EN QUE TON PÈRE EST
EVOIR DE GRAND PATRIOTE !!!...

ENVIRONS
CAHIERS

Du côté de la Résistance

Cet arsenal militaire (pistolets, explosifs, détonateurs, outils de sabotage), ces brochures anti-allemandes, ces tracts, ces faux papiers d'identité *(ci-contre, à gauche)* ont été saisis à Paris en 1943 et rassemblés dans un ensemble, qui constitue « la panoplie du parfait terroriste », si l'on en croit les policiers français qui l'ont intentionnellement composée.

Mais elle représente aussi, sans que ses auteurs l'aient sans doute souhaité, toutes les activités de ceux qui se sont dressés, par la plume et par les armes, par l'opposition intellectuelle et par l'action, contre l'occupant allemand et contre le régime de Vichy.

La Résistance affecte toutes les formes : diffusion de journaux clandestins et attaques armées contre les Allemands isolés ou en petits groupes dans Paris, contre-propagande écrite et parlée, missions de renseignements pour le compte des Alliés et des Français Libres, sabotages économiques et militaires ou corrections administrées, en plein jour, aux membres des partis de la collaboration, fabrication de faux papiers destinés à faire échec à la déportation des travailleurs français en Allemagne.

Dans cette lutte pleine de périls sont entrés des hommes venus de tous les horizons.

Pour ceux d'entre eux qui ont choisi l'action directe, dans les rues de la capitale, que de drames de conscience ! « Tuer un ennemi par-derrière, dans l'ombre, pour récupérer une arme qui servirait à la défense nationale, commettre des attentats qui entraîneraient la mort d'otages, soit de camarades de combat, d'amis d'hier encore présents auprès de nous dans la lutte ; cela avait posé de terribles questions de morale », a raconté « Dufresne », l'un des chefs du groupement « Ceux de la Résistance » dans la capitale.

A cette forme active de la Résistance, qui ne groupe qu'un petit nombre d'habitants de Paris, s'ajoute le persiflage verbal ou écrit. *Ci-dessus,* un billet de cinq francs, marqué d'une inscription à l'encre de tampon : « Un seul ennemi, le boche et ceux qui l'aident. »

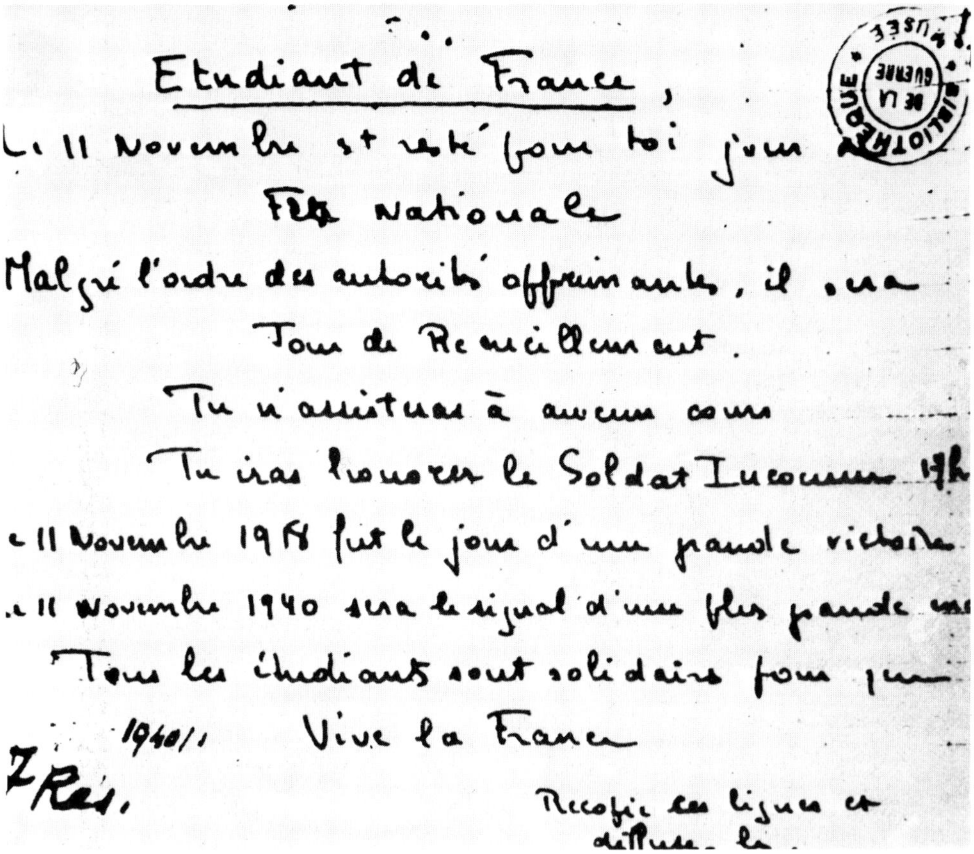
Etudiant de France,
Le 11 Novembre est resté pour toi jour
Fête nationale
Malgré l'ordre des autorités opprimantes, il sera
Jour de Recueillement.
Tu n'assisteras à aucun cours
Tu iras honorer le Soldat Inconnu 17h
Le 11 Novembre 1918 fut le jour d'une grande victoire
Le 11 Novembre 1940 sera le signal d'une plus grande enc[ore]
Tous les étudiants sont solidaires pour que
1940 !! Vive la France
Recopie ces lignes et diffuse-les.

Le 11 novembre 1940, plusieurs centaines de lycéens et d'étudiants se rassemblent à l'Etoile, dans un mouvement spontané de protestation contre les Allemands, où entrent des motivations diverses, depuis le simple désir de chahuter, jusqu'à celui de s'opposer à l'occupant et aux multiples contraintes que sa présence impose : à cette première « manif » anti-allemande ont participé des étudiants politiquement engagés, auxquels on peut attribuer ce tract manuscrit, l'un des premiers appels à la révolte contre l'occupant *(à gauche)*.

Quatre-vingt-neuf lycéens et étudiants sont arrêtés et emprisonnés à la prison militaire allemande du Cherche-Midi ou à celle de la Santé, à la suite de la manifestation ; le lycéen Robert Canou, élève de 1re B au lycée Buffon, a déposé au greffe tout son argent de poche, vingt-deux francs et quarante-cinq centimes *(ci-dessous)*.

On peut dire de la Résistance parisienne qu'elle est née spontanément dans la capitale, quelques jours après l'entrée des Allemands dans la ville. Dès juillet 1940 (nous l'avons vu à la page 54), Jean Texcier a diffusé, sous le titre « Conseils à l'occupé », un tract ronéoté de quatre feuillets, qui est un appel authentique à la résistance.

A un autre solitaire, l'éditeur de musique Raymond Deiss, revient, dès octobre 1940, le périlleux honneur de publier « Pantagruel », le premier journal clandestin *imprimé* de la capitale *(voir en page 152)*. Il en diffusera 16 numéros, tirés chacun à 10 000 exemplaires environ et envoyés par la poste. Arrêté par les Allemands, Deiss sera décapité à la hache, à Cologne, le 24 août 1943.

En même temps que l'appel des solitaires, la constitution de petits groupes où, selon le mot de Germaine Tillion, « on décide de se revoir régulièrement pour faire quelque chose », est, dès l'été de 1940, la première amorce des réseaux de Résistance ultérieurs. Dans ces groupes, la volonté de combattre l'occupant sous toutes les formes d'action envisageables l'emporte sur l'idéologie ou les préférences politiques.

« Parmi les Résistants de 1940, assure Germaine Tillion, j'en connais qui ne sont devenus gaullistes qu'en 1942 et d'autres qui ne le sont pas devenus : ils ne pouvaient pas supporter la présence des Allemands en France et n'avaient pas besoin d'autre motif d'agir. »

En d'autres termes, cette résistance est « un phénomène de rejet dont le fédérateur fut l'occupant lui-même » (Christian Pineau).

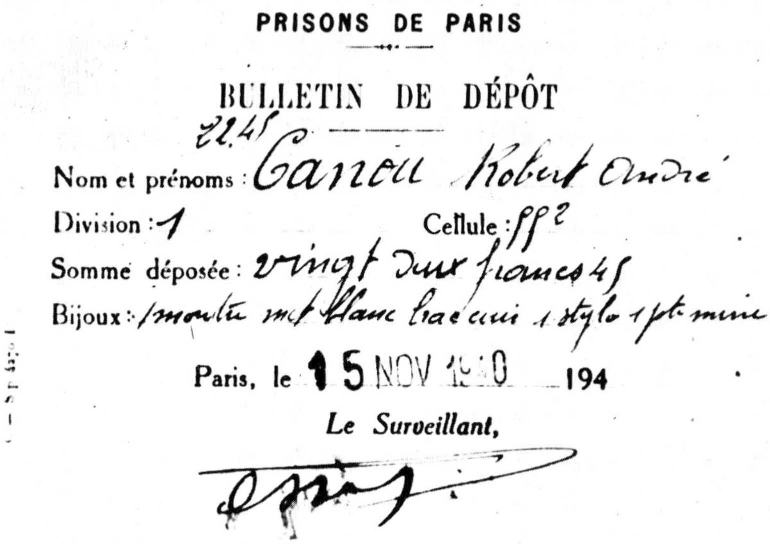
PRISONS DE PARIS

BULLETIN DE DÉPÔT

2245

Nom et prénoms : Canou Robert André

Division : 1 Cellule : 112

Somme déposée : vingt deux francs 45

Bijoux : 1 montre met blanc bracelet cuir 1 stylo 1 pte mine

Paris, le 15 NOV 1940 194

Le Surveillant,

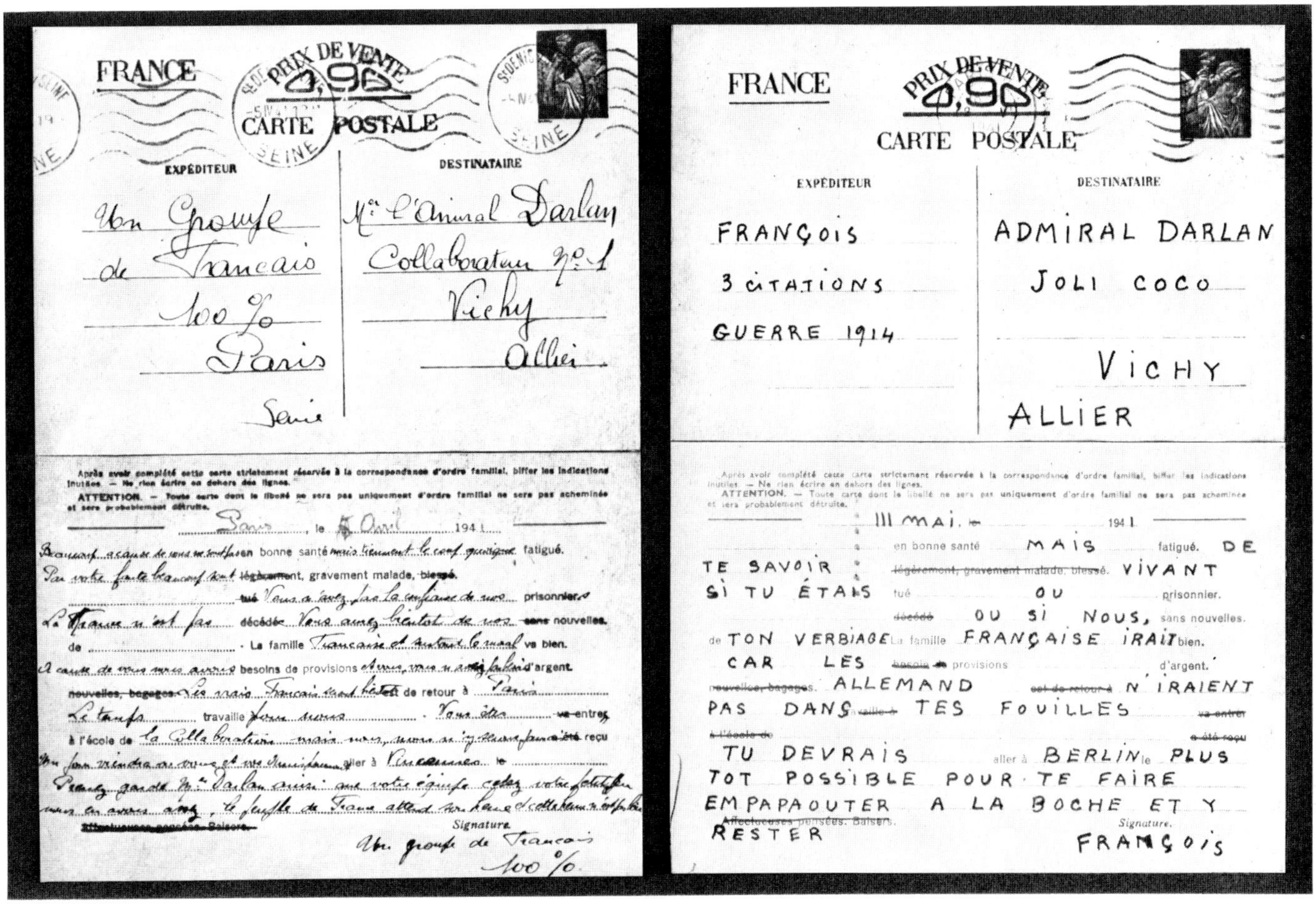

FRANCE
PRIX DE VENTE 0,90
CARTE POSTALE
EXPÉDITEUR: Un Groupe de Français 100 % Paris Seine
DESTINATAIRE: Mr l'Amiral Darlan Collaborateur N° 1 Vichy Allier

Après avoir complété cette carte strictement réservée à la correspondance d'ordre familial, biffer les indications inutiles. — Ne rien écrire en dehors des lignes.
ATTENTION. — Toute carte dont le libellé ne sera pas uniquement d'ordre familial ne sera pas acheminée et sera probablement détruite.

Paris, le 5 Avril 1941
Beaucoup à cause de vous ne sont pas en bonne santé mais tiennent le coup quoique fatigué.
Par votre faute beaucoup sont ~~légèrement~~, gravement malade, ~~blessé~~.
~~tué~~ Vous n'avez pas la confiance de nos prisonniers
La France n'est pas décédée Vous aurez bientôt de nos ~~sans~~ nouvelles.
de .... La famille Française et surtout le moral va bien.
A cause de vous nous avons besoins de provisions [illegible] d'argent.
~~nouvelles, bagages~~ Les vrais Français seront bientôt de retour à Paris
Le temps travaille pour nous. Vous êtes ~~va~~ entrés
à l'école de la Collaboration mais nous, nous n'y [illegible] reçu
Un jour viendra où vous et vos [illegible] aller à Vincennes
Prenez garde Mr Darlan ainsi que votre équipe [illegible]
[illegible], le peuple de France attend son heure [illegible]
~~Affectueuses pensées. Baisers.~~
Signature
Un groupe de Français 100 %

FRANCE
PRIX DE VENTE 0,90
CARTE POSTALE
EXPÉDITEUR: FRANÇOIS 3 CITATIONS GUERRE 1914
DESTINATAIRE: ADMIRAL DARLAN JOLI COCO VICHY ALLIER

Après avoir complété cette carte strictement réservée à la correspondance d'ordre familial, biffer les indications inutiles. — Ne rien écrire en dehors des lignes.
ATTENTION. — Toute carte dont le libellé ne sera pas uniquement d'ordre familial ne sera pas acheminée et sera probablement détruite.

III MAI 1941
en bonne santé MAIS fatigué. DE
TE SAVOIR ~~légèrement, gravement malade, blessé.~~ VIVANT
SI TU ÉTAIS tué OU prisonnier.
~~décédé~~ OU SI NOUS, sans nouvelles.
de TON VERBIAGE La famille FRANÇAISE IRAIT bien.
CAR LES ~~besoin~~ de provisions d'argent.
~~nouvelles, bagages.~~ ALLEMAND ~~est de retour à~~ N'IRAIENT
PAS DANS ~~travaille~~ TES FOUILLES ~~va entrer~~
~~à l'école de~~ ~~a été reçu~~
TU DEVRAIS aller à BERLIN le PLUS
TOT POSSIBLE POUR TE FAIRE
EMPAPAOUTER A LA BOCHE ET Y
RESTER ~~Affectueuses pensées. Baisers.~~
Signature.
FRANÇOIS

Cette Résistance naissante s'est fixée quatre objectifs : organiser un système de renseignements sur les Allemands, renseignements qui seront acheminés à Londres ; diffuser des journaux destinés à contrebalancer la propagande allemande et celle de Vichy ; créer des organismes paramilitaires, où des armes seront rassemblées dans des caches et leur maniement appris ; mettre sur pied des filières d'évasion vers la zone libre, voire vers Gibraltar ou Londres...

Il est des formes moins courageuses de Résistance, celle qui, par exemple, consiste à envoyer à l'amiral Darlan, qui a succédé à Laval à la tête du gouvernement de Vichy en 1941, d'anonymes cartes « interzones », seul moyen de correspondance autorisé par les Allemands entre la zone occupée et la zone libre, dont l'imprimé est astucieusement utilisé par l'anonymographe pour faire connaître à l'Amiral tout le bien qu'il pense de sa politique *(ci-dessus, à gauche et à droite)*. Ces cartes sont parvenues à leur destinataire, certes... Mais les a-t-il lues ?

Il est, par contre, plus risqué de surcharger à la craie ou au crayon gras les affiches de la propagande allemande *(ci-dessous)*. Pris, le scripteur s'expose à une peine de prison.

Ceux qui se rebiffent !

Si cette Résistance est dirigée, en priorité, contre les Allemands, elle ne néglige pas de s'attaquer aux « collabos », considérés par elle comme les complices de l'occupant et, en même temps, au gouvernement de Vichy qu'elle accusera très vite de trahison, en raison de la politique menée par ses dirigeants.

C'est dire que, germanophobe par essence, la Résistance entraînera des conflits franco-français, entre tenants du gouvernement de Vichy et militants de ses réseaux : ce sera l'amorce d'une guerre civile, à l'imitation des guerres de religion — chaque parti rendant l'autre responsable du sang répandu.

Cela commencera pas des incidents de rue. *Ci-dessous,* un Parisien, qui refuse de saluer les drapeaux du R.N.P. de Marcel Déat, est molesté par des membres de son « service d'ordre », opérant sur les trottoirs du boulevard Saint-Michel où cette formation politique défile en juillet 1943. *A droite,* un homme du P.P.F. de Jac-

ques Doriot, a été corrigé par des contestataires « anti-collabos », lors du défilé des militants du Parti, sur les Champs-Elysées, en novembre 1942. *Ci-contre,* un début de bagarre sur les Champs-Elysées, lors de la célébration du second anniversaire de la création de la Légion des volontaires français contre le bolchevisme.

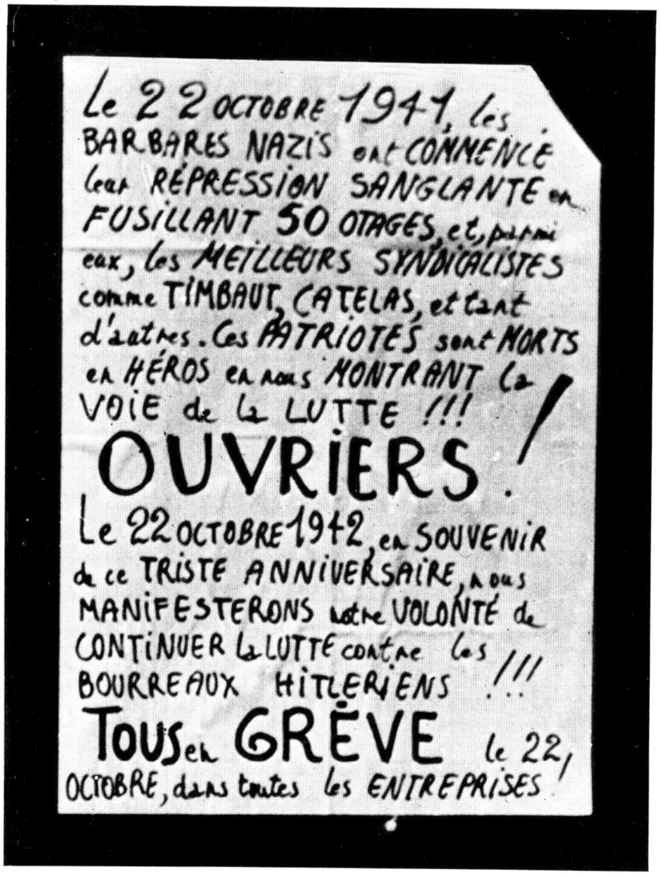

Le 22 OCTOBRE 1941, les BARBARES NAZIS ont COMMENCÉ leur RÉPRESSION SANGLANTE en FUSILLANT 50 OTAGES, et, parmi eux, les MEILLEURS SYNDICALISTES comme TIMBAUT, CATELAS, et tant d'autres. Ces PATRIOTES sont MORTS en HÉROS en nous MONTRANT la VOIE de la LUTTE !!!

OUVRIERS !

Le 22 OCTOBRE 1942 en SOUVENIR de ce TRISTE ANNIVERSAIRE, nous MANIFESTERONS notre VOLONTÉ de CONTINUER la LUTTE contre les BOURREAUX HITLERIENS !!!

TOUS en GRÈVE le 22, OCTOBRE, dans toutes les ENTREPRISES !

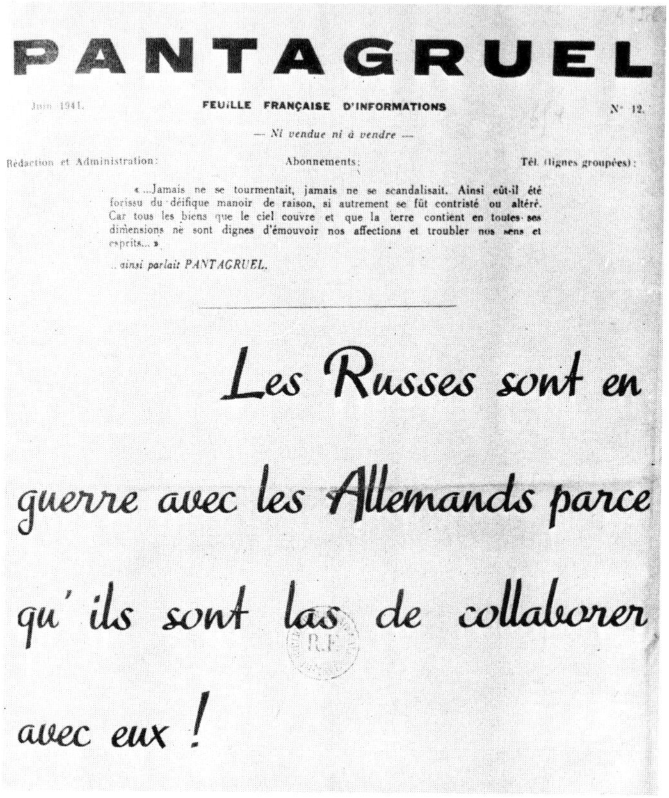

PANTAGRUEL

Juin 1941. FEUILLE FRANÇAISE D'INFORMATIONS N° 12.

— Ni vendue ni à vendre —

Rédaction et Administration: Abonnements: Tél. (lignes groupées):

« ...Jamais ne se tourmentait, jamais ne se scandalisait. Ainsi eût-il été forissu du déifique manoir de raison, si autrement se fût contristé ou altéré. Car tous les biens que le ciel couvre et que la terre contient en toutes ses dimensions ne sont dignes d'émouvoir nos affections et troubler nos sens et esprits... »

...ainsi parlait PANTAGRUEL.

Les Russes sont en guerre avec les Allemands parce qu'ils sont las de collaborer avec eux !

1 — Sur la plage de LICATA, en Sicile, débarquement du matériel
2 — En SICILE, débarquement d'un tank américain
3 — Un sous-officier de Commandos français décoré de la Médaille Militaire et de la Croix de Guerre, vient de recevoir la Médaille Militaire Britannique.
4 — Les Généraux DE GAULLE et GIRAUD à Alger.
5 — Obsèques à la CLUSAZ (Savoie) de 2 jeunes gens tués le 20 Août 1943 au cours de l'attaque du maquis des CONFINS par les troupes italiennes

No 49 15 OCTOBRE 1943

Un seul chef : DE GAULLE

Un seul combat : pour NOS LIBERTÉS

Autres organes des Mouvements Unis de Résistance :
LIBÉRATION FRANC-TIREUR

Combat

Dans la guerre comme dans la paix le dernier mot est à ceux qui ne se rendent jamais. Clemenceau

ORGANE DES MOUVEMENTS UNIS DE RÉSISTANCE

LE GÉNÉRAL DE GAULLE.

Alger, 30 Août 1943

Mes camarades,

Ce que vous faites, ce que vous souffrez dans la Résistance, c'est-à-dire dans le Combat, l'honneur et la grandeur de la France y sont défendus.

L'heure approche ! Voici venir la récompense. Bientôt, tous ensemble, nous pourrons flamber de joie !

C. de Gaulle.

UN DÉPARTEMENT FRANÇAIS LIBÉRÉ :

la Corse

Depuis le 5 Octobre, la Corse est entièrement libérée.

Un des 89 départements de la métropole échappe ainsi à l'oppression nazie pour être enfin administré par des Français.

Libération d'autant plus éclatante que le département de la Corse était précisément un de ceux dont l'ennemi entendait ne pas se dessaisir, un de ceux que le funeste maréchal avait sacrifiés dès juin 1940.

Selon les traîtres de Bordeaux et de Vichy, les Corses devaient cesser d'être des Français. Peu importait à nos serviteurs de l'Axe que l'histoire de la Corse se résumât pendant des siècles en une lutte incessante contre la domination génoise : c'est d'un cœur léger qu'ils eussent livré les 288.000 Français de l'île à Mussolini, comme ils ont abandonné près de deux millions d'Alsaciens-Lorrains à Hitler.

A la trahison, les Corses ont opposé la fidélité et le courage ? Ils n'ont pas attendu que les troupes de la France combattante eussent débarqué sur leur sol pour attaquer, eux-mêmes, les garnisons de l'ennemi. Mal nourris, mal vêtus, ils avaient par bonheur des armes. Après l'assassinat par l'Ovra de l'officier des F.F.C., organisateur initial de la résistance corse avec nos camarades des mouvements unis, vint clandestinement d'Alger en Février dernier, un autre Corse, le capitaine Colonna d'Istria. Il obtint de nos Alliés que, par sous-marins ou par parachutages, ils fissent parvenir à ses compatriotes le minimum de matériel qu'ils réclamaient en prévision du jour « J ». Douze à quinze mille hommes purent, de cette façon, être armés.

Le jour « J », les Corses étaient aussi impatients que nous le sommes de le voir se lever. Aussi n'attendirent-ils pas que des convois de troupes françaises régulières eussent mis le pied sur l'île pour se soulever. A l'annonce de l'armistice signé par l'Italie, le 8 Septembre, la révolte éclata spontanément sur tout le territoire ; hommes, femmes, enfants, vieillards valides,

Lire la suite page 2

PAS UN MOT AU CENSEUR !

« Je fais à la France le don de ma personne », a dit PÉTAIN.

Là-dessus, il se fait allouer une liste civile d'une vingtaine de millions par an. Persona grata pour les Allemands, mais, pour les Français, pas persona gratis.

« J'ai toujours entendu prononcer le mot EUROPE par des hommes politiques, alors qu'ils adressaient à d'autres puissances des demandes qu'ils n'osaient pas formuler en leur propre nom. »

BISMARCK. - Testament politique

LA PEAU DE L'OURS

Le 11 Septembre, l'agence nazie Interfrance écrivait :

« L'invasion anglo-américaine s'est écroulée. La victoire dans la bataille de Naples appartient aux armées allemandes. »

Le 16 Septembre, la presse de Berlin, Paris et Vichy annonçait en grands titres

« Le rembarquement des Alliés : Un nouveau Dunkerque. »

Les Allemands réagissent immédiatement à toute manifestation décelable de Résistance active ou passive. Ainsi, le 1er août 1941, ils font connaître par voie d'affiche qu'un homme a été fusillé pour avoir prêté une aide directe à « l'ex-général de Gaulle » : c'est le premier et, sans doute, le seul « Avis » d'exécution mentionnant le nom du chef des Français Libres *(ci-contre, en haut, à gauche)*.

Ils ont procédé, en octobre 1941, à des exécutions d'otages, à la suite d'attentats commis contre leurs soldats. Mais la Résistance n'oublie pas : un an après, elle célèbre cet anniversaire par une affichette, écrite à la main. Collée dans la nuit du 19 au 20 octobre 1942, sur une guérite d'autobus, face à la gare Saint-Lazare, elle sera arrachée par des gardiens de la paix au matin du 20 *(ci-contre, en bas, à gauche)*.

L'héroïque Raymond Deiss salue, à sa façon, dans le numéro 12 de son *Pantagruel* clandestin de juin 1941, le début de la guerre germano-soviétique *(à gauche)*, tandis que *Combat,* autre journal de la Résistance, du 15 octobre 1943, célèbre les combats victorieux des Alliés *(ci-dessus)*.

Quant à la fabrication de faux certificats de travail, destinés à soustraire les travailleurs français au départ forcé en Allemagne, elle constitue l'un des objectifs majeurs de la Résistance *(ci-dessous, à gauche et à droite)*.

CERTIFICAT DE TRAVAIL Mod. 1

délivré sous la responsabilité de :

Monsieur ....

Qualité : 67, ...

(l'Employeur indiquera son titre, la raison sociale et l'adresse de son Établissement)

ATELIER DE S...-MARTIN-DU-TOUCH

A ...., le 1943

Signature et cachet du Responsable

J. 37280 43. T. S. V. P.

USINE S. 1 ... N° 003014

MANUEL DU FAUSSAIRE 1943

Pour utiliser le matériel qui accompagne cette notice, il est indispensable de suivre à la lettre les instructions contenues dans le petit « Manuel du Faussaire 1943 ».

Les Français désireux de se soustraire au contrôle policier et à la déportation devront lire attentivement les textes très stricts qui sont énoncés dans ce Manuel. A cette condition, ils pourront faire un usage heureux et efficace des pièces d'identité que le C. A. D. met à leur disposition.

CARTE D'IDENTITE

I. — Nom et prénoms.

Conserver le prénom usuel — plus simple — et n'imposant l'intéressé à aucun impair. Y ajouter un ou deux autres prénoms, le prénom unique étant très rare en France.

L'initiale du nom de famille (pour le cas d'un objet quelconque chiffré).

Choisir, à partir de cette initiale, un nom de consonnance bien française, suffisamment courant pour ne pas attirer l'attention, sans être cependant d'une banalité excessive (tel que Durand ou Dupont, qui peuvent paraître d'un anonymat un peu trop voulu).

Ne jamais choisir comme patronyme un prénom comme Charles, Robert, etc...) qui fait immédiatement penser à une origine israélite. Eliminer de même les noms tels que David ou Simon qui, bien que ce soit inexact, sont considérés par les Allemands comme des patronymes israélites.

Ecrire ce nom en lettres plus grandes que le reste de la carte, mais pas en majuscules.

CERTIFICAT DE TRAVAIL

Pour toute identité d'un homme de 18 à 50 ans inclus, le Certificat de Travail doit être obligatoirement joint.

RECTO

« Certificat de Travail »
« délivré sous la responsabilité de : »

Si l'on possède un cachet de maison de commerce, suivant l'importance de la maison, mettre comme responsable :

— le Patron,
— le Directeur,
— le Chef du Personnel.

Choix de la profession :

Dans le cas d'une firme, choisir une profession susceptible de cadrer avec la firme, depuis le chef de service jusqu'au garde-magasin, en tenant compte du niveau social et de l'âge de l'intéressé.

Considérer deux cas :

a) celui où la carte d'identité ne servira qu'une fois, pour un passage de Ligne ou un voyage (moins de précautions sont nécessaires) ;

b) celui où c'est vraiment une nouvelle identité sous laquelle on doit vivre.

Dans ce dernier cas, éviter les professions dans la métallurgie, l'aviation, l'automobile, qui sont particulièrement visés pour la relève, même l'ébénisterie ou la menuiserie, visées par l'agence Todt, ainsi que le terrassement, les cimentiers et toutes professions connexes. (En aucun cas, il n'y a intérêt à choisir un métier spécialisé, tel que : Ingénieur, Tourneur, Ajusteur, Outilleur, etc... ; rester dans les professions : employé de bureau ou manœuvre.)

Dans le cas où le certificat est établi par la Mairie, choisir une profession artisanale ne nécessitant aucune installation, c'est-à-dire évitant que l'on puisse demander une pièce telle que : carte de Chambre des Métiers, N° de registre du Commerce, etc...

Choisir, par exemple : Assureur (travaillant à son compte) pour différentes Cies, géomètre, journalier, décorateur (qui installe tantôt un appartement, tantôt un bar, etc...) réparateur de machines à écrire, etc... Pour ces dernières professions et autres analogues, établir l'identité dans un pays assez important pour la justifier ou qui soit au voisinage d'une ville où l'intéressé est supposé aller travailler.

Eviter les professions qui nécessitent un diplôme, toujours susceptible d'être demandé. (On peut être pédicure, mais non masseur ou infirmier.)

IV 49

DER MILITÄRBEFEHLSHABER
IN FRANKREICH

Az.: Vju 884.1127.41

PARIS, DEN 17.Sept.1941

Der Militärbefehlshaber in Frankreich
Abt. V.O.V.J.
Eing. 24. SEP. 1941

An den

Herrn Generalbevollmächtigten der französischen Regierung beim Militärbefehlshaber in Frankreich

durch die Hand des Verbindungsoffiziers Herrn Major Beumelburg

P a r i s

Betr.: Versetzung des französischen Untersuchungsrichters DIEBOLD in Vannes.

Der französische Untersuchungsrichter DIEBOLD in Vannes hat sich gegenüber den Besatzungsbehörden eines Vergehens des Hausfriedensbruches und eines Vergehens des Widerstandes gegen die Staatsgewalt schuldig gemacht. Er wurde deswegen vom Gericht der Feldkommandantur in Vannes zu einer Freiheitsstrafe verurteilt, deren Vollstreckung ich bis auf weiteres ausgesetzt habe.

Infolge dieser Vorkommnisse erscheint mir eine weitere amtliche Tätigkeit des Untersuchungsrichters DIEBOLD in Vannes nicht tragbar. Ich ersuche daher, ihn sofort abzuberufen. Eine weitere Beschäftigung im besetzten Gebiet ist nicht möglich.

Die erfolgte Abberufung ersuche ich mir anzuzeigen.

Der Militärbefehlshaber

General der Infanterie.

III 50

LE MARÉCHAL PÉTAIN
CHEF DE L'ETAT

VICHY, le 3 JUIN 1941

D199

N O T E
pour Monsieur de BRINON
Ambassadeur de France
Délégué Général du Gouvernement dans les territoires occupés.

-:-

Je vous prie de bien vouloir intervenir auprès des autorités allemandes et d'attirer leur attention sur la situation d'un écrivain de valeur actuellement détenu à Paris.

Il s'agit du Comte Jean de PANGE, arrêté le 16 Mai à son domicile 55, rue de Varennes et transféré à la Santé.

Un premier rapport établi il y a trois mois sur son cas avait été jugé satisfaisant et reconnaissait que son activité politique était nulle.

Veuillez attirer à nouveau l'attention des autorités occupantes sur les conclusions de ce premier rapport et insister auprès d'elles pour qu'un terme soit mis à la captivité de Monsieur de PANGE.

Ph. Pétain

IV 71

DER MILITÄRBEFEHLSHABER IN FRANKREICH
KOMMANDOSTAB ABT. V O F R

Verbindungsoffizier zur Französischen Regierung

PARIS, DEN 28.10.41
Palais Beauvau
Tél.: ANJou 28-30

Betr.: Strafsache gegen Gilles Dulong de Rosnay.
Bezug: Note Nr.AL287 vom 10.10.41.

An den
Generalbevollmächtigten der Französischen Regierung beim Militärbefehlshaber in Frankreich
Herrn Botschafter de B r i n o n

Der Militärbefehlshaber in Frankreich hat die für den Verurteilten eingereichten Gnadengesuche als unbegründet abgelehnt.

Für den Militärbefehlshaber
der Chef des Generalstabes
Im Auftrag:

Major

JF/JL

84/49/5

27 JANV 1944

M.CH.SAINT.

N O T E V E R B A L E

L'Ambassadeur de France, Secrétaire d'Etat auprès du Chef du Gouvernement, Délégué Général du Gouvernement Français dans les Territoires Occupés a l'honneur d'attirer la bienveillante attention de Monsieur le Général, Commandant en Chef les Forces Militaires allemandes en France sur le cas de Messieurs :

- Eugène BERTHOZ
- Emile JOLY
- Albin BELLELI
- Raymond SENILLE
- Maurice CHAUDEY
- Georges BARREY
- POITOU

qui ont été condamnés à mort le 25 janvier 1944 par le Tribunal Militaire de Vesoul siégeant à Besançon.

M. le Préfet de la Haute Saône a tenu à signaler aussitôt ces condamnations aux Hautes Autorités Françaises et à les prier d'intervenir en faveur des intéressés, spécifiant que depuis plus de deux ans aucune affaire de cette importance n'a jamais été plaidée dans sa circonscription.

Certains des inculpés sont chargés de famille. Les sévères condamnations qui viennent de les frapper n'ont pas manqué de susciter la plus vive émotion parmi la population.

.....

Ces civils qui se promènent parmi des Allemands à Paris, au printemps de 1944, sont des aviateurs américains abattus par les Allemands au cours d'un raid aérien : leur parachute les a arrachés à la mort, des Français résistants leur ont évité de tomber dans les mains des Allemands. Guidés dans la capitale par leur sauveur, le photographe-cameraman Albert Mahuzier, les aviateurs ont pris le risque de narguer les *Fritz* dans les rues de la capitale... *(Ci-dessus.)*

Les Allemands se méfient de la population française dans son ensemble et de certains fonctionnaires en particulier, soupçonnés de leur être hostiles. D'où des mises en garde au gouvernement de Vichy, dont cette lettre de Stülpnagel à Brinon offre un exemple démonstratif *(page de gauche, en haut, à gauche)* :

Objet : Déplacement du juge d'instruction français Diebold, de Vannes.

Le juge d'instruction français Diebold, de Vannes, s'est rendu coupable, vis-à-vis des Autorités d'occupation, d'un délit de violation de domicile et d'un délit de résistance à l'Autorité publique. En conséquence, il a été condamné par le Tribunal de la Feldkommandantur de Vannes à une peine de réclusion dont j'ai ajourné l'exécution jusqu'à nouvel ordre. Par suite de cet incident, il m'apparaît impossible que le juge d'instruction Diebold continue d'exercer à Vannes ses fonctions. Je réclame son déplacement immédiat. Un poste en territoire occupé est exclu pour lui.

Le déplacement effectué, je demande à en être informé.

Le commandant en chef Stülpnagel,
général d'infanterie.

De leur côté, les fonctionnaires de Vichy interviennent constamment auprès des occupants, afin de tenter de protéger les Français qu'ils ont arrêtés *(ci-contre, en haut et en bas)*, mais leurs démarches sont rarement couronnées de succès *(ci-contre, à gauche)* :

L'officier de liaison du Commandant en chef des forces militaires auprès du Gouvernement français,

à Monsieur l'Ambassadeur de Brinon, délégué général du Gouvernement français auprès du Commandant en chef à Paris.

Le Commandant en chef des forces militaires en France décline les recours en grâce présentés en faveur du condamné, les motifs invoqués étant insuffisants.

Beumelburg, major.

BEKANNTMACHUNG

Nach eingehender Beobachtung des Verhaltens der französischen Bevölkerung im besetzten Gebiet habe ich festgestellt, dass der Grossteil der Bevölkerung in Ruhe seiner Arbeit nachgeht. Man lehnt die von englischer und sowjetischer Seite gegen die deutsche Besatzungstruppe angezettelten Attentate, Sabotageakte usw. ab, weil man genau weiss, dass sich die Folgen dieser Handlungen ausschliesslich auf das friedliche Leben der französichen Zivilbevölkerung auswirken.

Ich bin gewillt, der französischen Bevölkerung mitten im Kriege weiter unbedingt Ruhe und Sicherheit bei ihrer Arbeit zu gewährleisten. Da ich aber festgestellt habe, dass den Attentätern, Saboteuren und Unruhestiftern gerade von ihren engeren Familienangehörigen vor oder nach der Tat Hilfe geleistet wurde, habe ich mich entschlossen, nicht nur die Attentäter, Saboteure und Unruhestifter selbst bei Festnahme, sondern auch die Familien der namentlich bekannten aber flüchtigen Täter, falls diese sich nicht innerhalb von 10 Tagen nach der Tat bei einer deutschen oder französischen Polizeidienststelle melden, mit den schwersten Strafen zu treffen.

Ich verkünde folgende Strafen :

1.) Erschiessung aller männlichen Familienangehörigen auf-und absteigender Linie sowie der Schwager und Vettern vom 18. Lebensjahr an aufwärts.

2.) Überführung aller Frauen gleichen Verwandtschaftsgrades in Zwangsarbeit.

3.) Überführung aller Kinder der von vorstehenden Massnahmen betroffenen männlichen und weiblichen Personen bis zum 17. Lebensjahr einschliesslich in eine Erziehungsanstalt.

Ich rufe daher Jeden auf, nach seinen Möglichkeiten Attentate, Sabotage und Unruhe zu verhindern und auch den kleinsten Hinweis, der zur Ergreifung der Schuldigen führen kann, der nächsten deutschen oder französischen Polizeidienststelle zu geben.

Paris, am 10. Juli 1942.

Der Höhere SS- und Polizeiführer
im Bereich des Militärbefehlshabers in Frankreich.

AVIS

Après avoir observé l'attitude de la population française en zone occupée, j'ai constaté que la majorité de la population continue à travailler dans le calme. On désapprouve les attentats, les actes de sabotage, etc., tramés par les Anglais et les Soviets et dirigés contre l'armée d'occupation, et l'on sait que c'est uniquement la vie paisible de la population civile française qui en subirait les conséquences.

Je suis résolu à garantir d'une façon absolue, en pleine guerre, à la population française la continuation de son travail dans le calme et la sécurité. Mais j'ai constaté que ce sont surtout les proches parents des auteurs d'attentats, des saboteurs et des fauteurs de troubles qui les ont aidés avant ou après le forfait. Je me suis donc décidé à frapper des peines les plus sévères non seulement les auteurs d'attentats, les saboteurs et les fauteurs de troubles eux-mêmes une fois arrêtés, mais aussi, en cas de fuite, aussitôt les noms des fuyards connus, les familles de ces criminels, s'ils ne se présentent pas dans les dix jours après le forfait à un service de police allemand ou français.

Par conséquent, j'annonce les peines suivantes :

1.) Tous les proches parents masculins en ligne ascendante et descendante ainsi que les beaux-frères et cousins à partir de 18 ans seront fusillés.

2.) Toutes les femmes du même degré de parenté seront condamnées aux travaux forcés.

3.) Tous les enfants, jusqu'à 17 ans révolus, des hommes et des femmes frappés par ces mesures seront remis à une maison d'éducation surveillée.

Donc, je fais appel à tous pour empêcher selon leurs moyens les attentats, les sabotages et le trouble et pour donner même la moindre indication utile aux autorités de la police allemande ou française afin d'appréhender les criminels.

Paris, le 10 juillet 1942.

Der Höhere SS- und Polizeiführer
im Bereich des Militärbefehlshabers in Frankreich.

La police allemande contre-attaque

Personne ne connaîtra jamais les propos qu'ont échangés, le 1er mai 1943 *(ci-contre, à gauche),* sur un aérodrome de la région parisienne, le chef du gouvernement de Vichy, Pierre Laval *(à gauche de la photo),* le général des SS et de la police, Carl Oberg *(au centre),* et son adjoint, Walter Hagen *(à droite).* Et pourtant, Dieu sait s'ils devaient être importants, car le général Oberg, arrivé dans la capitale le 4 mai 1942, est le chef suprême de la police allemande et des SS dans le territoire français occupé.

Il commande 2 000 policiers répartis en sept sections spécialisées, dont chacune a une tâche précise : les deux plus importantes sont la section IV, qui réprime « toutes les activités anti-allemandes en France », et la section VI, qui recherche tous les renseignements politiques utiles à l'armée allemande en France. Ces 2 000 hommes, qui opéreront sur la totalité du territoire national après le 11 novembre 1942, traquent les membres des réseaux de Résistance, poursuivent les agents de renseignements opérant pour le compte des Alliés, organisent les rafles, président aux déportations des juifs et des Résistants condamnés, choisissent les otages, traduisent les « terroristes » devant les tribunaux militaires, surveillent les fusillades, exercent des représailles. Leurs procédés sont d'une rare brutalité : interrogatoires « renforcés » afin d'obtenir des aveux, tortures infligées aux suspects, exécutions sommaires...

Poursuivi pour association de malfaiteurs, pour assassinats et pour complicité d'assassinats, de destructions d'édifices et de déportations, pour coups et blessures, le souriant Carl Oberg sera condamné à mort par le tribunal militaire de Paris, le 9 octobre 1954. Gracié, il sortira de la maison centrale de Caen le 28 novembre 1962, après dix-sept ans d'emprisonnement. Il est mort à Flensburg en 1966. Pierre Laval a été fusillé. Seul survivant des trois, Walter Hagen devait être poursuivi pour crimes de guerre devant la Cour allemande de Cologne en 1979.

L'une des premières mesures prises par Oberg, en 1942, consistera à étendre à l'ensemble de la population française de zone occupée la procédure allemande de la Sippenhaft ou « peine des familles », qui rend collectivement responsables d'un acte anti-allemand les membres de la famille de son auteur *(ci-contre, à gauche).* Avec Oberg, la période policière de l'occupation commence *(ci-dessus).*

Première exécution d'otages

Le 21 août 1941, le résistant communiste Pierre-Félix Georges, qui s'illustrera sous le pseudonyme de Fabien, abat, de deux balles de 6,35 mm, l'assistant d'intendance de la marine allemande, Alfons Moser, sur le quai de la station de métro Barbès-Rochechouart : c'est le premier occupant tué dans la capitale. Le sang appelle le sang...

Kommandant von Gross Paris, le général Schaumburg *(à gauche)* signe les premières mesures des représailles qu'il entend exercer contre la population de Paris.

Les attentats contre ses soldats ne cessant pas, l'officier allemand décide de faire procéder à des exécutions d'otages : les trois premiers sont désignés le 6 septembre 1941, d'autres suivront. *Ci-contre, à gauche, et ci-dessous,* l'original de la lettre de Schaumburg à Brinon l'informant de sa décision, dont voici la traduction :

6 septembre 1941

Le Commandant en chef des forces militaires allemandes en France, au Délégué général du Gouvernement français auprès de lui.

Objet : Tentative de meurtre dirigée contre le sous-officier allemand Ernst Hoffmann.

Le 22 août 1941, après le meurtre d'un membre de l'armée allemande, j'ai annoncé publiquement qu'à chaque nouvel attentat, un certain nombre d'otages serait fusillé. Malgré cet avertissement, on a tiré dans le dos d'un membre de l'armée allemande à Paris, lorsqu'il franchissait le seuil de son cantonnement, dans le voisinage de la gare de l'Est. Il reçut une grave blessure à l'épaule. L'auteur de l'attentat s'enfuit. L'enquête a permis d'établir que le meurtrier appartenait aux milieux communistes français.

Conformément à mon avertissement du 22 août 1941, par mesure de représailles pour ce lâche attentat, j'ai ordonné que trois otages, communistes militants notoires, seraient fusillés. Ce sont les nommés :
1. Meichler Jean, né le 19.9.1898 à Paris.
2. Brucker Edmond, né le 16.9.1900 à Paris.
3. Anjubault Eugène, né le 26.6.1910 à Paris.

Leur exécution a été annoncée au public par la radio et par la presse.

Je compte sur le Gouvernement français pour prendre de son côté les décisions propres à faire reculer à l'avenir les communistes devant de nouveaux actes de terrorisme et à prévenir des événements qui entraîneraient l'exécution d'autres otages.

Schaumburg, lieutenant-général.

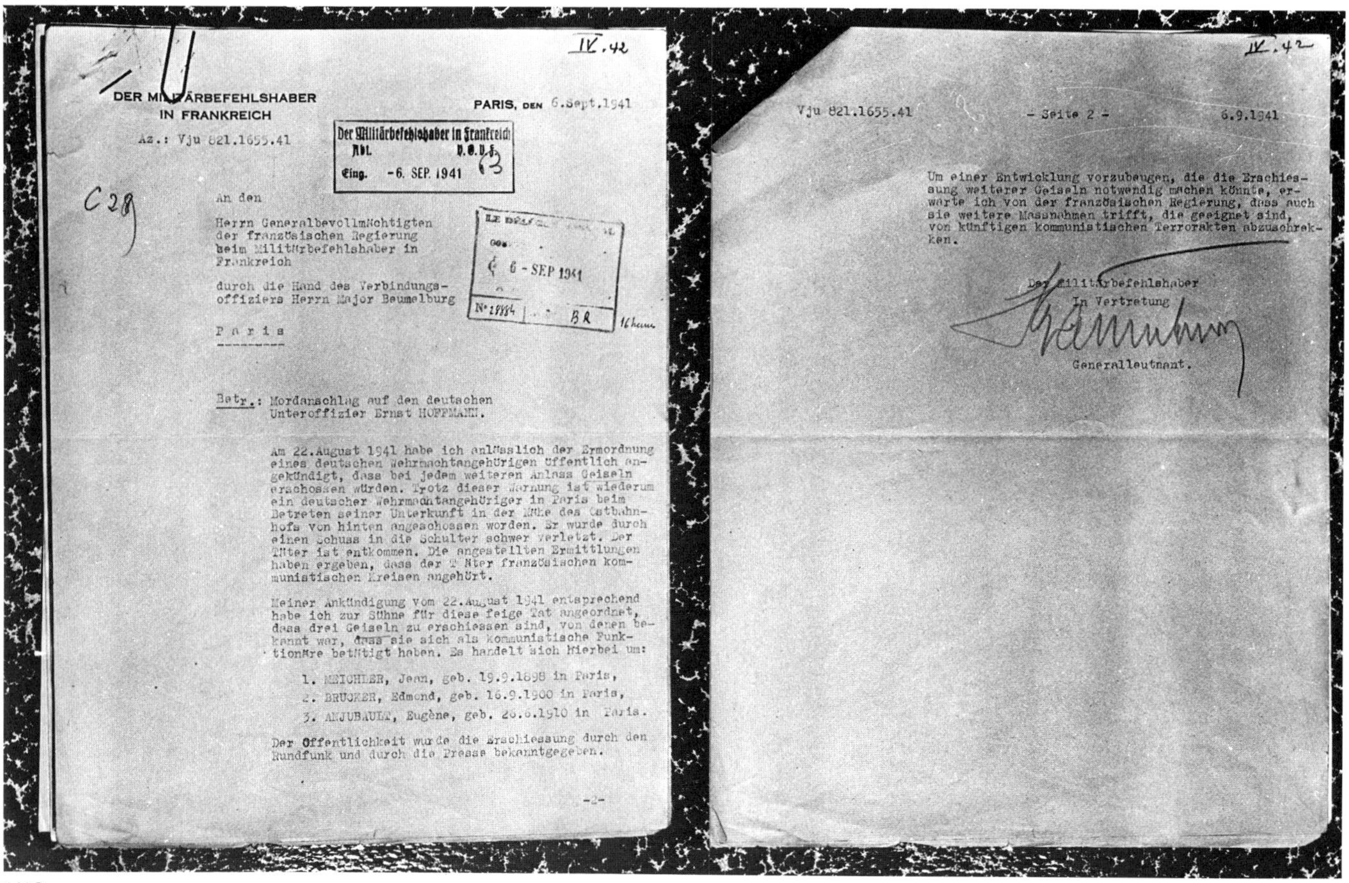

IV.42

DER MILITÄRBEFEHLSHABER
IN FRANKREICH

PARIS, DEN 6.Sept.1941

Az.: Vju 821.1655.41

Der Militärbefehlshaber in Frankreich
Abt. V.O.V.f.
Eing. -6. SEP. 1941

C 28

An den

Herrn Generalbevollmächtigten
der französischen Regierung
beim Militärbefehlshaber in
Frankreich

durch die Hand des Verbindungs-
offiziers Herrn Major Beumelburg

6 - SEP 1941
N° 24884 BR

P a r i s

Betr.: Mordanschlag auf den deutschen
Unteroffizier Ernst HOFFMANN.

Am 22.August 1941 habe ich anlässlich der Ermordnung eines deutschen Wehrmachtangehörigen öffentlich angekündigt, dass bei jedem weiteren Anlass Geiseln erschossen würden. Trotz dieser Warnung ist wiederum ein deutscher Wehrmachtangehöriger in Paris beim Betreten seiner Unterkunft in der Nähe des Ostbahnhofs von hinten angeschossen worden. Er wurde durch einen Schuss in die Schulter schwer verletzt. Der Täter ist entkommen. Die angestellten Ermittlungen haben ergeben, dass der Täter französischen kommunistischen Kreisen angehört.

Meiner Ankündigung vom 22.August 1941 entsprechend habe ich zur Sühne für diese feige Tat angeordnet, dass drei Geiseln zu erschiessen sind, von denen bekannt war, dass sie sich als kommunistische Funktionäre betätigt haben. Es handelt sich hierbei um:

1. MEICHLER, Jean, geb. 19.9.1898 in Paris,
2. BRUCKER, Edmond, geb. 16.9.1900 in Paris,
3. ANJUBAULT, Eugène, geb. 26.6.1910 in Paris.

Der Öffentlichkeit wurde die Erschiessung durch den Rundfunk und durch die Presse bekanntgegeben.

-2-

IV.42

Vju 821.1655.41 - Seite 2 - 6.9.1941

Um einer Entwicklung vorzubeugen, die die Erschiessung weiterer Geiseln notwendig machen könnte, erwarte ich von der französischen Regierung, dass auch sie weitere Massnahmen trifft, die geeignet sind, von künftigen kommunistischen Terrorakten abzuschrecken.

Der Militärbefehlshaber
In Vertretung
Schaumburg
Generalleutnant.

Après l'arrivée d'Oberg dans la capitale, les militaires de l'armée allemande sont déchargés des besognes de police, qui passent sous l'autorité du Général SS. Dès le 10 août 1942, Oberg ordonne des fusillades en série *(ci-contre, en haut, à droite),* par une pièce portant sa signature :

Trotz mehrfacher Warnung ist die Ruhe im besetzten Frankreich erneut gestört worden. In den letzten Tagen sind wiederum Anschläge auf deutsche Soldaten durch kommunistische Terroristen im Solde Englands erfolgt. Ich ordne deshalb an, dass als Vergeltungsmassnahme die aus beiliegender Liste ersichtlichen Häftlinge erschossen werden, die der Durchführung von Terrorakten oder der Mitwisserschaft an diesen überführt worden sind.

SS-Brigadeführer
und Generalmajor der Polizei.

> En dépit d'avertissements répétés, le calme a de nouveau été troublé en territoire français occupé. Au cours de ces derniers jours, des soldats allemands ont de nouveau été victimes d'attaques par les terroristes communistes à la solde de l'Angleterre. En conséquence, j'ordonne qu'en mesure de représailles, les prisonniers dont les noms sont portés sur la liste ci-jointe, convaincus d'avoir perpétré des actes terroristes ou ayant eu connaissance de ces actes, soient passés par les armes.
>
> Oberg, chef de brigade SS
> et général-major de la police.

En exécution de cet ordre, quatre-vingt-huit « communistes et terroristes » sont fusillés par un détachement de police allemande, le 11 août, au mont Valérien : méticuleux, les policiers ont noté, pour chacun d'entre eux, l'heure de l'exécution. Les salves ont abattu les victimes, par groupe de cinq, de quart d'heure en quart d'heure. Parmi eux, des Polonais, des Hongrois, des Belges, des Roumains. Le numéro 70, Louis Thorez, est le frère du chef communiste français Maurice Thorez *(ci-dessous).*

Liste
der am 11.8.1942 auf dem Mont Valerien erschossenen 88 kom. Terroristen.

Lfd. Nr.	Name u. Vorname	Geburtstag	Geburtsort	Letzter Wohnort	Zeitpunkt der Erschiessung
1.	Appay, Leon	24.11.92	Essones S.e.O.	Suresnes, 62 Rue Wes Trois Arpents	11.8.1942 7,05 Uhr
2.	Baynac, alias "Mallet" Camille	15.7.15	Fumel (Lot-et-Garonne)	Paris 13e, 8, Rue Bellier Dedouvre	11.8.1942 7,05 Uhr
3.	Boatti, Ricardo	9.10.00	Pavia/Italien	Paris 18e, 2, Villa Dancourt	11.8.1942 7,05 Uhr
4.	Bonnefoix, Jean	25.10.98	Paris	Ivry/Seine, 46, Rue Raspail	11.8.1942 7,05 Uhr
5.	Compagnon, Jean, Louis	29.8.19	Soisy-sous-Etiolles	Paris 13e, 31 bis Rue Cailleux	11.8.1942 7,05 Uhr
6.	Daubeuf, Henri	29.7.11	Boi-Colombes/Seine	Paris 19e, 22, Rue Remy	11.8.1942 7,20 Uhr
7.	Despouy, Yves, Rene	9.10.16	Bergerac/Dordogne	Paris 11e, 14, Rue Oberkampf	11.8.1942 7,20 Uhr
8.	Djian, alias Dumas, Paul Henri, Yvon	14.12.19	Djidjelli (Konstantine)	Paris 15e, 48, Rue Lecourbe	11.8.1942 7,20 Uhr
9.	Etievent, Gaston	9.1.10	Paris	Paris 11e, 149, Rue St.Denis	11.8.1942 7,20 Uhr
10.	Fillatre, Lazare, Marius	8.11.02	St.Ghamon (Loire)	Paris 17e, 2, Rue Lamande	11.8.1942 7,20 Uhr
11.	Galesloot, Pierre, Bertrand	11.8.1909	Bruxelles (Belgien)	Paris 5e, 17, Rue Clauda Bernard	11.8.1942 7,35 Uhr
12.	Gentil, Georges Emile	20.9.98	Chlichy/Seine	Bezons/S.e.O. 7, Rue Kleber	11.8.1942 7,35 Uhr

- 6 -

Lfd. Nr.	Name u. Vorname	Geburtstag	Geburtsort	Letzter Wohnort	Zeitpunkt der Erschiessung
60.	Guillon, Maurice	20.3.96	Pruniers (L. e.Ch.)	Athis-Mons 48, Rue Pierre Viol	11.8.1942 9,50 Uhr
61.	Deborde, Samuel, Eugene	6.7.03	St.Pierre du Chemin	Athis-Mons (S.e.O.), 15, Rue de Villars	11.8.1942 10,05 Uhr
62.	Dyskin, Natan	27.3.12	Tomaszow/Polen	Paris 6e, Rue de Cherche Midi 7	11.8.1942 10,05 Uhr
63.	Lecki, Bronislaw	21.3.09	Kielce (Polen)	Paris 5e, 16, Av. des Gobelins	11.8.1942 10,05 Uhr
64.	Bursztyn, Bernstein, Josef, Saumle	1.10.12		Paris 5e, 11, Rue Beauvais	11.8.1942 10,05 Uhr
65.	Nadler, Samuel	27.10.08	Gliniany	Paris 13e, Rue Bellier de Douvre 6	11.8.1942 10,05 Uhr
66.	Toporowsky, Stanislav	20.3.03	Pinczow/Polen	Paris 5e, 4, Rue de Rollin	11.8.1942 10,20 Uhr
67.	Kalàai, Tibor	7.5.02	Budapest	Paris, 36, Quai des Celestins	11.8.1942 10,20 Uhr
68.	Brajlocwski Zygmunt	16.6.21	Warschau	Paris, 30, Rue Jakob	11.8.1942 10,20 Uhr
69.	Kirschen, Bernard	13.9.21	Bukarest	Paris, 31, Rue Duret	11.8.1942 10,20 Uhr
70.	Thorez, Louis	27.4.05	Henin Lietard	ohne festen Wohnsitz	11.8.1942, 10,20 Uhr
71.	Kirschen, Joseph	15.4.78	Tulcea (Rumänien)	Paris, 31, Rue Duret	11.8.1942 10,35 Uhr

Le couvre-feu à 17 h 30

Aux exécutions d'otages, fusillés au titre des représailles, s'ajoutent des « punitions » qui frappent l'ensemble de la population parisienne dans ses activités quotidiennes : les quartiers où ont été tués des soldats allemands, voire la capitale dans son entier, subissent des restrictions de tous ordres — circulation, couvre-feu avancé, etc. *(Ci-dessus, à gauche et à droite).*

Cette nouvelle extension de la responsabilité, qui dépasse le cadre familial pour atteindre la vie de la cité elle-même, répond au désir des Allemands de mobiliser, à leur profit, les habitants de Paris dans une recherche commune des auteurs des attentats contre les soldats *feldgrau.*

Comme toutes les polices, celle d'Oberg ne dispose que des deux moyens classiques — la carotte (promesses de récompense) et le bâton (restrictions apportées à la vie des citoyens).

Cette progression dans la sévérité s'explique assez facilement du côté allemand : les actes de violence contre les ressortissants de la *Wehrmacht* redoublent !

Ainsi, le 6 décembre 1941, rue Rennequin, le lieutenant Rahl est blessé par balles ; les 3 et 7 janvier 1942, une bombe est lancée contre un hôtel réservé aux Allemands rue Hauteville, une autre contre un poste d'essence de la *Wehrmacht,* 116, rue de Paris, à Vincennes, une troisième contre la librairie *Kraft durch Freude* (la force par la joie), association culturelle national-socialiste, rue de Bassano.

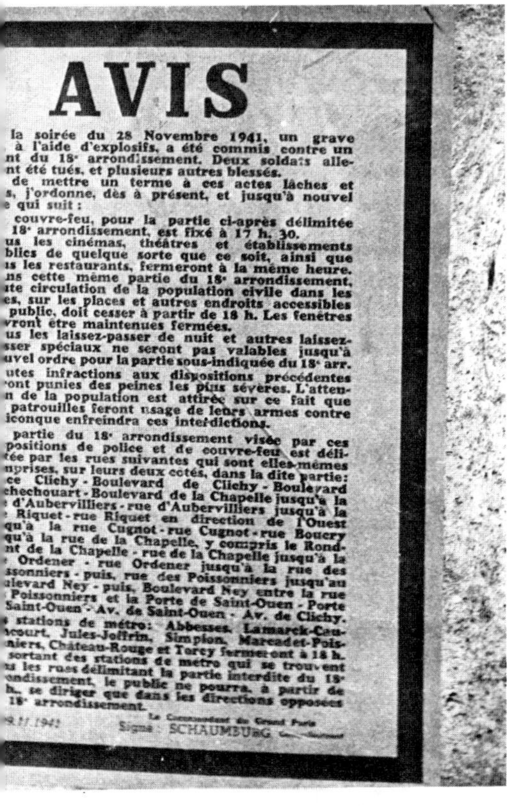

AVIS

la soirée du 28 Novembre 1941, un grave
à l'aide d'explosifs, a été commis contre un
nt du 18e arrondissement. Deux soldats alle-
nt été tués, et plusieurs autres blessés.
de mettre un terme à ces actes lâches et
s, j'ordonne, dès à présent, et jusqu'à nouvel
e qui suit :
couvre-feu, pour la partie ci-après délimitée
18e arrondissement, est fixé à 17 h. 30.
us les cinémas, théâtres et établissements
blics de quelque sorte que ce soit, ainsi que
us les restaurants, fermeront à la même heure.
ns cette même partie du 18e arrondissement,
ute circulation de la population civile dans les
es, sur les places et autres endroits accessibles
public, doit cesser à partir de 18 h. Les fenêtres
vront être maintenues fermées.
us les laissez-passer de nuit et autres laissez-
sser spéciaux ne seront pas valables jusqu'à
uvel ordre pour la partie sous-indiquée du 18e arr.
utes infractions aux dispositions précédentes
ront punies des peines les plus sévères. L'atten-
n de la population est attirée sur ce fait que
patrouilles feront usage de leurs armes contre
iconque enfreindra ces interdictions.
partie du 18e arrondissement visée par ces
positions de police et de couvre-feu est déli-
tée par les rues suivantes qui sont elles-mêmes
nprises, sur leurs deux cotés, dans la dite partie:
ce Clichy - Boulevard de Clichy - Boulevard
chechouart - Boulevard de la Chapelle jusqu'à la
d'Aubervilliers - rue d'Aubervilliers jusqu'à la
Riquet - rue Riquet en direction de l'Ouest
qu'à la rue Cugnot - rue Cugnot - rue Boucry
qu'à la rue de la Chapelle, y compris le Rond-
nt de la Chapelle - rue de la Chapelle jusqu'à la
Ordener - rue Ordener jusqu'à la rue des
ssonniers - puis, rue des Poissonniers jusqu'au
ulevard Ney - puis, Boulevard Ney entre la rue
Poissonniers et la Porte de Saint-Ouen - Porte
Saint-Ouen - Av. de Saint-Ouen - Av. de Clichy.
stations de métro: Abbesses, Lamarck-Cau-
court, Jules-Joffrin, Simplon, Marcadet-Pois-
niers, Château-Rouge et Torcy fermeront à 18 h.
sortant des stations de métro qui se trouvent
s les rues délimitant la partie interdite du 18e
ondissement, le public ne pourra, à partir de
h., se diriger que dans les directions opposées
18e arrondissement.

.11.1941
Le Commandant du Grand Paris
Signé : SCHAUMBURG

Le 10 janvier, un câble à haute tension est saboté au carrefour entre Le Bourget et Aulnay ; le 16, une bombe explose devant l'immeuble de la *Pariser Zeitung,* journal de langue allemande paraissant à Paris, boulevard de la Madeleine ; le 18, porte Maillot, le soldat Kramer est blessé par balles ; le 19, boulevard de Vaugirard, l'assistant de la poste allemande, Pepling, essuie des coups de feu ; le 28, explosion d'une bombe devant le mess de la *Feldgendarmerie,* gendarmerie militaire, à Montmartre.

Le 5 février 1942, une maison de tolérance, 106, avenue de Suffren, est endommagée par le jet d'un engin explosif ; le 19 avril, le commandant Kuligk est blessé quai de Conti ; le 17, la vitrine d'un bureau d'embauche des travailleurs parisiens pour l'Allemagne, rue Saint-Antoine, vole en éclats.

Les policiers d'Oberg et les policiers français des Renseignements généraux (les R.G.) de la Préfecture s'affairent à retrouver les auteurs de ces attentats ; certains sont arrêtés et condamnés par les Allemands.

De décembre 1941 à décembre 1942, les tribunaux militaires allemands prononcent 858 condamnations à mort pour actes de résistance et ordonnent l'exécution de 540 otages, en mesure de représailles : Brinon réussira à obtenir des Allemands 290 commutations de peine et sursis à exécution.

Policiers et tortionnaires

Ci-dessus, la petite équipe de policiers allemands du Sipo-SD de Paris. Ils se sont installés dans les locaux de la Sûreté Nationale rue des Saussaies. Au centre, portant l'épée, le Chef de la section IV, Boemelburg, qui coiffe l'organisation policière de la section pour la France occupée. Ses subordonnés jouissent de pouvoirs étendus pour traquer, arrêter, torturer tous ceux qui luttent contre les Allemands sur notre territoire. Leur identité a été établie, après la guerre, par les services spécialisés du Ministère de l'Intérieur.

1ᵉʳ rang :

1. Bittner Fritz
2. Doring Marc
3. Sattler
4. Boemelburg
5. Kieffer Hans — chef IV E. Paris
6. Reiser — Kommando Spécial RSHA Paris
7. Mohr Fritz — Chef IVc Paris
8. Katzenich Arthur — Chef Aussenstelle Maisons-Laffitte

2ᵉ rang :

1. Roeding Paul
2. Happen Hans
3. Kleist Joachim — IV B Paris
4. Damelo Hans — Service commercial Paris
5. Tippner Adolf
6. (non identifié)
7. Hofmann Hans — adjt au chef de IV D Paris

9. Grenzmeier abt IV A Kdos Paris
11. Becke Richard
12. Knittel Hans
13. Richter Herbert
14. Thümmel Paul
15. Vogt Willy service photo Komman-dantur Paris fichier Ausweis
16. Muller Willy — liaison avec police française
17. Stus Froitz heim Georg — Abt IV E Kdos

3ᵉ rang :

1. Netzer Willi
2. Baldeweg Richard
3. Daumelang Joseph Abt IV A Kdos
4. Meissner Willi
5. Kroenke
6. Braun Karl — chauffeur de Boemelburg
7. Oppelt Hans
8. Metscher Konrad
9. Hamann Richard
10. Einfeld Heinrich — liaison avec PP
11. Saalberg Alfred
12. 13. 14 (non identifiés)
15. Grunewald Abt IV

4ᵉ rang :

1. Lackert — interprète de Boemelburg
2. (non identifié).
3. Noehring
4. Scheroeter Richard
5. Schwab Otto — Kdos spéciaux du RSHA à Paris

Comment « ils » fusillent

Befindet sich als Ermittlungshäftling im Lager Romainville

IV A 1
B.Nr. 2349/42

Paris, den 14. 9. 1942

Betrifft: Einweisung als Sühneperson.

Name: . . . . B o l l e a u . . . .

Vorname: . . . Roger Armand . . . .
(Rufname unterstreichen)

Geburtstag: . 19.4.98 . . . . . Geburtsort: Prignaç .

Wohnort: . . . Royman . . . . . Wohnung: 11 rue des Clos Fleuris

Beruf: . . . . Briefträger . . . .

Familienstand: ledig – verheiratet – geschieden – verwitwet – getrennt lebend

Kinder: Zahl . . 1 . . Alter: .18 . . .

Staatsangehörigkeit: .Frankreich . . Volkszugehörigkeit: . . . . . Frz. . . . .

Rasse: . . . arisch . . . .

Festgenommen am: . . 7.3.42 . . . . . . in: . Royan . . . . .

Grund der Nennung als Sühneperson: . . . .

B. ist heute verstockter und fanatischer Kommunist und wurde im Zuge einer Großaktion gegen die ill. KPF im Bereich Royan festgenommen. Obwohl von 1939 angeblich nie Mitglied der KPF, kam er Mitte Dezember 1941 in Verbindung und hat dann in der Folgezeit bis zu seiner Festnahme laufend größere Mengen komm. Flugblattmaterials zur Verbreitung bekommen. Damit ist einwandfrei nachgewiesen, daß B. sich der Feindbegünstigung schuldig gemacht hat

An den
Herrn Kommandanten
des Lagers Fort Romainville

Z.G.A.

12. OKT 1942 8565

Arb. Geb. 3

PARIS, le 10 OCT 1942

f. 14.X.

LE PREFET DE LA SEINE

à MONSIEUR LE CHEF DE LA SURETE ET DU SERVICE DE SECURITE

auprès du Commandant Militaire en France

Objet : Exécution de 46 terroristes le 21 Septembre 1942 à Suresnes.

Réf: Votre lettre du 26 septembre 1942 B. N° S. Pol. 11/3

En réponse à votre lettre citée en référence qui m'a été transmise le 6 Octobre par M. le Préfet de Police, j'ai l'honneur de vous informer que les urnes contenant les cendres des fusillés ont été transportées par mes Services et réparties comme suit entre les cimetières parisiens de Pantin, Saint-Ouen, Bagneux et Thiais où elles ont été mises en pleine terre :

Cimetière de	Pantin:	n° 1 à 20	inclus
–	– Saint-Ouen:	n° 21 à 24	"
–	– Bagneux :	n° 25 à 31	"
–	– Thiais :	n° 32 à 46	"

Les opérations ont été terminées le 9 Octobre à 16 h.

Les familles sont avisées par les soins des Mairies ; conformément aux termes de votre lettre, celles-ci ont été priées d'informer les familles que les urnes étaient déposées dans les différents cimetières parisiens sans leur donner d'indication plus précise.

M. le Procureur de la République près le Tribunal de Ière Instance de la Seine, chargé de poursuivre la procédure de la constatation judiciaire des décès a, d'autre part, été prié de délivrer aux familles les certificats provisoires de décès.

René Bouffet

A la vérité, les policiers allemands ont été secondés dans leur mission répressive par plusieurs milliers d'auxiliaires français, bénévoles ou rémunérés, qui les ont aidés dans leur chasse aux Résistants.

« Nous avons eu de nombreux Français qui travaillaient pour nous, confiera le colonel Knochen, chef de la police de sûreté (S.D.) en France occupée, parce qu'avec nous, il y avait de l'argent à gagner... »

En haut, à gauche, un peloton d'exécution « opère » en France. Qui est la victime ? Un otage ? Un « terroriste » ? Un « saboteur » ? Un « gaulliste » ? M. Caron, photographe à Amiens, qui, par hasard, mit la main sur ce document, pris en 1941 par un soldat allemand qui lui avait confié une pellicule à développer, n'a pas pu répondre à la question. M. Caron, qui avait fait parvenir cette photographie à Londres, échappa lui-même de peu à la mort.

Ci-contre, à gauche, un document émouvant, la fiche du Français Robert Bolleau, détenu au camp de Romainville en septembre 1942, minutieusement établie par les services policiers allemands :

« Bolleau est aujourd'hui un communiste fanatique et convaincu, y lit-on... Il a été arrêté au cours d'une action d'envergure contre le Parti communiste français illégal dans la région de Royan... Il a distribué d'énormes quantités de tracts. Ces faits prouvent amplement que Bolleau s'est rendu coupable d'intelligence avec l'ennemi. »

Avec quarante-cinq Français « terroristes », Bolleau sera fusillé le 21 septembre 1942, au fort du mont Valérien, à 9 h 30 ; on connaît le moment exact par le rapport allemand d'exécution : Bolleau est le dixième homme à fusiller, entre Louis Bigaud et Henri Boubou.

Les condamnés sont passés par les armes cinq par cinq, de dix minutes en dix minutes : 9 h 20, 9 h 30, 9 h 40, 9 h 50... Les corps des suppliciés sont brûlés, leurs cendres dispersées dans les cimetières parisiens, ainsi que le précise une note de René Bouffet, préfet de la Seine, à la police allemande *(ci-contre, à gauche).* Leurs familles recevront les objets personnels des victimes *(ci-contre, à droite)*...

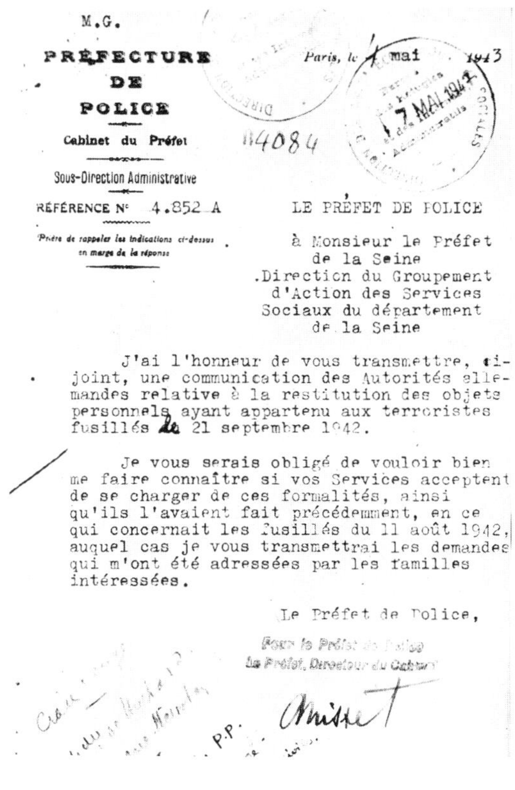

M.G.

PRÉFECTURE DE POLICE

Cabinet du Préfet

Sous-Direction Administrative

RÉFÉRENCE N° 4.852 A

Prière de rappeler les indications ci-dessus en marge de la réponse

Paris, le 4 mai 1943

114084

7 MAI 1943

LE PRÉFET DE POLICE

à Monsieur le Préfet de la Seine
.Direction du Groupement d'Action des Services Sociaux du département de la Seine

J'ai l'honneur de vous transmettre, ci-joint, une communication des Autorités allemandes relative à la restitution des objets personnels ayant appartenu aux terroristes fusillés le 21 septembre 1942.

Je vous serais obligé de vouloir bien me faire connaître si vos Services acceptent de se charger de ces formalités, ainsi qu'ils l'avaient fait précédemment, en ce qui concernait les fusillés du 11 août 1942, auquel cas je vous transmettrai les demandes qui m'ont été adressées par les familles intéressées.

Le Préfet de Police,

Pour le Préfet de Police
Le Préfet, Directeur du Cabinet

P.P.

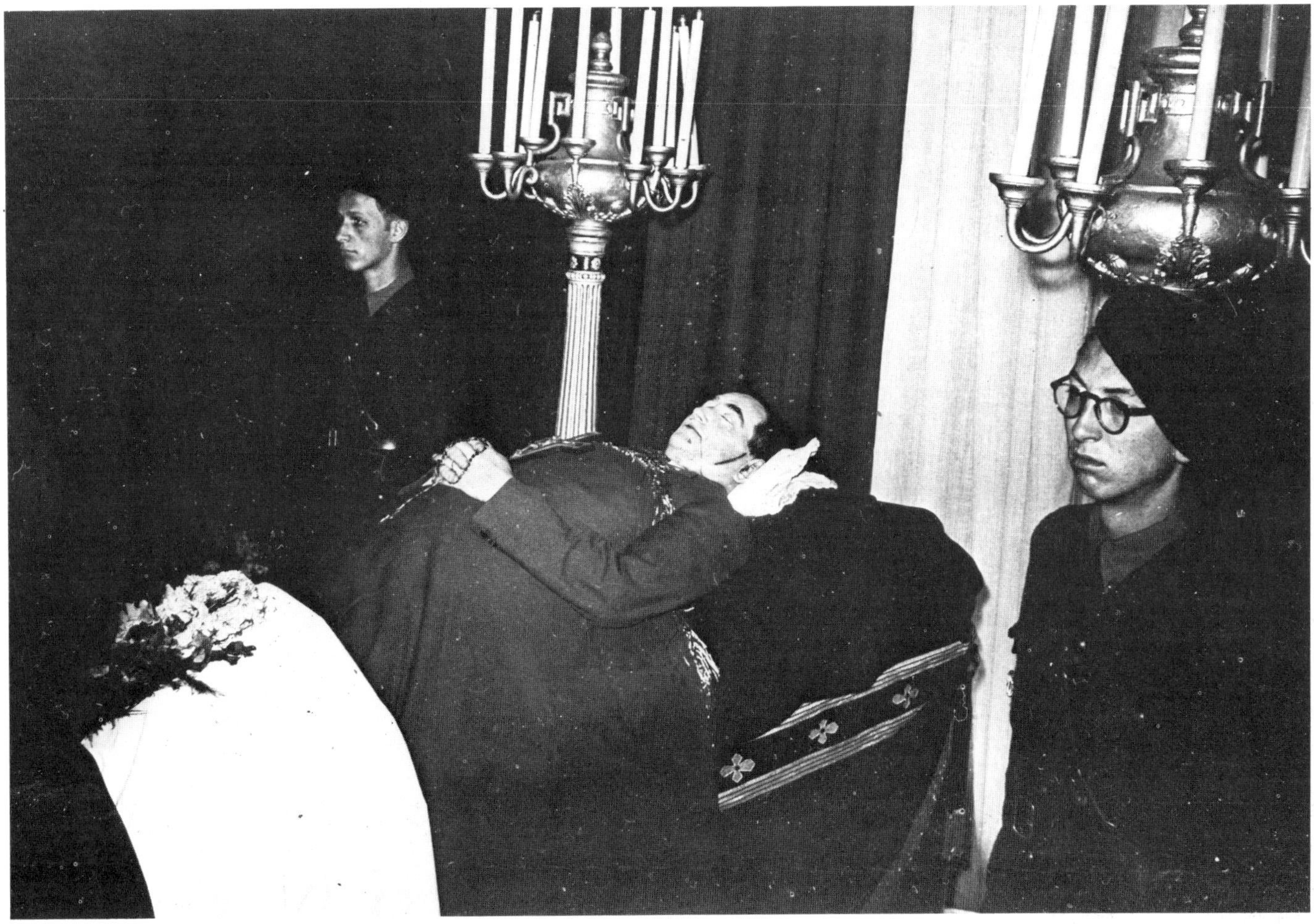

Une certaine guerre civile

Ci-contre, en haut, à gauche, ces Français en armes, dans Paris occupé, qui procèdent à une relève de garde, carrefour Châteaudun, sont des miliciens : créée par le gouvernement de Vichy le 31 janvier 1943, la milice a « pour mission de repérer les foyers de propagande adverse, de rechercher les meneurs des forces hostiles, de réprimer les menées et les manifestations anti-gouvernementales ».

Les volontaires de cette cohorte policière organisent des groupes militaires, les « francs-gardes », au début de 1944. Ceux de Paris ont installé leur quartier général au siège du Parti communiste français, dissous en 1939, carrefour Châteaudun.

Le 10 février 1944, le chef de la milice française, Joseph Darnand, a ainsi défini l'objectif de ses francs-gardes, une lutte contre *tous* les résistants :

« Je ne fais pas de différence entre les diverses tendances des hors-la-loi, que ce soient des francs-tireurs ou des membres de l'armée secrète. Je les considère tous comme des hommes qui servent mal leur pays, c'est-à-dire qui travaillent avec l'étranger... »

Dès lors, résistants et miliciens se livrent un combat sans merci. Pour les résistants, les miliciens, armés par les Allemands, sont les plus dangereux complices de l'occupant : le milicien doit être éliminé comme l'Allemand lui-même.

C'est l'inévitable guerre civile : dans les campagnes, elle aboutit parfois à de véritables batailles rangées entre maquisards et miliciens. Dans les villes, elle se limite à des actions de petite envergure, pour la plupart individuelles...

Juin 1944... Aumônier de la milice, l'abbé Buisson bénit le fanion des francs-gardes *(ci-contre, en bas, à gauche)*.

Au matin du 28 juin 1944, Philippe Henriot, secrétaire d'Etat à l'Information et à la Propagande du gouvernement de Vichy, et orateur radiophonique de grand talent, est tué par un groupe de résistants, conduit par le lieutenant-colonel Morlot, dans son appartement ministériel, rue de Solferino : avec lui disparaît le plus efficace propagandiste de Vichy. Son corps est exposé dans un salon du ministère avant les obsèques, célébrées en grande pompe à Notre-Dame, le 1er juillet *(ci-dessus)*.

REPRESSION COMMUNO-TERRORISTE — 1er Juillet 1942 - 31 Mai 1943

PLAN PROPAGANDE

Total des arrestations : suivies de mise à disposition de justice .... 1.370) intemements administratifs... 1.898) 3.268

parmi lesquelles celles de :

Responsables nationaux du Parti Communiste	16
Responsables inter-régionaux	30
Responsables régionaux	35
Responsables aux échelons inférieurs (secteurs, sections, etc...)	56
Militants illégaux	127
Militants appointés	242

Matériel saisi :

Tracts et brochures	11.054.000
Dépôts de matériel	69
Machines à imprimer	9
Ateliers de photogravure	4
Machines à ronéotyper	77
Machines à écrire	69
Stencyls, tubes d'encre, caractères d'imprimerie, papier, matériel d'expédition, etc......	
Espèces	plus de 1.200.000 Frs

Milieux étrangers :

207 arrestations de communistes étrangers (espagnols, israélites de nationalités diverses) formant dans l'inter-région parisienne deux régions P 9 et P 10, désignées sous les initiales M.O.I. (Militants Ouvriers Internationaux ou Main d'Oeuvre Immigrée)

Matériel saisi : 4 ronéos - 135.000 tracts et brochures, stencyls, etc...

PLAN COMMUNO-TERRORISTE (F.T.P.)

Total des arrestations 958

parmi lesquelles celles de :

Instigateurs et chefs de groupes	45
Exécutants	171
Recruteurs	18
Fabricants d'engins	4
Dépositaires	16
Agents de liaisons	177
Hébergeurs	41
Complices	126

Matériel saisi :

Revolvers, pistolets	376
Mitraillettes	16
Fusils de guerre	31
Armes diverses	73
Cartouches	16.595
Engins explosifs (bombes, grenades)	609
Détonateurs	2.854
Engins incendiaires	8.392
Crayons allumeurs	1.842
Explosifs (cheddite, dynamite, ablonite, hexogène, etc..)	480 Kgs
Produits chimiques composants d'explosifs	356 Kgs

Attentats couverts :

Les individus arrêtés ont avoué être les auteurs de 358 attentats commis soit pendant la période du 1er Juillet 1942 au 31 Mai 1943, soit précédemment.

Pendant la même période ont été commis 455 attentats.

Nota : Sur l'ensemble des 4.433 arrestations opérées dans les trois groupes, on compte :
3.435 Français aryens
227 Juifs français
321 Etrangers aryens
450 Juifs étrangers

La milice ne se limite pas à des actions militaires. Elle se veut politique, n'hésitant pas à provoquer des sanctions contre tous ceux qui sont « suspectés » d'appartenir à la Résistance ou, plus simplement, d'approuver ses buts.

Ci-dessus et ci-dessous : les policiers des R.G. de la Préfecture de police traquent résistants et communistes...

Le 5 Janvier, les Services de la Direction des Renseignements Généraux apprenaient que le nommé PICAN, ex-instituteur révoqué, ex-secrétaire de la région normande, ayant remplacé après son exécution le député CATHELAS, du Comité Central du Parti Communiste, se trouvait à Paris.

Aucune précision n'ayant été donnée sur son lieu de refuge, quelques inspecteurs ont été nantis d'une de ses photographies et ont reçu pour mission, au cours de leur service, de rechercher le nommé PICAN .

Il est apparu que si un militant de l'importance de PICAN se trouvait dans la région parisienne, c'est qu'il devait y prendre des contacts avec des responsables de l'organisation communiste et, en tenant compte de la valeur accordée à PICAN au sein de l'organisme clandestin il y avait intérêt à s'assurer, lorsque PICAN serait découvert, des liaisons et des contacts qu'il pouvait avoir dans la région de Paris .

Le 21 Janvier, les inspecteurs découvraient dans un café de la Porte d'Orléans, un individu qui ressemblait à PICAN, à quelques détails près . Cet individu a été pris en filature et son attitude devait démontrer que l'on était bien en présence d'un militant adroit . En effet, aucun des " trucs " classiques n'a été négligé par lui : faux départ dans une direction puis retour sur lui-même, changement de trottoir et retour, descente dans les escaliers du métro, puis, brusquement, sortie à l'air libre, faux semblant d'embarquement dans une rame, erreur volontaire dans les couloirs de correspondance, etc...

La partie engagée entre les inspecteurs et PICAN s'avérait difficile . Elle le devint plus encore lorsque celui-ci, malgré ses précautions, maintenu sous surveillance, conduisit les policiers à des " liaisons " dont le moins qu'on puisse dire est qu'elles étaient encore plus méfiantes que lui .

Malgré cela, non seulement toutes les liaisons de PICAN furent maintenues, tant à Paris qu'en province, mais les individus avec lesquels il avait pris contact furent eux-mêmes, à leur tour, pris en filature et conduisirent à d'autres militants . Pendant plusieurs semaines, les filatures et surveillances permirent de déceler une vingtaine d'individus, hommes ou femmes, et de localiser leur point de refuge .

Cependant, d'autres équipes de la Brigade Spéciale des Renseignements Généraux procédaient, pendant le même temps, à des opérations dans la région sud de Paris (affaire contre GIRARDOT - affaire contre OLIVIER)

MILICE FRANÇAISE

SECRÉTARIAT GÉNÉRAL
Rue du Dr Max-Durand-Fardel
VICHY
Tél. : 41-11 et 41-12
Télégrammes : MILIFRANCE-VICHY
CH. POST. — CLERMONT-FERRAND

N/Réf. à rappeler DOC. LL. N°: 000008

OBJET :

VICHY, le 22 Juin 1944.-

Monsieur de PERRICOT
34, rue Bayard
TOULOUSE
-:-:-:-:-:-

Mon Cher Camarade,

Dans le N° 68 de Janvier 1944, du Journal "LA TERRE", Organe paysan du parti communiste français, a paru un article au sujet de l'exécution du communiste LANGER, à Toulouse.

Il déclara au Président du Tribunal :"Si je devais recommencer, je recommencerais. Je meurs pour la France et pour une humanité meilleure. Je sais que ce n'est pas la France qui est la cause de ma mort, mais les Boches. Je suis certain que je serai vengé". .... Le Président s'exprima:

"Je n'ai jamais vu un homme aller à la mort d'une façon si courageuse. S'ils ont beaucoup d'hommes pareils, ils iront loin. Il faut s'incliner très bas devant des hommes comme lui."

Nous vous prions de faire procéder à une enquête à ce sujet et nous dire le cas échéant, si une sanction a été prise contre le Président du Tribunal.

Cordial Salut Milicien.

Le Chef du 2ème Service :

Les combats entre maquisards *(ci-dessus, quelque part en France, un maquis reçoit son drapeau)* et miliciens s'intensifièrent au printemps 1944. *Ci-dessous, à gauche,* un maquisard pris les armes à la main est entravé ; le chef milicien au monocle noir, qui va l'interroger, est armé d'un Lüger P.08, de fabrication allemande. *Ci-dessous, à droite,* des miliciens à l'exercice simulent l'attaque d'un ensemble de bâtiments tenu par des maquisards.

5399 RM6

Maréchal, te voilà !

Le 18 avril 1944, le *Generalfeldmarschall* von Rundstedt, commandant en chef des armées allemandes dans l'Ouest européen, adresse au maréchal Pétain, chef de l'Etat français occupé par ses soldats, ses vœux chaleureux et sincères : Philippe Pétain va avoir quatre-vingt-huit ans. Entre collègues, ce sont procédés de bonne courtoisie *(ci-contre)*.

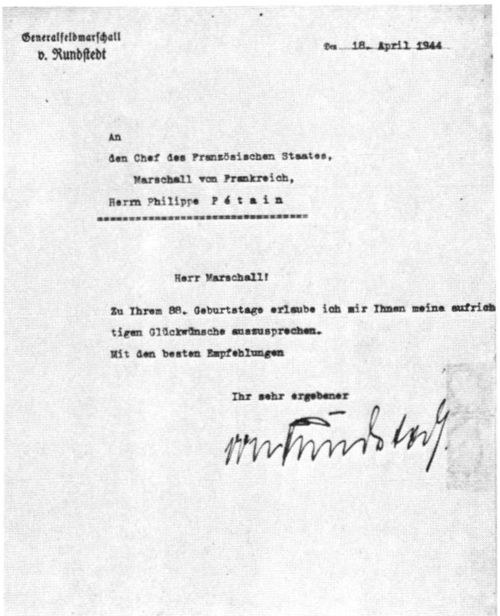

Generalfeldmarschall
v. Rundstedt

Den 18. April 1944

An
den Chef des Französischen Staates,
Marschall von Frankreich,
Herrn Philippe P é t a i n

Herr Marschall!

Zu Ihrem 88. Geburtstage erlaube ich mir Ihnen meine aufrichtigen Glückwünsche auszusprechen.
Mit den besten Empfehlungen

Ihr sehr ergebener

A cette date, Rundstedt et Pétain attendent le même événement... comme tout le monde en ce début de printemps, après quatre années de combats en Europe et ailleurs : l'assaut des Alliés contre ce que la propagande allemande appelle la « forteresse européenne ». Pour l'Allemand, pas de subtilités : il a reçu l'ordre de repousser l'envahisseur, sur les plages de l'Ouest de la France en particulier...

A Vichy, Philippe Pétain est embarrassé : il ne sait trop comment accueillir « les Anglo-Saxons ». Quand il achève sa course politique dans la station hydrominérale du Bourbonnais, le dernier survivant des maréchaux de la Grande Guerre n'est guère plus préparé à recevoir les « Anglo-Saxons » que, presque quatre ans auparavant, il n'était apte à hériter le pouvoir suprême après la défaite de juin 1940.

Quatre années ont passé qui ont vu, pour la France, une succession d'épreuves, de larmes, de sang et d'horreurs, où la responsabilité du Maréchal de France, chef de l'Etat, est lourdement engagée. Il l'a acceptée en juin 1940, il ne la reniera jamais...

En ce printemps 1944, laissé en « liberté semi-surveillée » par les Allemands, le vieillard visite les villes françaises bombardées par l'aviation alliée. Et puis, afin de fêter son entrée dans sa quatre-vingt-neuvième année, Philippe Pétain a une idée : revoir Paris. Ce sera l'avant-dernière de son règne, avant qu'il tente de transmettre « officiellement » ses pouvoirs au général de Gaulle, qui les refusera, en août 1944.

Pétain arrive à Paris sans tambour ni trompette, le 26 avril 1944. Les enfants des écoles l'acclament, comme ils acclament quiconque leur offre l'occasion d'un jour de congé. Passé celui-ci, personne ne chantera plus, après sa visite dans la capitale, l'étonnant couplet pacifiste de l'hymne composé à sa gloire, « Maréchal nous voilà ! » :

La guerre est inhumaine,
Quel triste épouvantail,
N'écoutons plus la haine
Exaltons le travail...

Les Parisiens n'ont pas été prévenus de l'arrivée du Maréchal dans leur ville. Pourtant, beaucoup l'applaudiront. Sont-ils pétainistes? Pas forcément. Mais, encore en 1944, le vieux Maréchal a, pour une partie des populations occupées, valeur de symbole, celui de la permanence d'une certaine France.

Le matin, Philippe Pétain a visité les blessés des bombardements alliés, hospitalisés à Bichat, puis assisté à une cérémonie à Notre-Dame, à la mémoire des victimes civiles de la guerre : c'est la première fois que le chef de l'Etat est face aux représentants du commandement allemand en France sous la nef de Notre-Dame. Applaudi par les passants à la sortie de la cathédrale, il se rend en voiture à l'Hôtel de Ville où il déjeune : après le café, le maréchal Pétain explique à Jean Tracou, son directeur de Cabinet, sous l'œil pensif de Mgr Chappoulie, délégué des cardinaux français, quelques erreurs commises par le sculpteur, auteur de la statue d'Etienne Marcel *(photo de la page 171)*. Dans l'après-midi, Pétain prononce quelques mots à la foule qui s'est rassemblée devant l'Hôtel de Ville : il ne reviendra dans la capitale que pour y être condamné à mort le 15 août 1945.

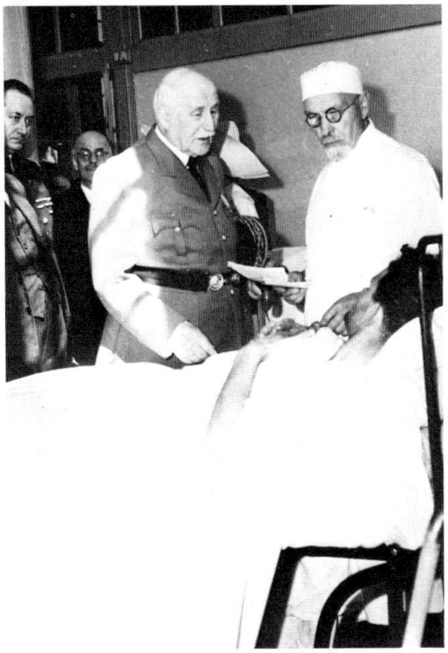

Les alliés ont débarqué

Rue de la Chaussée-d'Antin, 7 juin 1944 : vingt-quatre heures après le débarquement des Anglo-Américains sur les côtes normandes, les Parisiens découvrent sur leurs murs trois affiches, l'une signée par le Maréchal de France, chef de l'Etat, l'autre de Pierre Laval, chef du gouvernement, la troisième de Joseph Darnand, secrétaire général au Maintien de l'ordre et chef de la milice *(ci-dessus)*.

– ETAT FRANÇAIS –
TRAVAIL — FAMILLE — PATRIE

APPEL
AU
PEUPLE FRANÇAIS

FRANÇAIS,

les armées allemandes et anglo-saxonnes sont aux prises sur notre sol. La France devient, ainsi, un champ de bataille.

Fonctionnaires, agents des services publics, deminots, ouvriers, demeurez fermes à vos postes pour maintenir la vie de la Nation et accomplir les tâches qui vous incombent.

Français, n'aggravez pas nos malheurs par des actes qui risqueraient d'appeler sur vous de tragiques représailles. Ce serait l'innocente population française qui en subirait les conséquences.

N'écoutez pas ceux qui, cherchant à exploiter notre détresse, conduiraient le pays au désastre. La France ne se sauvera qu'en observant la discipline la plus rigoureuse. Obéissez donc aux ordres du Gouvernement. Que chacun reste face à son devoir.

Les circonstances de la bataille pourront conduire l'armée allemande à prendre des dispositions spéciales dans les zones de combat. Acceptez cette nécessité, c'est une recommandation instante que je vous fais dans l'intérêt de votre sauvegarde.

Je vous adjure, Français, de penser avant au péril mortel que courrait notre pays si ce solennel avertissement n'était pas entendu.

LE MARECHAL DE FRANCE
Chef de l'Etat
Philippe PETAIN.

La première contient un appel à la neutralité des Français, que Pétain a lui-même rédigée, en louvoyant entre les désirs allemands et son souci de ne pas heurter les Français dans leur sensibilité devant cette nouvelle péripétie de la guerre ; la deuxième est une invitation à « ne pas cesser le travail » et à ne pas se laisser aller « à la révolte » contre l'Allemand ; la troisième, une déclaration de guerre aux maquisards qui, dès le 6 juin, ont entrepris des actions armées contre les Allemands sur l'ensemble du territoire :

« Considérez comme des ennemis de la France, a écrit Darnand, les francs-tireurs et partisans, les membres de la prétendue armée secrète et ceux des groupements de résistance. »

Dans la capitale, la majorité des Parisiens attendent, avec une joie contenue mêlée d'anxiété, l'arrivée des Alliés : de quoi demain sera-t-il fait? Ce demain n'exclut pas les charmes de l'aujourd'hui : le 7 juin 1944, le *Café de la Paix* fait terrasse comble *(ci-contre, à gauche)*.

Une minorité de Parisiens prépare, dans le secret, l'insurrection, une insurrection que l'occupant prévoyait dès l'annonce du débarquement, mais que les chefs de la Résistance ont décidé de déclencher à un moment stratégiquement et psychologiquement favorable.

La ville devient alors carrefour de passage des quelques divisions allemandes appelées en renfort sur le front du débarquement. L'une d'entre elles, la plus fameuse des blindées SS, commandée par Sepp Dietrich, défile sur les Champs-Elysées au début de juillet. Son chef *(ci-dessus)* l'a présentée avec fierté à son supérieur, le *Generalfeldmarschall* von Rundstedt, au centre de la photographie, en présence de Boineburg-Lengsfeld, *Kommandant von Gross Paris,* à droite.

Ironie du sort, les trois hommes président à cette parade militaire, pour les besoins de la propagande nazie, devant une boutique juive, une « Jüdisches Geschaeft », celle du marchand de meubles Lévitan.

En prévision d'un soulèvement de la population, Hitler a donné l'ordre à Boineburg-Lengsfeld de construire des fortifications légères à proximité des points névralgiques de la capitale où sont cantonnés les services allemands les plus importants. D'où l'édification de blockhaus protégeant le *Crillon* et le ministère de la Marine *(ci-dessus)* et l'installation de dispositifs de rails anti-chars sur quelques ponts, ici le pont Alexandre-III *(ci-dessous)*. Dans l'esprit du commandement allemand, Paris sera tenu fortement et tout soulèvement impitoyablement réprimé.

16 février 1944

FRANCAIS,

Les Armées allemandes et anglo-saxonnes sont aux prises sur notre sol. La France devient, ainsi, un champ de bataille.

Fonctionnaires, agents des Services publics, cheminots, ouvriers, demeurez fermes à vos postes pour maintenir la vie de la Nation et accomplir les tâches qui vous incombent.

Français, N'aggravez pas nos malheurs par des actes qui risqueraient d'appeler sur vous de tragiques représailles. Ce serait l'innocente population française qui en subirait les conséquences.

N'écoutez pas ceux qui, cherchant à exploiter notre détresse, conduiraient le Pays au désastre. La France ne se sauvera qu'en observant la discipline la plus rigoureuse.

Obéissez donc aux ordres du Gouvernement. Que chacun reste ~~à sa place et fasse~~ son devoir.

C'est une recommandation instante que je vous fais dans l'intérêt de votre sauvegarde.

~~Au milieu de nos épreuves, je garde ma foi dans l'avenir de la Patrie.~~ Je vous adjure, FRANCAIS, de penser avant tout au péril mortel que courrait notre Pays si ce solennel avertissement n'était pas entendu.

-:-

VICHY, le 19 Février 1944.

Français,

Les armées allemandes et anglo-saxonnes sont aux prises sur notre sol. La France devient, ainsi, un champ de bataille.

Fonctionnaires, agents des services publics, cheminots, ouvriers, demeurez fermes à vos postes pour maintenir la vie de la Nation et accomplir les tâches qui vous incombent.

Français! N'aggravez pas nos malheurs par des actes qui risqueraient d'appeler sur vous de tragiques représailles. Ce serait l'innocente population française qui en subirait les conséquences.

N'écoutez pas ceux qui, cherchant à exploiter notre détresse, conduiraient le Pays au désastre. La France ne se sauvera qu'en observant la discipline la plus rigoureuse.

Obéissez donc aux ordres du Gouvernement. Que chacun reste face à son devoir.

Les circonstances de la bataille pourront conduire l'armée allemande à prendre des dispositions spéciales dans les zones de combat. Acceptez cette nécessité; c'est une recommandation instante que je vous fais dans l'intérêt de votre sauvegarde.

Je vous adjure, Français, de penser avant tout au péril mortel que courrait notre Pays si ce solennel avertissement n'était pas entendu.

-:-

Pariser!

Der Feind versucht erneut, Krieg auf Frankreichs Boden zu tragen.

Die Versorgung der Grosstadt ist nur gesichert, wenn Ruhe und Ordnung aufrecht erhalten werden.

Staats- und Kommunalbehörden, Polizei und öffentliche Dienste haben weiter zu arbeiten. Die gewerblichen Betriebe, Geschäfte und Banken sind offen zu halten. Jeder gehe seiner Beschäftigung nach.

Evakuierungen ohne Befehl der Militärbehörden sind untersagt.

Die Sperrstunde wird auf 21 Uhr festgesetzt.

Der Verkauf und Ausschank von Alkohol ist bis auf weiteres verboten.

Das Zusammenrotten auf der Strasse, das Verbreiten von Flugschriften, Arbeitseinstellung, Aussperrung und Streiks sowie jede deutschfeindliche Kundgebung wird unnachsichtlich geahndet.

Gewalttätigkeiten und Sabotageakte werden aufs schwerste bestraft. Jede Nachrichtenübermittlung an den Feind gilt als Spionage.

Allen Anordnungen der Militärbehörden ist unbedingt Folge zu leisten. Feindselige Handlungen werden mit dem Tode bestraft.

Der Kommandant von Gross-Paris.

Parisiens

L'ennemi veut tenter à nouveau de porter la guerre sur le sol français.

Or, pour que le ravitaillement de la capitale puisse être assuré, il est indispensable que l'ordre et le calme soient maintenus. A cet effet, les administrations de l'état, du département et de la ville la police et les services publics devront continuer leurs fonctions et les entreprises industrielles et commerciales, banques, magasins, etc., devront rester ouverts.

Le devoir de chacun est de continuer à vaquer à ses occupations.

Sont interdits:

Les évacuations non ordonnées par les autorités militaires, la vente et le débit de spiritueux.

Le couvre-feu est fixé à 21 heures.

Les rassemblements sur la voie publique, la distribution de tracts, l'abandon du travail, les grèves et lock-outs, ainsi que toutes manifestations germanophobes, seront passibles de punitions sévères.

Les violences et les sabotages de toutes sortes seront réprimés durement.

La transmission de renseignements à l'ennemi sera considéré comme de l'espionnage. Toutes les ordonnances des autorités militaires devront être exécutées sans aucune exception. Tous les actes hostiles seront punis de mort.

Le Commandant du Grand Paris.

Dès le mois de février 1944, les Allemands ont prié Philippe Pétain de rédiger un « Message aux Français », destiné à être diffusé à l'annonce du débarquement allié attendu. A Vichy, le vieux Maréchal a dû recommencer plusieurs moutures de ce texte, dont les Allemands ont estimé trop tièdes les premières rédactions. *Ci-dessus, à gauche,* voici l'un de ces brouillons, corrigé de la main du chef de l'Etat et, *à droite,* le message dans sa forme définitive, tel qu'il sera enregistré le 23 mars 1944, près de deux mois et demi avant le débarquement de Normandie.

En prévision de celui-ci, et dans le désir de paralyser, par avance, toute action offensive des petits groupes de la résistance parisienne, Boineburg-Lengsfeld a fait imprimer une affiche de couleur jaune, où le *Kommandant von Gross Paris* informe les Parisiens des décisions qu'il a prises, au nombre desquelles figurent la fixation du couvre-

feu à 21 heures, l'interdiction des grèves et des lock-out, l'ordre d'obéir à toute injonction des autorités allemandes *(ci-contre, à gauche)*. Tous les actes hostiles aux Allemands seront punis de mort.

Fait sans précédent dans l'histoire de l'occupation, ces affiches de menaces ne seront pas placardées : devant l'apparente passivité de la population parisienne, dans les jours qui ont suivi le débarquement, Boineburg-Lengsfeld estime inutile de prendre des mesures qui risqueraient, en fait, de susciter des mouvements hostiles à ses soldats au sein d'une population qui n'en a peut-être pas spontanément l'idée !

Et, dans ce printemps finissant, la montée vers le front de Normandie des convois allemands camouflés devient une attraction quotidienne pour les badauds *(ci-dessus)* : le front est à la fois proche et lointain, et si l'écho des combats vient mourir sur les rives de la Seine, les Parisiens en suivent jour après jour le déroulement à l'écoute de la radio anglaise.

Ces quatre photos ont une double histoire : l'histoire officielle, l'histoire vraie.

D'abord, les faits : le 8 juillet 1944, une petite colonne de prisonniers anglais et américains, capturés sur le front de Normandie, transite à Paris par la gare du Nord, où les captifs ont été transportés en autobus et d'où ils prendront le train à destination de l'Allemagne. Les prisonniers font quelques pas sur le pavé de Paris : des hommes et des femmes, massés sur leur passage, les frappent ou leur crachent au visage.

Ensuite, leur exploitation... L'une de ces photos a paru dans le *Völkisher Beobachter* du 9 juillet 1944, accompagnée de la légende suivante : « Il fut nécessaire à nos soldats d'établir un barrage, afin de protéger les prisonniers de la fureur de la population française » *(... Um die Gefangenen vor der Wut der französischen Bevölkerung zu schützen).*

Enfin, la vérité, telle qu'elle a été révélée par un photographe français travaillant dans un journal paraissant à Paris :

« Nous avions reçu l'ordre de nous rendre à la gare du Nord ce jour-là afin de prendre de "belles photos"... J'assistai à la scène : les femmes étaient allemandes ou "collabos" ! Je ne pris aucun cliché, assurant à mon retour que mes plaques avaient été voilées. L'un de nous prit quand même ces clichés-bidon : ils parurent avec des légendes ahurissantes... »

Légende ? Le mot n'implique-t-il pas précisément un léger enjolivement de la réalité ?

Ce 20 juillet 1944

Cette banale photographie de deux généraux allemands discutant paisiblement *(ci-contre, à gauche),* a été prise le 15 mai 1944, à Mareil-Marly, près de Paris : à gauche, le *Generalfeldmarschall* Erwin Rommel, à droite, le *General der Infanterie* Carl-Heinrich von Stülpnagel.

Elle ne prend sa dimension historique que si l'on sait que, ce jour-là, les deux généraux allemands décidèrent des « mesures indispensables » pour renverser le régime de Hitler ; deux mois et cinq jours après, le 20 juillet 1944, une bombe éclate au quartier général du Führer, en Prusse-Orientale — la machine des conjurés se met en branle.

A Paris, Carl-Heinrich von Stülpnagel, au reçu d'un appel téléphonique de Berlin indiquant que l'attentat a eu lieu, ordonne au général von Boineburg-Lengsfeld, *Kommandant von Gross Paris,* de se saisir par la force des policiers nazis à Paris.

Pour cela, Boineburg-Lengsfeld dispose du régiment de sécurité numéro 1 de la *Wehrmacht.*

Le 20 juillet, vers 19 heures, il lance l'ordre suivant :

« 1) La SS a fait un putsch contre le Führer.

2) Sur ordre du Commandant militaire en France, tous les membres des SS et du SD, leur chef suprême et le colonel Knochen doivent être arrêtés.

3) En cas de résistance, il sera fait usage des armes.

4) Le général Brehmer, sous les ordres duquel est mis le 1er régiment de sécurité, arrêtera lui-même, boulevard Lannes, le général Oberg et ses officiers d'état-major ; il les conduira à l'hôtel *Continental.*

5) Les membres de la SS et du SD seront évacués de leur quartier de l'avenue Foch et de leurs autres cantonnements dans Paris. Les chefs seront conduits à Fresnes, les hommes au fort de l'Est.

6) Je serai à vingt heures, à l'angle de l'avenue Foch et du boulevard Lannes pour qu'il me soit rendu compte.

Baron de Boineburg. »

Ce sont les fantassins du 2e bataillon du régiment *(ci-dessus, au cours d'une parade)* qui se chargeront de l'opération.

En quelques minutes, sans un coup de feu, ils arrêtent les 1 500 policiers et leurs chefs, Oberg et Knochen, et les conduisent en camion à la prison de Fresnes et au fort de l'Est : à 22 heures, le putsch anti-hitlérien a réussi à Paris ! C'est le seul endroit d'Europe où la *Wehrmacht* s'est rebellée contre le Führer.

Mais Hitler a échappé par miracle à la bombe du comte de Stauffenberg. Il vit ! En quelques heures, la situation est retournée : les policiers nazis de Paris sont relâchés, avec les excuses de ceux qui les ont arrêtés...

Le putsch contre Hitler a échoué

Les exécutants du putsch échappent à la vengeance de Hitler... Mais leurs chefs sont impitoyablement châtiés : Carl-Heinrich von Stülpnagel sera pendu le 30 août, à Berlin [1].

(1) Il a tenté de se suicider dans la voiture qui l'amenait à Berlin, mais il n'a réussi qu'à se rendre aveugle : un aide-bourreau le conduira par la main jusqu'à la corde...

Erwin Rommel aura, en raison de sa gloire, le choix entre la corde et le suicide ; il s'empoisonnera le 14 octobre. Le 20 juillet 1944 s'est soldé à Paris, comme à Rastenburg et à Berlin, par un échec total.

Ci-dessus, à gauche, le général von Boineburg-Lengsfeld, *Kommandant von Gross Paris* : il signe, le 20 juillet 1944, l'ordre le plus insolite de sa carrière, prescrivant l'arrestation des policiers nazis à Paris. Boineburg échappera à la corde du bourreau. *Ci-dessus, à droite,* le général Walter Brehmer *(le second à partir de la gauche),* commandant en second à Paris, a arrêté lui-même dans son bureau du boulevard Lannes, le général SS Oberg, chef suprême de la police en France. Brehmer a exécuté l'ordre écrit de son supérieur : il

GEGEN ENGELAND

MARINE-FRONTZEITUNG IM WESTEN

SONNABEND, 22. JULI 1944 — 1. JAHRGANG / NUMMER 124

Adolf Hitler sprach nach dem Mordanschlag zum deutschen Volk

Der Führer lebt! Es lebe der Führer!

Das Attentat gegen die Zentrale der deutschen Kriegführung — Neue Befehle für die Wehrmacht und die Heimat

Unser Dank an die Vorsehung — Unverbrüchliche Treue bis zum Endsieg — Kundgebungen in der Heimat

Die Kriegsmarine getreu ihrem Eid

Grossadmiral Dönitz an die Männer der Kriegsmarine

Vorwärts bis zum Sieg!

ne sera pas inquiété. *Page 184, à gauche,* le lieutenant-colonel Kurt von Kraewerl qui, le 20 juillet 1944, commande le régiment de sécurité numéro 1 de Paris : ses hommes *(page 184, à droite)* exécuteront sans broncher l'ordre qu'il leur a donné d'appréhender les policiers nazis dans la capitale. *Ci-dessus, à gauche,* l'une des très rares photographies du colonel SS Helmut Knochen, chef de la police de sûreté en France occupée. *A sa droite,* Joseph Darnand, secrétaire au maintien de l'ordre du gouvernement de Vichy. Knochen ne sera prisonnier de la *Wehrmacht* que quelques heures, dans la nuit du 20 au 21 juillet. *Ci-dessus, à droite,* l'attentat de Rastenburg a échoué... « Le Führer est en vie », titre le journal de la marine allemande à l'Ouest. *Ci-dessous, à gauche,* le journal collabo, *le Petit Parisien,* note avec satisfaction, au matin du 21 juillet, que tout est rentré dans l'ordre... Mieux renseigné, *le Populaire* clandestin, organe de la S.F.I.O., sort une « édition spéciale » le 22, où il donne certaines informations sur ce qui s'est passé à Paris, dans la nuit du 20 au 21 juillet *(ci-dessous, à droite).*

Le Petit Parisien

ÉDITION DE PARIS

VENDREDI 21 JUILLET 1944

Un attentat contre le Führer

Adolf Hitler est indemne

PLUSIEURS DE SES COLLABORATEURS ONT ÉTÉ PLUS OU MOINS GRIEVEMENT BLESSES

LA MILICE A ARRÊTÉ LES ASSASSINS DE PHILIPPE HENRIOT

Ils avaient reçu 10 millions de l'Intelligence Service pour commettre leur forfait

La IIe armée britannique poursuit ses attaques à l'est de l'Orne

LA LUFTWAFFE INTERVIENT ACTIVEMENT DANS LA BATAILLE

La lutte fait rage sur le front soviétique à l'est de Lemberg, sur le Boug au nord de Brest-Litovsk et sur le Niemen

LE RAVITAILLEMENT DE LA REGION PARISIENNE

Une déclaration de M. Xavier Vallat sur la mort de Georges Mandel

La L. V. F. à l'honneur

(Edition spéciale)

Le Populaire

La décomposition du nazisme

Wehrmacht contre Gestapo

Les bruits les plus divers circulent : « Hitler est arrêté à Berlin. Abetz est, à Paris, prisonnier de la Wehrmacht. Celle-ci a désarmé, rue des Saussaies, la Gestapo. Le conflit entre l'armée allemande et le national-socialisme s'élargit, devient bataille ouverte, etc... »

Certaines de ces rumeurs sont incontrôlables. D'autres sont vérifiées.

Ce qui est réel, c'est l'attentat contre Hitler. C'est le complot militaire contre la clique hitlérienne. C'est la peur des chefs de la Wehrmacht devant les assauts des Alliés.

Ce n'est pas encore la guerre civile ouverte. Mais déjà le sinistre Himmler dirige une « armée intérieure » dotée d'aviation.

Ce n'est pas encore la débandade générale. Mais les grands stratèges allemands estiment déjà inutiles les sacrifices sanglants dûs à une guerre qu'ils savent désormais perdue.

Ce qui est réel, c'est que nous assistons au début de la décomposition du monstre.

Hitler s'écroule et, avec lui, ses satellites.

CHOCOLAT SUCHARD
MAHN & KOLB

« *Ils* » *déménagent*

Depuis leur débarquement du 6 juin, les Alliés ont progressé en France : le 18 juillet, Saint-Lô est tombé entre leurs mains, du 28 au 30, ils conquièrent Coutances, Granville et Avranches. Exploitant la percée d'Avranches, le général américain Bradley prend Pontaubault et s'infléchit vers la Bretagne ; son subordonné, Patton, s'empare de Dinan le 3, de Rennes le 5, de Vannes le 7, et pousse jusqu'au Mans, qu'il occupe le 9 août.

Le 10 août, la 2e division blindée des F.F.L. (Forces françaises libres), aux ordres du général Leclerc, libère Alençon, tandis que Patton entre dans Chartres et, le 17, prend Dreux. Le 13 août, Kluge, commandant en chef allemand à l'Ouest, a donné un ordre général de retraite aux forces qui combattent en Normandie ; le 19, il se suicide... « Ma réputation de soldat a sombré à Avranches », a-t-il confié à son chef d'état-major.

Les Parisiens suivent certes les péripéties de la bataille, en écoutant la radio anglaise ; mais, un peu comme en juin 1940, ils ne savent rien de leur sort. Les Allemands défendront-ils la ville ? Ou, comme en juin 1940, sera-t-elle exclue de la zone des combats ? Seuls les chefs de la Résistance ont des informations précises sur la situation.

Mais il n'est pas nécessaire d'être stratège ou résistant pour comprendre, dès le début d'août, que les occupants déménagent : les riz-pain-sel, les policiers, les administratifs s'en vont *(ci-contre, à gauche, et ci-dessus).*

Et sur l'air célèbre de *Lili Marlène,* un des « tubes » de l'occupation, lancé par Suzy Solidor, un parolier anonyme a plaqué ce couplet vengeur, fredonné à partir de juillet 1944 :

« Devant la caserne, quand le soir descend, une sentinelle pleure comme un enfant... Je lui demande : pourquoi pleures-tu ? Elle me répond : on est foutu, on a Churchill * au cul ! *(bis).* »

* Le couplet primitif (janvier 1944) portait « les Russes » ; il fut modifié après le débarquement.

Il ne reste que 16 000 Allemands à Paris

A « les » voir partir, les Parisiens constatent l'usure et la diminution de la puissance des orgueilleux vainqueurs de 1940 : leurs divisions blindées ont disparu de la capitale pour faire place aux charrois attelés qui passent devant Saint-Vincent-de-Paul *(ci-dessus),* en direction de l'Est. Une sorte de retour à l'envoyeur...

Quant à la milice française, elle ne peut que « s'évacuer » : au début d'août, ses éléments parisiens ont abandonné leur Q.G. du carrefour Châteaudun *(ci-contre, en bas, à gauche).* Ils se retrouveront en Allemagne.

Le commandement allemand vide Paris de certains des services militairement inutiles ou, au contraire, pouvant être utilisés ailleurs *(ci-dessus, à droite).* Et finalement, il ne reste dans Paris, le

19 août 1944, que 16 000 Allemands, parmi lesquels une forte proportion de bureaucrates de l'administration militaire, qui n'ont pas pu prendre place dans les dernières voitures, les derniers cars ou les derniers chars à bancs. Avec 30 chars et 70 canons, leur nouveau chef, le général Dietrich von Choltitz, a reçu d'Hitler l'ordre d'opérer des destructions dans la ville afin de ralentir la progression des Alliés le plus possible.

Choltitz a concentré ses soldats dans des points d'appui *(Stützpunkte)* établis dans des bâtiments publics ou privés, protégés par les blockhaus que son prédécesseur, le général von Boineburg-Lengsfeld, *Kommandant von Gross Paris,* avait fait construire : de ces points d'appui (Sénat, Ecole militaire, ministère des Affaires étrangères, Chambre des députés, caserne Prince-Eugène, place de la République, ministère de la Marine, les hôtels *Continental, Crillon* et *Meurice,* etc.) partent des patrouilles blindées qui sillonnent les rues de certains quartiers.

Choltitz attend les Alliés de pied ferme. Mais ce sont les Parisiens révoltés qui, les premiers, attaqueront ses soldats !

BOULANGERIE
PATISSERIE
71
PIERROT GOURMAND
69
MAISON DU CAFÉ
CAFÉS
GILBERT
BOULANGE
PATISSERIE ET PETITS FOURS
CROISSANTS
PAINS FRANCAIS ET ETRANGERS
PETITS FOURS ASSORTIS

ESTAURA

La révolte

Le samedi 19 août, le colonel Rol, chef régional des Forces françaises de l'intérieur (F.F.I.) de l'Ile-de-France, lance son ordre général aux éléments placés sous ses ordres : les patrouilles F.F.I. reçoivent mission « d'attaquer les Allemands isolés ou les détachements légers, de créer un état d'insécurité permanent chez l'ennemi et d'interdire tous ses mouvements ». Après la grève des cheminots, décidée le 10 août, et celle des policiers parisiens, commencée le 15, c'est l'insurrection armée ! Elle est le fait d'un tout petit nombre.

Le premier jour, 1 500 volontaires participent aux premiers coups de main contre les Allemands dans la région parisienne, tandis qu'une trentaine de mille hommes attendent des armes pour se joindre aux combattants. L'armement est dérisoire ; face aux Allemands, les F.F.I. de l'Ile-de-France disposent de 29 mines, de 4 mitrailleuses, dont une Hotchkiss sans trépied, de 83 fusils-mitrailleurs, 83 mitraillettes, 562 fusils (y compris les fusils de chasse), 825 revolvers et 192 grenades. La plupart des armes utilisées au cours des jours suivants seront prises à l'ennemi.

L'insurrection ? C'est une suite d'escarmouches, de brefs assauts, nés d'une situation *momentanée* : un dépôt est-il abandonné par les Allemands ? Les F.F.I. l'occupent. Une patrouille s'éloigne-t-elle d'un point d'appui ? Elle est attaquée.

Il n'y a pas de bataille rangée dans cette guérilla menée dans les rues de la ville : seul compte le courage de l'insurgé. *Ci-contre, à gauche,* trois combattants sans uniforme s'apprêtent à entrer en action, rue Dante.

Dans certains quartiers, c'est plus calme *(ci-dessus),* et les Allemands s'y promènent en voiture découverte.

Ailleurs, le *no man's land* est plus imprécis, qui dépend moins de la situation stratégique que des circonstances horaires : à l'angle de la rue Pastourelle et de la rue des Archives, des Parisiens attendent, au matin du 22 août, l'ouverture de leur boulangerie, devant les barbelés et les obstacles antichars installés par les Allemands *(double page précédente).*

Face à face

Face aux 16 000 Allemands de Choltitz, Rol et son état-major *(ci-dessus)* ont donné l'ordre d'intensifier la guérilla : les F.F.I. sont munis d'un papier certifiant leur appartenance à des unités combattantes « régulières », destiné à les protéger éventuellement des représailles ennemies en cas de capture *(ci-dessous)*.

Le 24 août, le colonel Rol appellera le peuple tout entier à « assommer des boches pour arracher leurs armes » et à « libérer le grand Paris, berceau de la France » *(à droite)*. Le soir, les premiers blindés du général Leclerc entrent dans la ville.

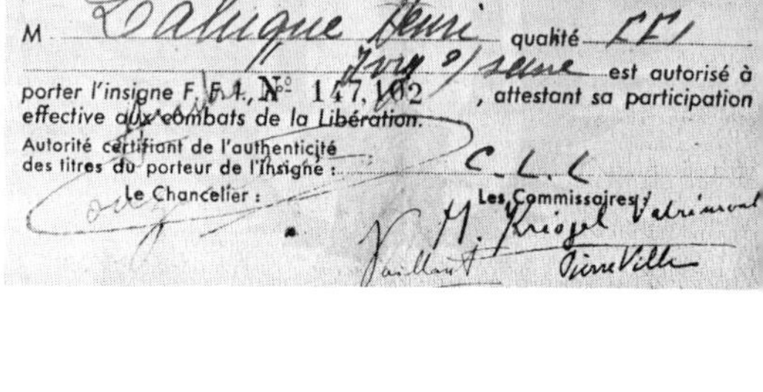

CONSEIL NATIONAL DE LA RÉSISTANCE
COMMISSION MILITAIRE
(ex-Comac)

M ... qualité ...
... est autorisé à porter l'insigne F.F.I., N° 147,102, attestant sa participation effective aux combats de la Libération.

Autorité certifiant de l'authenticité des titres du porteur de l'insigne : ...

Le Chancelier : ... Les Commissaires : ...

C'est le 10 août 1944 que le général d'infanterie Dietrich von Choltitz *(ci-dessus, à gauche)* est arrivé dans la capitale : il remplace Boineburg-Lengsfeld, relevé de son commandement par Hitler pour « avoir manqué de la rigueur nécessaire dans l'exécution des mesures ordonnées par lui ». Choltitz a été nommé commandant en chef de la *Wehrmacht* dans la capitale ; il a tout pouvoir sur les troupes allemandes qui s'y trouvent et pourraient s'y trouver.

Les Allemands, on le sait, sont peu nombreux dans la ville et les combattants du front Ouest ont reçu l'ordre, devant la poussée alliée, de décrocher vers l'Est *« en évitant Paris »*. Les Allemands ne feront pas de Paris un nouveau Stalingrad...

Et pourtant, dans la pensée d'Hitler, la capitale doit « fixer », sinon arrêter, le plus grand nombre possible de soldats alliés. Il est bien évident que, compte tenu de la situation de la ville, les destructions les plus larges devront y être opérées « avant de mourir sur les décombres de la ville détruite ». Vu du quartier général d'Hitler, le plan paraît grandiose ; sur place, il est inexécutable par manque de moyens, des moyens que la guérilla menée par les F.F.I. de Rol rognera jour après jour.

A Paris comme dans toute la France, les Allemands usent de toutes les menaces pour dissuader les Français d'entrer dans les groupes de résistance : ceux qui seront pris les armes à la main seront fusillés *(en bas de la page suivante)*.

AVIS

En vue d'inciter la population à entrer dans les groupes de résistance, les puissances ennemies tentent de répandre dans le Peuple Français la conviction que les membres des groupes de résistance, en raison de certaines mesures d'organisation et grâce au port d'insignes extérieurs, sont assimilés à des soldats réguliers et peuvent de ce fait se considérer comme protégés contre le traitement réservé aux francs-tireurs.

A l'encontre de cette propagande il est affirmé ce qui suit :

Le Droit International n'accorde pas, aux individus participant à des mouvements insurrectionnels sur les arrières de la Puissance Occupante, la protection à laquelle peuvent prétendre les soldats réguliers.

Aucune disposition, aucune déclaration des puissances ennemies ne peuvent rien changer à cette situation.

D'autre part, il est stipulé expressément, à l'article 10 de la Convention d'Armistice Franco-Allemande que les ressortissants français qui, après la conclusion de cette Convention, combattent contre le REICH ALLEMAND, seront traités par les troupes allemandes comme des francs-tireurs.

La puissance occupante, maintenant comme auparavant, considérera, de par la loi, les membres des groupes de résistance comme des francs-tireurs. Les rebelles tombant entre leurs mains ne seront donc pas traités comme prisonniers de guerre, et seront passibles de la peine capitale conformément aux lois de la guerre.

DER OBERBEFEHLSHABER WEST

FORCES FRANÇAISES DE L'INTÉRIEUR

AU PEUPLE DU GRAND PARIS FRANÇAIS !..

Pour échapper à un juste châtiment, pour essayer de sauver en toute quiétude les pillards de la Wermacht, les assasins de la Gestapo, les bourreaux de Himmler, les bandits de la Milice, du P.P.F., du R.N.P., les délateurs et les traîtres, l'ennemi en déroute tente une suprême manœuvre.

Avec la complicité des hitlériens Laval, de Monzie, et d'autres appuis avoués ou tacites, il a fait courir le bruit d'une déclaration de Paris ville ouverte.

Il cherche maintenant, par toutes sortes de manœuvres, à gagner du temps et sauver ses divisions en déroute.

Le but est clair : annihiler la colère des Français, désarmer leur haine sainte et trouver le temps de détruire toutes les installations économiques et industrielles, tous les dépôts de vivres volés à la population, toutes les armes dont les Allemands et leurs complices craignent de voir le peuple du Grand Paris s'emparer.

Dans le même temps, l'ennemi parachève ses crimes. Des milliers de patriotes sont déportés, des centaines de fusillés à Fresnes, dans chaque commune des otages sont pris pour protéger la retraite et les destructions.

Français, vous n'assisterez pas impuissants, la rage au cœur et désarmés, à la destruction de tout ce qui assure la vie du Grand Paris : centrales électriques, installations d'eau, réserves de vivres, etc...; vous ne laisserez pas se poursuivre le massacre des patriotes et des otages, vous ne laisserez pas fuir vos bourreaux impunis.

Des milliers d'hommes courageux rejoignent chaque jour les Forces Françaises de l'Intérieur. Ils conquièrent sur l'ennemi les armes qui leur avaient été refusées.

Imitez leur exemple. Organisez-vous dans les F.F.I. immédiatement.

Groupez-vous par maison, par quartier, assommez des boches pour arracher leurs armes, libérez le Grand Paris, berceau de la France.

Vengez vos fils et vos frères martyrisés.

Vengez les héros tombés pour l'indépendance et la liberté de la Patrie.

Hâtez par votre action la fin de la guerre.

Ayez pour mot d'ordre

CHACUN SON BOCHE !

Pas de quartier aux assassins. En avant pour que

VIVE LA FRANCE !

Le 24 Août 1944.

Le Commandant du Grand Paris.
des Forces Françaises de l'Intérieur.

Signé : **Colonel ROL.**

Imprimerie Spéciale des F.F.I.

Face aux patrouilles allemandes...

Du samedi 19 au vendredi 25 août, les combats menés dans Paris contre les Allemands, d'abord par les F.F.I. de Rol, ensuite par les soldats de la 2e D.B., aidés par les premiers, auront un caractère aussi sporadique que violent, aussi dispersé dans l'espace que variable dans l'intensité. Des quartiers entiers en seront exempts, alors que certains points chauds connaissent de fréquentes escarmouches. Et pendant tout ce temps se juxtaposeront des images dont le contraste ajoute à l'étrangeté de la situation.

Dans certains endroits, les Allemands quittent tranquillement la ville *(ci-contre, à gauche)* ou patrouillent sans être inquiétés : à quoi pourrait donc servir cette voiture amphibie passant sur le boulevard des Capucines *(ci-dessus, à gauche)* ?

Ailleurs, des barricades s'élèvent *(ci-dessus)* afin de s'opposer au passage des petites troupes ennemies qui patrouillent dans la ville « insurgée » — l'insurrection étant inséparable de la libération, comme l'a annoncé le général de Gaulle. Le 17 août, les syndicats, dissous par Vichy (C.G.T. et C.F.T.C.), ont appelé leurs mandants à la grève générale : dans Paris, il n'y a plus de métro, plus de gaz, plus de postes, de cinémas, de théâtres, de ramassage des ordures ménagères, de banques, de caisses d'épargne, de Mont-de-Piété et de Pompes funèbres ! L'électricité est délivrée une demi-heure par jour, seul le téléphone fonctionne normalement.

ROSY'S
MODES COUTURE
Kodaks
LUMIÈRE

DE

PATISSERIE

Mercredi 23 août, boulevard des Italiens, deux Allemands isolés et désœuvrés se promènent *(ci-contre, à gauche)*, dont un parachutiste, reconnaissable à sa combinaison et à son casque. Les grands boulevards sont déserts, pas un bruit...

Au même moment, sur la rive gauche, à 1 200 mètres à vol d'oiseau, les escarmouches font rage, notamment devant cette barricade élevée rue de la Huchette, que les chars allemands ne démoliront pas *(ci-contre, en bas, à gauche)*. Certains, partis du Sénat, exécutent quelques missions de reconnaissance poussant jusqu'à l'angle du boulevard Saint-Germain et de la rue Saint-Jacques *(à gauche)*.

Une opération-type des F.F.I. contre les Allemands *(ci-dessus et à droite)* : à l'angle de la rue du Petit-Pont et du quai de Montebello, un petit convoi de la *Wehrmacht* a été attaqué par un commando français et incendié. Image significative, dès que les voitures ont cessé de brûler, les épaves sont visitées par les combattants F.F.I. *A droite,* une autre vue de l'accrochage — le convoi allemand brûle...

Premiers morts...

Ci-dessus, boulevard Magenta, une voiture de F.F.I. est interceptée par des soldats allemands : ses trois occupants, stoppés par le feu ennemi, sont tués sur le coup ou abattus sur place. Signe des temps, un soldat *feldgrau* récupère un pneu.

Ci-dessous, pour ces deux Allemands, la guerre s'est terminée dans les rues de la capitale. Leurs cadavres sont (provisoirement) gardés dans la cour de la Préfecture de Police.

Ci-contre, à droite : deux F.F.I. sont tombés sous les balles allemandes. Ils sont transportés à l'Hôtel-Dieu par des secouristes de la Croix-Rouge. Des soldats allemands, des badauds « hors du coup » regardent passer le cortège...

A la Préfecture, on s'est organisé

Si la Préfecture de Police est le premier grand centre administratif a être occupé, dès le 19 août, par les policiers insurgés, devenant, de ce fait, l'un des bastions armés de la résistance parisienne, d'autres F.F.I. prennent possession, le 20 au matin, de l'Hôtel de Ville de Paris où ils arrêtent le préfet de la Seine, René Bouffet. La maison communale est mise en état de défense et son commandant militaire, Roger Stéphane, prend aussitôt ses dispositions dans son « Ordre du jour n° 1 » *(ci-dessous, à droite)*, collé sur les lambris des portes des grands salons de réception...

Dès le 19 août, les Allemands lancent quelques pointes contre la Préfecture de Police : protégés par quelques sacs de sable de la défense passive, les résistants ripostent *(à droite)*. Fort heureusement, ils ont pu récupérer quelques armes sur l'ennemi, au cours des brefs engagements du début de l'après-midi, armes qui sont aussitôt amenées à l'intérieur de l'édifice *(ci-dessous, à gauche)*. Dans l'après-midi, deux chars allemands se présentent devant le parvis Notre-Dame, accompagnés par un groupe de fantassins *(ci-contre, à droite)*. Les chars envoient deux obus dans la grande porte dont le battant gauche est arraché, puis se retirent...

Une trêve de courte durée

Au soir du 19 août, la situation dans Paris est très nette : la Résistance a occupé un grand nombre de ses objectifs et pratiqué une petite guérilla localisée, mais, en aucun point, les Allemands n'ont fait un effort sérieux pour réduire les bâtiments aux mains des insurgés, la Préfecture de Police en particulier, se contentant de tirer quelques coups de semonce, sans jeter véritablement tout le poids de leur puissance de feu dans ce qu'ils ne considèrent pas comme une vraie bataille.

Les ordres donnés par Choltitz lui-même sont relativement mous. Mais le chef allemand peut prendre des décisions plus énergiques, qui mettraient en péril les membres des Forces françaises de l'intérieur combattant dans la ville et risqueraient de provoquer de nombreuses victimes parmi la population civile.

Certains chefs de la Résistance s'en rendent compte, qui prennent l'initiative d'engager avec le général allemand, par l'intermédiaire du consul général de Suède à Paris, Raoul Nordling, des pourparlers tendant à instituer une trêve; dans leur esprit, cette trêve a un double

but : éviter une inutile effusion de sang et gagner du temps — ce temps qui permettra à une force régulière alliée importante d'arriver dans la capitale et d'y forcer les 16 000 soldats de Choltitz à capituler.

Délégué général du Gouvernement provisoire de la République, présidé par le général de Gaulle, Alexandre Parodi (*Cérat,* dans la clandestinité) voit Choltitz le dimanche 20 août : le principe de la trêve est accepté sous certaines conditions. Mais, en fait, elle ne sera pas observée, sauf en de très rares occasions. Les combattants des F.F.I. ne veulent pas suspendre leur action et les Allemands entendent, eux, profiter de la trêve pour désorganiser les F.F.I.

Pourtant, cette fragile et courte trêve, contestée au sein même de la Résistance, donne lieu à d'extraordinaires et rapides conciliabules entre combattants au brassard tricolore et soldats *feldgrau,* dont ces documents *(ci-dessus et ci-contre, à gauche)* constituent l'une des très rares illustrations.

Dans son ensemble, la Résistance armée s'est violemment opposée à la trêve, ainsi que le prouve cet « Avis » *(ci-dessous)* du chef des F.F.I. du département de la Seine, le colonel Lizé (de son vrai nom Marguerittes).

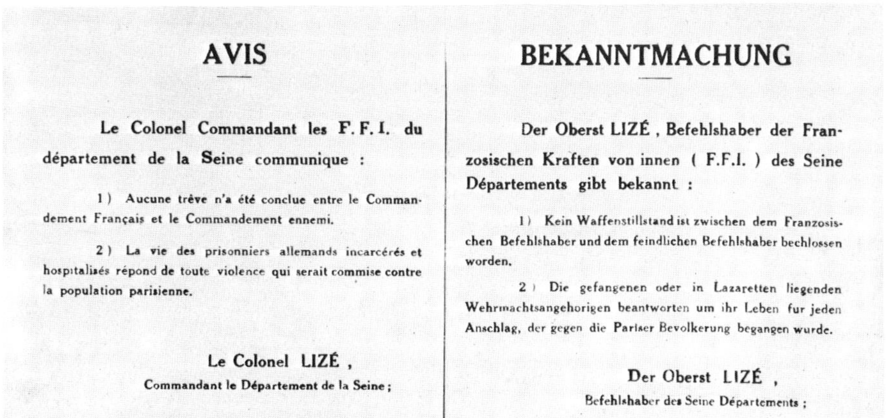

AVIS

Le Colonel Commandant les F. F. I. du département de la Seine communique :

1) Aucune trêve n'a été conclue entre le Commandement Français et le Commandement ennemi.

2) La vie des prisonniers allemands incarcérés et hospitalisés répond de toute violence qui serait commise contre la population parisienne.

Le Colonel LIZÉ ,
Commandant le Département de la Seine ;

Signé : LIZÉ

Paris , le 20 Août 1944 13 h.

BEKANNTMACHUNG

Der Oberst LIZÉ , Befehlshaber der Franzosischen Kraften von innen (F.F.I.) des Seine Départements gibt bekannt :

1) Kein Waffenstillstand ist zwischen dem Franzosischen Befehlshaber und dem feindlichen Befehlshaber bechlossen worden.

2) Die gefangenen oder in Lazaretten liegenden Wehrmachtsangehorigen beantworten um ihr Leben fur jeden Anschlag, der gegen die Pariser Bevolkerung begangen wurde.

Der Oberst LIZÉ ,
Befehlshaber des Seine Départements ;

LIZÉ

Paris, dem August 1944 13 h.

Un état-major insurrectionnel...

Si la trêve des 19-20 août n'a pas fait long feu, la situation à Paris demeure dangereuse : d'après les renseignements en possession de la Résistance, les Américains ne seront pas devant Paris avant une semaine. D'ici là, les Allemands, s'ils le veulent, peuvent infliger de terribles pertes aux Français... Mais, pour les chefs militaires de l'insurrection, cette situation critique doit, au contraire, inciter à multiplier les coups de main contre les Allemands — l'attaque demeurant la meilleure des sauvegardes : le 21 août, le colonel Lizé donne l'ordre de « couvrir Paris de barricades ».

A la Préfecture de Police comme à l'Hôtel de Ville, on se prépare, dans la fièvre, à repousser d'autres attaques allemandes. L'état-major insurrectionnel de l'Hôtel de Ville *(ci-dessus)*, le Préfet de Police Charles Luizet, qui a reçu, dans la caserne de l'île de la Cité, la visite de Georges Bidault, président du Conseil national de la résistance *(ci-contre, à droite)*, s'y emploient. Mais les Allemands de Choltitz se contenteront de quelques démonstrations, notamment le mercredi 23, contre la Préfecture et l'Hôtel de Ville, leur chef n'exécutant pas l'ordre formel de Hitler « d'apporter sur le territoire de Paris les destructions les plus étendues possibles, de détruire les 62 ponts qui s'y trouvent et d'exercer les représailles les plus étendues et les plus sanglantes si des coups de feu sont tirés sur les troupes allemandes ».

PALME

Leclerc arrive !

Tandis que des heures incertaines coulent à Paris, le général de Gaulle a pris une décision « historique » : quel que soit le déroulement de la bataille sur le front Ouest, c'est à une division des F.F.L., la 2e blindée, aux ordres du général Leclerc, que doit échoir la mission d'entrer la première dans la capitale, de prêter main-forte aux combattants des F.F.I., d'y réduire définitivement Choltitz. Leclerc n'obéira qu'à de Gaulle... même si ses supérieurs américains lui donnent un ordre contraire — ainsi en a décidé le Président du Comité français de la libération nationale, avec l'accord implicite, il est vrai, d'Eisenhower, commandant en chef des Forces alliées.

Le 23 août, la 2e D.B. commence son mouvement vers Paris : son chef s'entretient familièrement avec les habitants d'une petite ville proche de la capitale *(ci-contre, à gauche)*, avant de regarder ses chars foncer vers Paris *(en bas, à gauche)*. La 2e D.B. est forte de 16 000 hommes et 4 000 véhicules : ils suffiront à faire capituler Choltitz...

Mais il faut aller très vite, car les F.F.I. de Paris craignent de ne pouvoir résister à une attaque sérieuse des Allemands. Dès le 21 août, Rol a envoyé, à travers les lignes allemandes, son chef d'état-major, le commandant Gallois, vers les Alliés; admis devant les Américains, Gallois les presse de venir aider les insurgés, dont la situation risque de devenir critique dans la capitale.

Le 22 août, à 19 h 15, sur le terrain d'aviation de Laval, le général américain Bradley a fait part à Gallois de la décision prise :

« Nous sommes trois, Commandant, à supporter une très grosse responsabilité, lourde de conséquences : moi-même, car je donne l'ordre de prendre Paris, le général Leclerc, car c'est lui qui a la tâche de s'emparer de la capitale, et vous, car c'est à cause des informations que vous nous avez apportées que nous agissons ainsi ! »

Le 24, les premiers chars de la division Leclerc sont à Meudon.

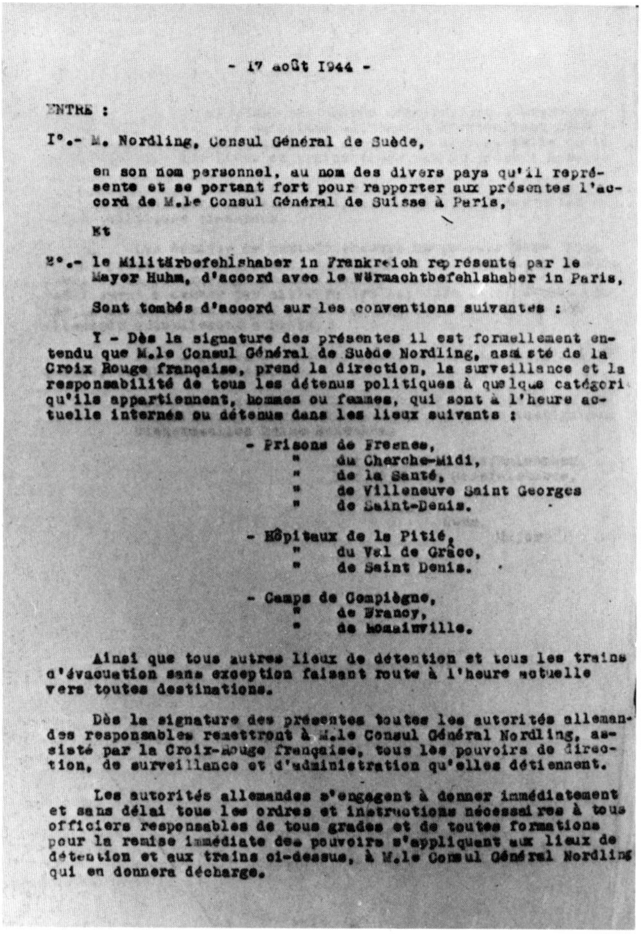

\- 17 août 1944 -

ENTRE :

I°.- M. Nordling, Consul Général de Suède,

en son nom personnel, au nom des divers pays qu'il représente et se portant fort pour rapporter aux présentes l'accord de M. le Consul Général de Suisse à Paris,

Et

2°.- le Militärbefehlshaber in Frankreich représenté par le Mayer Huhm, d'accord avec le Wërmachtbefehlshaber in Paris,

Sont tombés d'accord sur les conventions suivantes :

I - Dès la signature des présentes il est formellement entendu que M. le Consul Général de Suède Nordling, assisté de la Croix Rouge française, prend la direction, la surveillance et la responsabilité de tous les détenus politiques à quelque catégori qu'ils appartiennent, hommes ou femmes, qui sont à l'heure actuelle internés ou détenus dans les lieux suivants :

\- Prisons de Fresnes,
" du Cherche-Midi,
" de la Santé,
" de Villeneuve Saint Georges
" de Saint-Denis.

\- Hôpitaux de la Pitié,
" du Val de Grâce,
" de Saint Denis.

\- Camps de Compiègne,
" de Drancy,
" de Romainville.

Ainsi que tous autres lieux de détention et tous les trains d'évacuation sans exception faisant route à l'heure actuelle vers toutes destinations.

Dès la signature des présentes toutes les autorités allemandes responsables remettront à M. le Consul Général Nordling, assisté par la Croix-Rouge française, tous les pouvoirs de direction, de surveillance et d'administration qu'elles détiennent.

Les autorités allemandes s'engagent à donner immédiatement et sans délai tous les ordres et instructions nécessaires à tous officiers responsables de tous grades et de toutes formations pour la remise immédiate des pouvoirs s'appliquent aux lieux de détention et aux trains ci-dessus, à M. le Consul Général Nordling qui en donnera décharge.

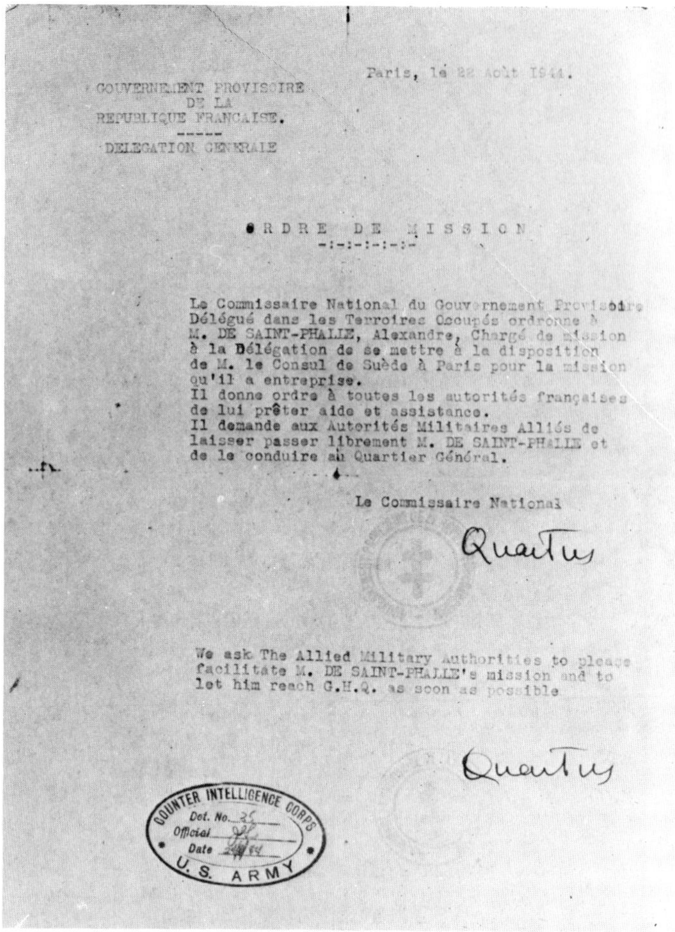

GOUVERNEMENT PROVISOIRE
DE LA
REPUBLIQUE FRANCAISE.
\-----
DELEGATION GENERALE

Paris, le 22 Août 1944.

ORDRE DE MISSION
-:-:-:-:-:-

Le Commissaire National du Gouvernement Provisoire Délégué dans les Terroires Occupés ordronne à M. DE SAINT-PHALLE, Alexandre, Chargé de mission à la Délégation de se mettre à la disposition de M. le Consul de Suède à Paris pour la mission qu'il a entreprise.
Il donne ordre à toutes les autorités françaises de lui prêter aide et assistance.
Il demande aux Autorités Militaires Alliés de laisser passer librement M. DE SAINT-PHALLE et de le conduire au Quartier Général.

Le Commissaire National
Quartus

We ask The Allied Military Authorities to please facilitate M. DE SAINT-PHALLE's mission and to let him reach G.H.Q. as soon as possible

Quartus

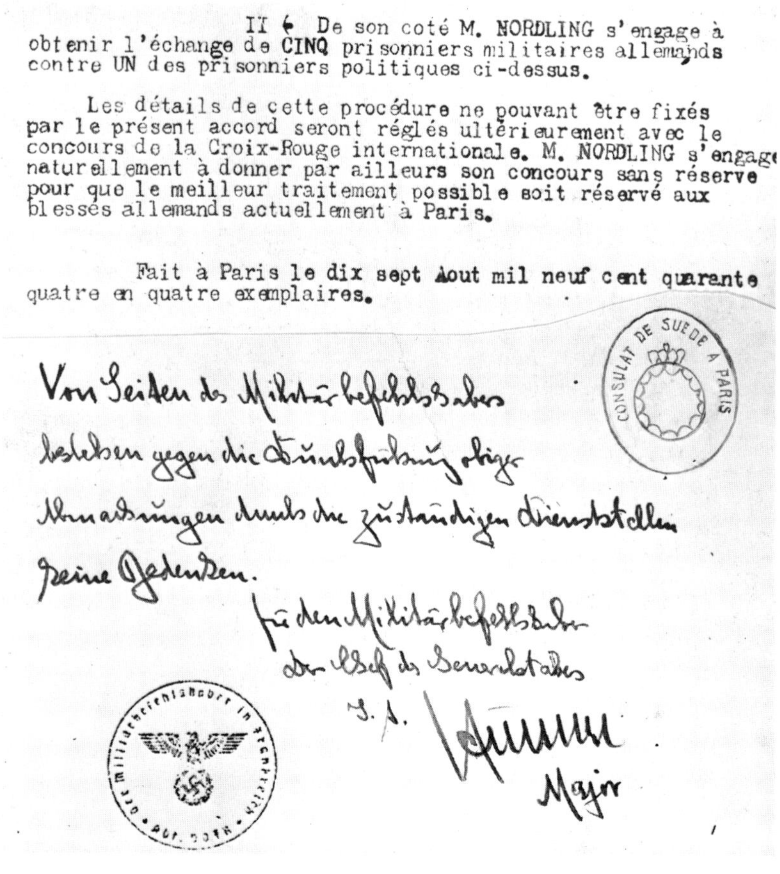

II - De son coté M. NORDLING s'engage à obtenir l'échange de CINQ prisonniers militaires allemands contre UN des prisonniers politiques ci-dessus.

Les détails de cette procédure ne pouvant être fixés par le présent accord seront réglés ultérieurement avec le concours de la Croix-Rouge internationale. M. NORDLING s'engage naturellement à donner par ailleurs son concours sans réserve pour que le meilleur traitement possible soit réservé aux blessés allemands actuellement à Paris.

Fait à Paris le dix sept Aout mil neuf cent quarante quatre en quatre exemplaires.

Von Seiten des Militärbefehlshabers bestehen gegen die Durchführung obiger Abmachungen durch die zuständigen Dienststellen keine Bedenken.

Für den Militärbefehlshaber
der Chef des Generalstabes
I. A.
Major

Avant et après la mission de Gallois, trois groupes d'hommes ont été dépêchés vers les Alliés, afin de leur demander de presser le mouvement vers la capitale.

Deux de ces groupes ont été envoyés par les insurgés parisiens et le préfet de police; un troisième a été constitué à l'instigation du consul général de Suède à Paris, Raoul Nordling, qui avait déjà contribué à la négociation de la trêve avec Choltitz : ce groupe comprend Alexandre de Saint-Phalle, un officier allemand en civil, Poch-Pastor, aide de camp de Choltitz et agent secret des Alliés, Rolf Nordling, frère du consul, Jean Laurent et le colonel Olivier.

Saint-Phalle est porteur d'un ordre de mission signé *Quartus,* autre pseudonyme d'André Parodi, délégué général du Gouvernement provisoire.

Quelques jours auparavant, Saint-Phalle a suivi les pourparlers entamés entre Raoul Nordling et les Allemands, pourparlers qui ont finalement abouti à la libération de quelques centaines de prisonniers politiques français encore entre les mains des occupants *(ci-dessus et ci-contre, à gauche).*

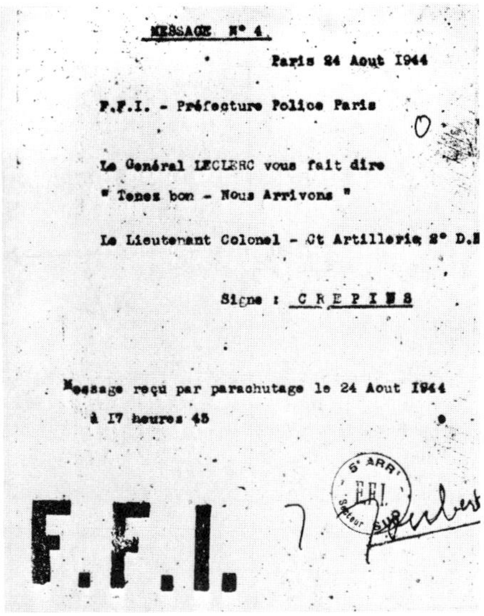

MESSAGE N° 4

Paris 24 Aout 1944

F.F.I. - Préfecture Police Paris

Le Général LECLERC vous fait dire

" Tenez bon - Nous Arrivons "

Le Lieutenant Colonel - Ct Artillerie 2° D.B

Signé : C R E P I N S

Message reçu par parachutage le 24 Aout 1944

à 17 heures 45

F.F.I.

5e ARRt F.F.I. Secteur Sud

A partir du moment où la décision a été prise, Leclerc a foncé vers la capitale. Encore faut-il prévenir les F.F.I. de Paris de l'imminence de l'arrivée de sa division dans la capitale : le 24 août, Leclerc fait larguer, par un petit avion de reconnaissance, un message destiné aux F.F.I. de la Préfecture de Police *(ci-dessus)*. Dans la seule journée du 23 août, la Division parcourt 200 kilomètres; le 24 août au matin, elle part à l'attaque de la ceinture défensive de Paris où les Allemands ont établi quelques positions de résistance. A Toussus-le-Noble, violent accrochage où le sous-groupement Massu attaque; il perd deux chars *Sherman* mais culbute finalement les défenses allemandes. Le Petit-Jouy, près de Jouy-en-Josas, est le siège d'un combat sanglant. Vers 21 heures, Massu arrive enfin au pont de Sèvres qu'il fera traverser par une patrouille. Vers le sud, dans cette même journée, le groupement Billotte s'accroche avec l'ennemi devant Longjumeau, Massy, Wissous, Antony, Morangis. Violent combat, ensuite, au carrefour de la Croix-de-Berny... Leclerc n'entend pas prendre le risque d'un combat nocturne dans Paris : aussi n'y entrera-t-il que le lendemain 25 août.

Mais il donne l'ordre au capitaine Dronne de gagner la capitale avec trois chars moyens, une quinzaine de *half-tracks,* deux *GMC,* au total moins de 150 hommes. A 21 h 22, la petite troupe arrive place de l'Hôtel de Ville...

Quand le jour se lève, les chars de Leclerc roulent dans Paris; leur général est là, avec eux *(à droite)*.

Le baroud d'honneur de Choltitz

Pour les Parisiens qui l'ont vécue, la journée du 25 août 1944 restera inoubliable : elle est celle de leur libération; avec elle sont effacées quatre années d'oppression et de honte. Les soldats de Leclerc se portent à l'attaque des points d'appui allemands : en fait, Choltitz a exigé un « baroud d'honneur » avant de se rendre à Leclerc, cette exigence s'expliquant à la fois par son désir de ne pas faillir à son honneur de soldat et de donner le change à Hitler — la femme et les enfants de Choltitz sont en Allemagne... Le dieu de la guerre impose de ces sacrifices, car, finalement, la dernière journée de l'occupation de Paris sera celle qui fera le plus couler de sang. *Ci-contre, à gauche,* des fantassins de la 2e D.B., aux aguets avenue de la Grande-Armée. *Ci-dessous,* à l'angle de la rue Richepanse et de la rue Saint-Honoré, un *Sherman* ouvre le feu; autour de lui, des F.F.I. en armes... et un promeneur qui, canne à la main, traverse la rue sans se soucier du combat!

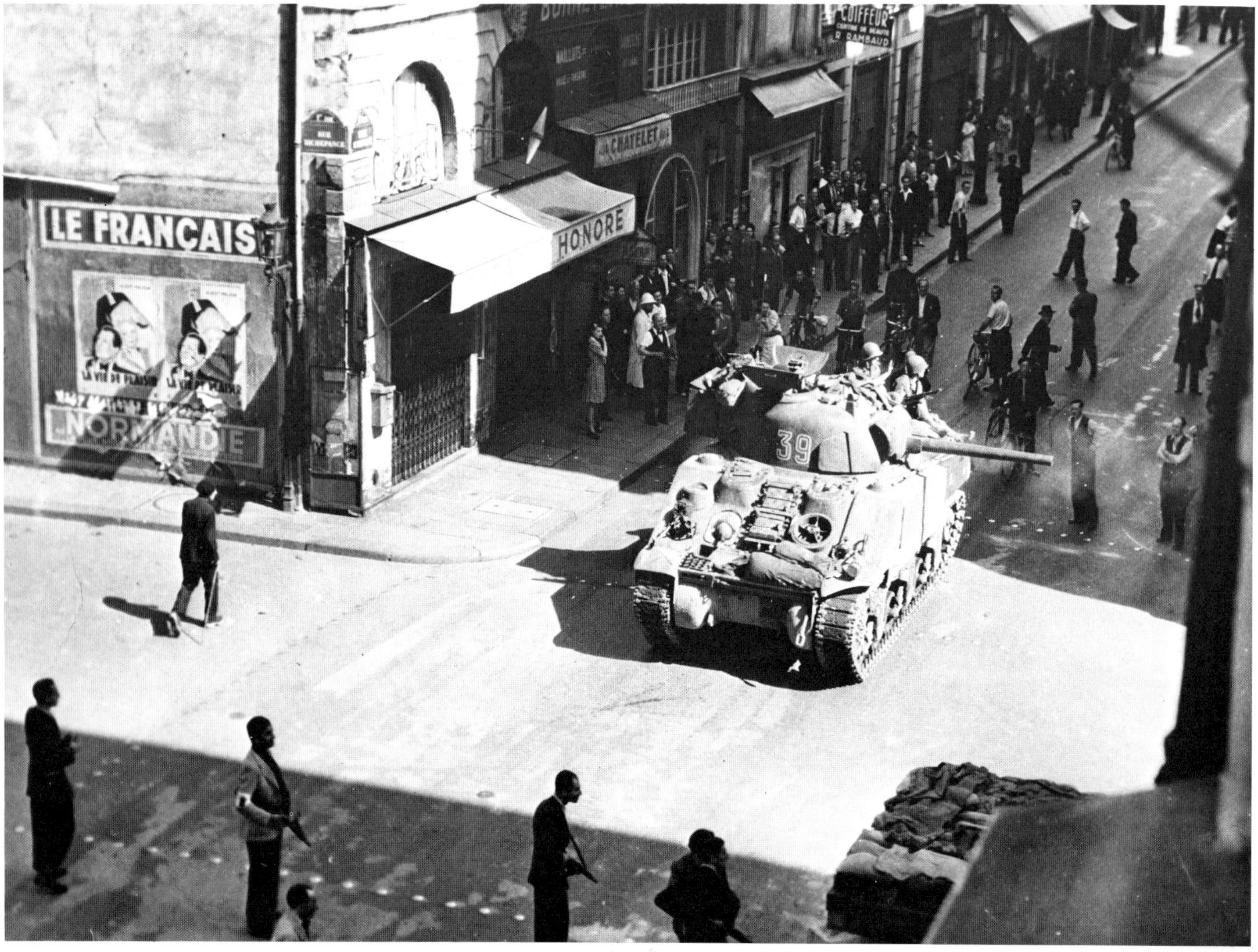

Ci-dessus, rue de Rivoli, un autre char français tire en direction des Tuileries. Dans le jardin, les Allemands ont placé quelques blindés qui doivent défendre trois points d'appui tenus par leurs soldats : l'hôtel Crillon, le ministère de la Marine et, un peu plus loin, rue de Rivoli, l'hôtel Meurice, où Choltitz a installé son P.C. Son état-major l'entoure : il se fera prendre au piège quelques heures plus tard. Dans la matinée, le capitaine Dronne a réussi à dégager le central téléphonique Archives, que les Allemands ont miné. Dronne capture l'officier allemand qui, avec 30 hommes, défendait le central. Il lui donne l'ordre d'enlever les mines :

— Ce n'est pas conforme aux lois de la guerre, proteste l'officier allemand.

— Ce qui n'est pas conforme aux lois de la guerre, riposte l'officier français, c'est de miner des installations qui ne sont pas militaires. Ou vous allez enlever ces saloperies, ou je vous fais fusiller sur-le-champ !

Les Allemands s'exécutent...

Ci-dessous, à droite, à l'angle de la rue de Rennes et de la rue de Vaugirard, un gendarme va porter un pli : c'est le 25 août, en pleine bataille...

La Platz Kommandantur est prise

Pendant toute la matinée et le début de l'après-midi, le « baroud d'honneur » devient bataille : dans chaque point d'appui, les Allemands se défendent — ils n'entendent se rendre que sur un ordre écrit de Choltitz, ordre qu'il ne signera qu'en fin d'après-midi.

Pourtant, il se produit de nombreuses exceptions, où les Allemands arborent spontanément le drapeau blanc après avoir subi un siège plus ou moins long. Ainsi en est-il de la garnison de la *Platz Kommandantur* (*Kommandantur* de la place de Paris), installée place de l'Opéra ; à 15 heures, un drapeau blanc est arboré sur son balcon, les F.F.I. affluent, mais le tir reprend. Finalement les chars de Leclerc arrivent. Quelques instants après, 150 soldats allemands se rendent, abandonnant, rue du Quatre-Septembre, les véhicules qu'ils n'ont pas eu le temps d'emprunter pour s'enfuir. Cette reddition de la *Platz Kommandantur (ci-dessus et ci-contre)* est suivie d'autres dans le quartier de l'Opéra et du Théâtre-Français.

Dans leur ensemble, les prisonniers *(ci-dessous)* ne sont pas maltraités, encore qu'on assiste exceptionnellement, ici ou là, à des tentatives de lynchage de la part de la population, voire à l'assassinat, par pistolet, d'un prisonnier, rue de Rivoli, ou l'exécution de soldats allemands après leur capture à l'Etoile, par exemple. Mais ces violences sont rarissimes, encore qu'explicables par la haine que les Allemands ont suscitée chez les populations occupées. Les Allemands craignent l'explosion de cette haine : ils veulent bien se rendre, mais uniquement aux soldats « réguliers » de la 2e D.B., craignant pour leur vie s'ils tombent entre les mains des F.F.I. Ainsi, la garnison tout entière du Crillon (150 hommes) sortira de l'hôtel de la place de la Concorde, après avoir obtenu du colonel Billotte, chef d'un groupement de la 2e D.B., auquel elle a dépêché deux officiers en parlementaires, d'être protégée contre les excès de la foule, une foule frémissante de passion qui vient d'assister aux combats.

Cette hantise d'être pris par les « terroristes », nom qu'ils donnent aux F.F.I., constitue l'un des éléments qui explique, partiellement, la conduite des Allemands dans la capitale, au cours de la semaine d'août. Car sur les F.F.I. courent des histoires effroyables, dont l'une est racontée par Robert Wallraf, interprète à la Chambre des députés, qui, le 25 août, sera fait prisonnier comme ses camarades :

« Le 22 août, rapporte Wallraf, un jeune lieutenant nous raconta être tombé avec deux de ses soldats aux mains de la Résistance : c'était dans un quartier du sud de Paris, près d'un pont, le soir. Ils durent tous les trois, les bras levés, traverser une foule vociférante pour aller sur le pont.

« — Savez-vous nager, sales Boches ? cria un résistant. Toute la masse hurlait :

« — Jetez-les dans la Seine !

« Les trois Allemands s'attendaient à être précipités du haut du pont dans la Seine. Arrivés au milieu du pont, on les fit s'arrêter devant le parapet. Ils durent se mettre face à la Seine, en tournant le dos aux résistants, armés de pistolets automatiques, encouragés par les spectateurs enragés. Tandis que le lieutenant, les bras levés, ne bougeait pas, s'attendant, à chaque instant, à une poussée ou à un coup de feu dans le dos, les deux autres prisonniers, pris d'une panique subite, sautèrent par-dessus le parapet dans la Seine. Lorsque leurs têtes sortirent de l'eau, on tira sur eux sauvage-

ment de partout, jusqu'à ce qu'on ne vît plus rien d'eux. Le lieutenant se tenait toujours immobile, les bras levés. Dégrisés par ce qu'ils venaient de faire, les résistants le firent monter dans une auto et le conduisirent dans un appartement privé.

« Après quelques heures, ils remirent le lieutenant dans l'auto et le déposèrent à un commissariat de police. Dans l'après-midi, il fut échangé contre un résistant fait prisonnier par nous et ramené à notre point d'appui.

« — Non! Je ne me laisserai plus faire prisonnier par ces gens! Il n'en est pas question. Je préfère qu'ils me fusillent!

« Beaucoup d'histoires de ce genre circulaient parmi nous. Elles contribuèrent naturellement à fortifier notre volonté de nous défendre contre la Résistance et d'abandonner la lutte, seulement quand des troupes régulières et disciplinées attaqueraient nos points d'appui. »

L'attaque du ministère des Affaires étrangères

C'est ce qui va effectivement se produire, dès le matin du 25, pour chaque « Stützpunkt » allemand investi par les hommes de Leclerc : ils en réduiront, parfois au prix de sanglants combats, un certain nombre avant même que Choltitz signe, en fin d'après-midi, ses ordres individuels de reddition.

Ce ne sera pas le cas pour le vaste ensemble Chambre des députés / Hôtel de Lassay / ministère des Affaires étrangères, où plusieurs centaines d'Allemands sont solidement retranchés : c'est le sous-groupement du lieutenant-colonel Rouvillois qui est chargé de le neutraliser. Il lui est difficile d'attaquer par la place de la Concorde et le pont, eux-mêmes tenus par l'ennemi. Aussi, fait-il attaquer ses blindés par la rive gauche, sur le quai d'Orsay, à l'angle de la rue de Constantine *(ci-contre, à droite)*. Après avoir fait sauter un barrage établi par les Allemands entre l'esplanade des Invalides et le quai d'Orsay, action au cours de laquelle le sous-lieutenant Bruneau est

tué (il venait de téléphoner à ses parents pour leur annoncer sa prochaine venue !)... Rouvillois attaque, sans succès ; un de ses chars est détruit. L'officier français essaie de réduire la défense allemande en mettant le feu au ministère... Mais les pompiers se portent sur le lieu de l'incendie qu'ils prétendent éteindre ! Le combat se prolongeant, Rouvillois met quelques canons en batterie et s'apprête à ouvrir le feu, quand l'ordre lui arrive de suspendre l'attaque : Choltitz vient de capituler. En fin d'après-midi, Rouvillois reçoit un officier porteur de l'ordre de reddition

signé par Choltitz; les négociations commencent avec les Allemands *(en haut)* qui, enfin, se rendent...

A bord de son char « Aubusson », le sous-lieutenant Jacques Bourget s'est porté, lui, avec le 3e peloton du 12e de cuirassiers (« Dauphin Cavalerie ») à l'attaque du Sénat, par le jardin du Luxembourg...

« Le 3e peloton, raconte-t-il, arrive bientôt au contact d'éléments ennemis installés dans les jardins du Luxembourg. Les mitrailleuses entrent en action, puis plusieurs coups d'antichar partent du Luxembourg. Le char “Bourg-le-Roi” (sous-lieutenant de Colombel) est touché par-derrière (avec un début d'incendie vite maîtrisé), le char “Cléry” (M. des L. Beaumel) a sa plage arrière incendiée par des balles traçantes. Mais le peloton continue sa progression, détruisant au canon 3 ou 4 blockhaus, mettant hors de combat un 75 Pak de trois obus explosifs, ainsi que quelques tirailleurs ennemis.

« Il est alors 15 h 30; le peloton reçoit en renfort le char à canon de 76 de l'escadron (“Licorne”, de l'aspirant de Grancey). Celui-ci s'engage rue Guynemer, aperçoit un char Panther, tire et l'atteint au masque : c'est le char qui avait atteint le “Bourg-le-Roi”.

« Vers 17 heures, notre infanterie (régiment de marche du Tchad) progresse vers les grilles Sud du Luxembourg.

« Le 3e peloton se replie alors, sur ordre, vers le haut du boulevard Saint-Michel : une arme antichar se dévoile, prenant ce boulevard d'enfilade; aucun char n'est touché et la “Licorne” la fait taire. Peu après, arrêté avec mon char au coin du boulevard de Port-Royal et de l'actuelle rue Henri-Barbusse, devant l'immeuble où habitait l'un de mes camarades du lycée Louis-le-Grand en 1934, je retrouve ses parents, stationnant sur le trottoir comme beaucoup, qui me présentent leur petit-fils *(ci-contre, à droite)*. »

Les Allemands du Sénat se rendront à leur tour, en fin de journée.

Sur la rive droite, le sous-groupement Massu est chargé de réduire l'hôtel Majestic, avenue Kléber, qui abrita, pendant quatre ans, les services du *Militärbefehlshaber in Frankreich,* et où a été construit un gigantesque blockhaus — abri contre les bombardements, où se sont réfugiés environ 120 Allemands.

Les chars de Massu font d'abord sauter, rue de Presbourg, un blockhaus abritant une mitrailleuse, puis renversent les obstacles antichars qui obstruent la chaussée.

A l'entrée de l'avenue Kléber, fantassins et engins mécaniques investissent l'hôtel *(ci-dessus et ci-contre, à gauche),* tandis que les *Sherman* canonnent et incendient les véhicules allemands parqués avenue Kléber.

Brandissant un drapeau blanc, un officier allemand se présente en parlementaire au colonel de Langlade : les Allemands acceptent de se rendre aux soldats de Leclerc. Il sera inutile de donner l'assaut au Majestic...

Par petits groupes, les Allemands sortent de l'hôtel. C'est alors que se produit, sur la place de l'Etoile même, un sanglant incident, dans l'axe de l'avenue de Wagram : une colonne de prisonniers marche en direction de celle-ci, quand une grenade explose en tête de la colonne ; a-t-elle été lancée, dans un geste de désespoir, par un Allemand prisonnier ? Ou, au contraire, par un civil ? Nul ne le sait, mais son explosion tue et blesse quelques Allemands et des Français de la division qui les escortaient. Une mitrailleuse abat alors le groupe des Allemands survivants *(ci-contre, à droite)*. Il est 14 h 35...

Pillages, représailles et pendaison symbolique

Si les Allemands craignent les représailles de la foule, qui suit les péripéties des combats autour des points d'appui, il en est de même des « collabos ». Dès le début de l'insurrection, le siège des partis favorables à la collaboration a été pillé : rue des Pyramides *(ci-dessus),* le Directoire du Parti populaire français, de Jacques Doriot, a reçu la visite de Parisiens qui le saccagent; les archives sont jetées par les fenêtres...

Découverts, des miliciens de Joseph Darnand, qui n'ont pu suivre leur chef en Allemagne, sont saisis et, parfois, lynchés *(ci-contre, à gauche).*

Quant à Hitler, il est pendu, en effigie, rue de Belleville *(ci-contre, à droite).*

VIVE LES F.F.I
ON L'AURA
JE L'AI MERITÉ

Dans Paris délivré, c'est le délire!

Tard dans l'après-midi du 25 août, la caserne Prince-Eugène, place de la République, défendue par cinq cents hommes bien armés, continue d'opposer une sérieuse résistance aux assauts conjugués des F.F.I. et du détachement du capitaine Dronne, arrivé place de la République après le nettoyage du central téléphonique Archives. Là encore, les civils assistent de très près aux combats *(ci-contre, à gauche),* risquant d'être tués ou blessés par les balles ennemies : mais la curiosité est plus forte que le risque encouru.

La présence des badauds parisiens, à tous les endroits où on se bat encore, constitue une gêne pour les soldats de la division Leclerc. Quand ils se reposent *(ci-dessous),* c'est au contraire pour eux une joie de s'entretenir avec les civils... surtout quand le bivouac est établi aux Tuileries!

Ces civils ont fait aux soldats de Leclerc un accueil indescriptible *(ci-dessus)*, que Charles Braibant décrit ainsi :

« Vers 13 h 15, comme nous finissons de déjeuner, une acclamation retentit à la Muette. Nous avalons vivement notre café et nous courons. Ce ne sont pas encore les Américains mais, ce qui pour nous est bien plus émouvant encore, la division Leclerc. C'est du délire. Les femmes montent sur les chars pour embrasser nos sauveurs. Voilà une minute que nous ne pourrons jamais oublier... »

Des idylles se nouent entre libérés et libérateurs. Au matin du 25 août, les trois demoiselles Lacouture *(ci-contre, à droite)*, filles d'un restaurateur de l'avenue des Ternes, sont parties dans la ville, appareil photographique en bandoulière : Ginette *(à droite)*, Raymonde *(au centre)* et Suzanne *(à gauche)*. La plus jeune, Suzanne, épousera, quelque temps après, Pascal Guarino, engagé dans la 2e D.B., chauffeur du général Leclerc depuis le débarquement de juin...

GOUVERNEMENT PROVISOIRE
de la
REPUBLIQUE FRANCAISE .-

--

CONVENTIONSDE REDDITION CONCLUES ENTRE LE ~~GENERAL~~ *Colonel Rol, Cdt les FFI de l'Ile de France,*
le général DE DIVISION LECLERC, COMMANDANT ~~DES~~ *la 2ème DB*
~~FORCES [illegible]~~ *d'une part*
et
LE GENERAL VON CHOTTIZ, COMMANDANT
MILITAIRE D S FORCES ALLEMANDES
DANS LA REGION DE
PARIS.- *d'autre part*

Toutes les conventions ci-dessous s'appliquent aux unités de la Wehrmacht dans l'étendue du commandement/général Von CHOTTIZ du

1°) Donner immédiatement aux commandants des points d'appui l'ordre de cesser le feu et de hisser le drapeau blanc . Les armes seront rassemblées; le personnel rassemblé sans armes dans un endroit dégagé, attendant les ordres. Les armes seront livrées intactes.

2°) Donner ordre de bataille, y compris les unités mobiles et les dépôts de matériel, dans l'étendue du commandement . Les dépôts seront livrés intacts avec leur comptabilité .

3°) Dispositifs de destruction des ouvrages et des dépôts .

4°) Envoyer à l'Etat Major du Général Leclerc autant d'officiers allemands d'Etat Major qu'il y a de points d'appui ou de garnisons.

5°) Les conditions d'évacuation du personnel de la Wehrmacht seront réglées par l'Etat Major du Général Leclerc.

6°) Une fois les conventions signées et les ordres ~~transmis~~ *reçus*, les militaires de la Wehrmacht qui continueraient le combat ne relèveront plus des lois de la guerre. *Toutefois le cas des soldats allemands se trouvant à Paris ou le traversant et ne relevant pas du [illegible] sera examiné équitablement.*

Paris, le 25 aout 1944

Leclerc *v. Choltitz* *Rol.*

Libérés !

Tandis que les combats font rage autour des points d'appui allemands dans Paris, le général von Choltitz, forcé par les Français, est fait prisonnier peu après 14 heures, à l'hôtel Meurice, par le lieutenant de la 2e D.B. Karcher, à qui il remet son épée et son pistolet. Le général allemand est transporté dans le scout-car du colonel Billotte jusqu'à la Préfecture de Police, où se trouvent provisoirement le général Leclerc, quelques officiers de la division et le colonel Rol, chef des F.F.I. de l'Ile-de-France.

Le capitaine français Betz donne alors lecture, en français, puis en allemand, d'un projet de reddition des unités de la *Wehrmacht* se trouvant sous les ordres de Choltitz. Le général allemand demande un ajout au texte qui lui est présenté : il s'agit d'une disposition particulière protégeant les soldats allemands « se trouvant à Paris ou le traversant, qui ne relèvent pas de son commandement ». Cet ajout est accepté par Leclerc.

Le colonel Rol, lui, est intervenu avant cette discussion pour demander de signer l'acte de reddition, en qualité de chef des F.F.I. de la région parisienne :

« Non, répond le général Leclerc, car j'ai fait préciser dans le titre du document que j'étais "Commandant des Forces françaises de Paris", c'est-à-dire que, jusqu'à l'arrivée du général Koenig ici, je commande non seulement ma division blindée mais toutes les Forces françaises de Paris; vous êtes représenté par ma signature. »

Rol n'insiste pas; Leclerc et Choltitz signent seuls le document, en deux exemplaires — l'un pour le chef français, l'autre pour le chef allemand.

Un second acte va alors se jouer à la gare Montparnasse, où Leclerc a installé son P.C. et, où, en application de l'acte de reddition, Choltitz doit signer des ordres particuliers de reddition à chacun

des chefs des points d'appui allemands dans la capitale — ordres qui seront apportés *sur place* par un officier français et un officier allemand, porteur d'un drapeau blanc.

Pendant que Choltitz appose sa signature sur ces ordres particuliers, Rol revient à la charge auprès de Leclerc afin de signer, lui aussi, à côté du général français, l'exemplaire de l'acte de la reddition allemande en possession de Leclerc. Le chef de la 2ᵉ D.B. y consent, fait modifier l'en-tête de la convention, *à l'insu* de Choltitz, et accepte que Rol paraphe le document *(voir en page 228)* : c'est une satisfaction d'amour-propre accordée par Leclerc au chef F.F.I. et, aussi, un hommage rendu au courage des combattants sans uniforme, qui ne change sans doute rien à la reddition elle-même, encore qu'en droit international, toute modification apportée à un acte paraphé par deux parties est nulle, dès lors qu'elle n'a pas été acceptée par ces deux parties.

Pendant ce temps, dans un bureau voisin où il vient de signer ses ordres particuliers de « cessez-le-feu », Choltitz écrit une protestation à l'adresse de ses vainqueurs, sous l'œil du capitaine Betz et du sous-lieutenant Braun, de la 2ᵉ D.B. : il n'a plus de nouvelles de ses bagages particuliers et de son ordonnance, disparus dans la bataille! C'est cette photographie *(page 229)*, prise à l'improviste par un reporter américain, qui sera présentée comme celle de la signature des ordres de « cessez-le-feu »!

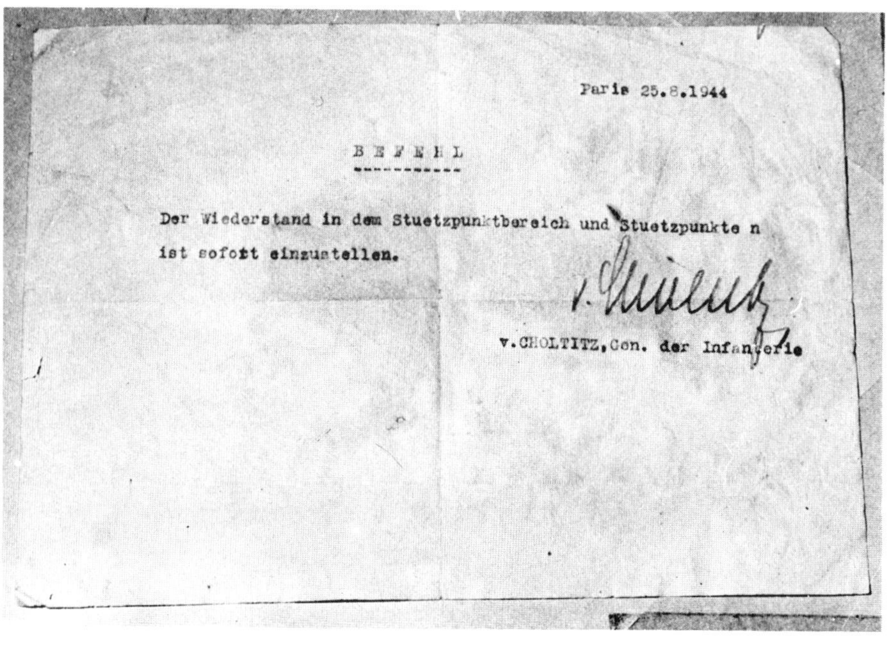

Paris 25.8.1944

B E F E H L

Der Wiederstand in dem Stuetzpunktbereich und Stuetzpunkte n ist sofott einzustellen.

v.CHOLTITZ,Gen. der Infanterie

Voici, très exactement reconstitué, le film de cet après-midi du 25 août 1944, qui vit la fin de l'occupation de Paris.

Page 230, à gauche. Après la signature de l'acte de reddition, dans la salle de billard de l'appartement du Préfet de Police, boulevard du Palais, Choltitz, assis, entouré du général Leclerc, du général Chaban-Delmas, délégué militaire du général de Gaulle, et de Maurice Kriegel-Valrimont, membre de la Commission d'action militaire du Conseil national de la résistance, se rend à la gare Montparnasse, P.C. du général Leclerc.

Page 230, à droite. Le *scout-car* arrive à Montparnasse vers 16 h 15. A droite de la photo, Pascal Guarino, l'un des chauffeurs du général Leclerc.

Page 230, en bas, à gauche. Fac-similé d'un ordre de reddition des points d'appui signé par Choltitz, à Montparnasse, dont voici la traduction :

« La résistance dans la zone des points d'appui et dans les points d'appui doit cesser immédiatement. »

Ci-contre, à droite. A son tour, le général de Gaulle est arrivé à la gare Montparnasse où il apprend les événements de l'après-midi :

« Lisant l'exemplaire de la capitulation ennemie que me présente Leclerc, raconte-t-il, je désapprouve la mention qu'il y a inscrite après coup sur les objurgations de Rol-Tanguy et suivant laquelle c'est à Rol, comme à lui, que s'est rendu le commandement allemand. "D'abord, lui dis-je, cela n'est pas exact. D'autre part, vous êtes, dans l'affaire, l'officier le plus élevé en grade, par conséquent seul responsable. Mais, surtout, la réclamation qui vous a conduit à admettre ce libellé procède d'une tendance inacceptable"... »

Si cursive que soit la notation du général de Gaulle, on voit qu'elle procède de son désir d'imposer son Gouvernement provisoire comme unique instance exécutive de la nation, qu'il « incarne » en cet instant. Sans rancune, il donne « de tout cœur » l'accolade à Leclerc.

Le lendemain, samedi 26 août, c'est l'apothéose dans la capitale protégée par les chars de la 2e D.B., concentrés en trois groupements qui se tiennent en alerte à l'Arc de Triomphe *(ci-contre, à gauche)*, au rond-point des Champs-Elysées et devant Notre-Dame : le

général de Gaulle a décidé de descendre à pied la plus célèbre avenue du monde avant de monter, place de la Concorde, dans une voiture découverte qui l'amènera jusqu'à la cathédrale Notre-Dame où il entendra une messe d'action de grâces.

« Je vais donc, ému et tranquille, au milieu de l'exultation indicible de la foule, sous la tempête des voix qui font retentir mon nom, tâchant, à mesure, de poser mes regards sur chaque flot de cette marée afin que la vue de tous ait pu entrer dans mes yeux... »

Au départ du cortège, à l'Etoile *(ci-dessus)*, l'un des combattants F.F.I. les plus vaillants de Paris, l'Africain Dickson, surnommé « le lion noir du XVIIème arrondissement », tenta d'approcher le Général pour lui serrer la main : il fut écarté par le service d'ordre... *(A droite du document ci-dessus.)*

Une succession d'incidents marquera pourtant cette exaltante journée, rappelant que la guerre n'est pas finie, qui porte, avec elle, les séquelles des rancunes et des vengeances inassouvies. Dès que le cortège automobile du chef du Gouvernement provisoire de la République a abandonné la place de la Concorde *(pages précédentes)*, la foule, qui se presse sur son passage rue de Rivoli, essuie des coups de feu venus d'on ne sait où et tirés par on ne sait qui, obligeant les civils à trouver protection dans des postures allongées un peu humiliantes *(ci-dessus et ci-dessous)*.

La fusillade redouble à la hauteur de l'Hôtel de Ville, où F.F.I. et gardiens de la paix tentent de repérer l'emplacement

de ces tireurs anonymes qui les arrosent de balles *(ci-dessus et ci-dessous)*. Qui sont-ils ? Des soldats allemands isolés qui font leur dernier carton sur les hommes de Leclerc ? Des collabos ou des miliciens qui brûlent leurs dernières cartouches et, avec elles, leurs ultimes illusions ?

Ou existe-t-il une véritable psychose des « tireurs des toits », au sein des F.F.I. survoltés par une semaine aussi exaltante qu'exténuante, comme dans les rangs des soldats de la division Leclerc, aguerris aux combats en rase campagne mais peu familiarisés avec les tirs à l'aveuglette dans les rues et sur les places d'une grande ville ? Devant le parvis de Notre-Dame, la fusillade reprend au moment où le général de Gaulle entre dans la cathédrale :

« Ça tire partout et de partout, raconte le capitaine Dronne... La foule est prise de panique. Les gens courent, s'aplatissent sur les pavés, s'engouffrent dans les porches et dans les couloirs des immeubles... C'est l'affolement, les officiers tentent en vain d'arrêter les tirs, le général Leclerc tape à coups de canne dans le dos d'un soldat qui épuise le chargeur de sa carabine... »

Panique à Notre-Dame

Le commandant de la 2e D.B. accueille le général de Gaulle devant la cathédrale *(à gauche)*.

Le chef du Gouvernement provisoire de la République est plaqué par un mouvement de foule contre un pilier du portail principal quand éclatent les premiers coups de feu, mais, protégé par le colonel Perreti, il parvient jusqu'au chœur, suivi par André Le Troquer. A peine a-t-il fait quelques pas qu'éclatent des coups de feu à l'intérieur de la cathédrale *(ci-dessous)*.

Malgré le bruit des détonations, le Général et les fidèles entonnent un *Magnificat,* tandis qu'à l'extérieur, on transporte à l'hôpital les blessés de la fusillade *(ci-dessous, à droite)*.

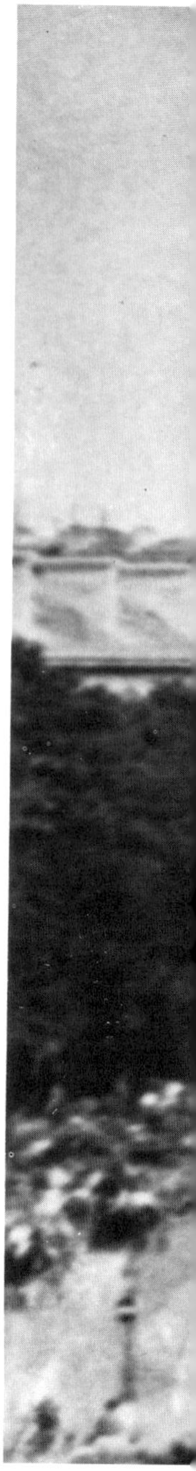

Le bilan des pertes

Quand de Gaulle quitte Notre-Dame, un peu après 5 heures *(ci-dessus, à gauche)*, le tir a cessé. Le général Leclerc *(ci-dessous, à gauche)* regagne son P.C. : sa division a d'autres tâches à mener à bien autour de Paris, où une contre-offensive des Allemands n'est pas totalement exclue.

Mais on peut considérer qu'au soir du samedi 26 août, la libération définitive de la capitale est acquise. A quel prix? Le bilan des pertes, tant civiles que militaires, est assez difficile à établir, il est différent suivant les sources auxquelles il est fait appel.

Du côté des Allemands, on peut le chiffrer, du 19 au 26 août, à 283 tués et 687 blessés, et du côté des civils français, pour la même période, à 713 tués et 3 172 blessés, si l'on retient les chiffres des morts et des blessés admis dans les hôpitaux de l'Assistance publique.

Pour la période du 23 au 26 août, la 2ᵉ D.B. a compté 92 tués et 234 blessés. Chez les F.F.I. de Rol, on dénombre 901 tués et 1 455 blessés.

Pour le capitaine Dronne, les chiffres sont plus élevés chez l'ennemi : 3 200 Allemands tués et 14 800 prisonniers — chiffres déjà cités par le général de Gaulle dans ses *Mémoires de guerre*.

Pour le professeur Pasteur Vallery-Radot, 2 500 F.F.I. ont été tués ou blessés du 19 au 26 août.

Un fait demeure : le nombre des blessés civils du 26 août est très élevé, alors que les Allemands ont capitulé la veille. Où trouver alors une explication de l'inexplicable fusillade ?

Charles de Gaulle en propose une dans ses *Mémoires* :

« Pour ma part, écrit-il, j'ai le sentiment qu'il s'est agi d'une affaire montée par une politique qui voudrait, grâce à l'émoi des foules, justifier le maintien d'un pouvoir révolutionnaire et d'une force d'exception. En faisant tirer, à l'heure dite, quelques coups de fusil vers le ciel, sans prévoir peut-être les rafales qui en seraient la conséquence, on a cherché à créer l'impression que des menaces se tramaient dans l'ombre, que les organisations de la Résistance devaient rester armées et vigilantes, que le "COMAC", le Comité parisien de la libération, les comités de quartier, avaient à procéder eux-mêmes à toutes opérations de police, de justice, d'épuration qui protégeraient le peuple contre de dangereux complots... »

Ce sentiment, d'autres l'ont eu en contemplant, le 26 août, la troupe qui suivit de Gaulle rue de Rivoli, où l'on remarquait des éléments d'allure révolutionnaire, fleurant bon la Commune de 1871 ou rappelant les *guerilleros* de la guerre civile espagnole *(ci-contre, à droite)*.

CARREFOUR
DE LA
MORT

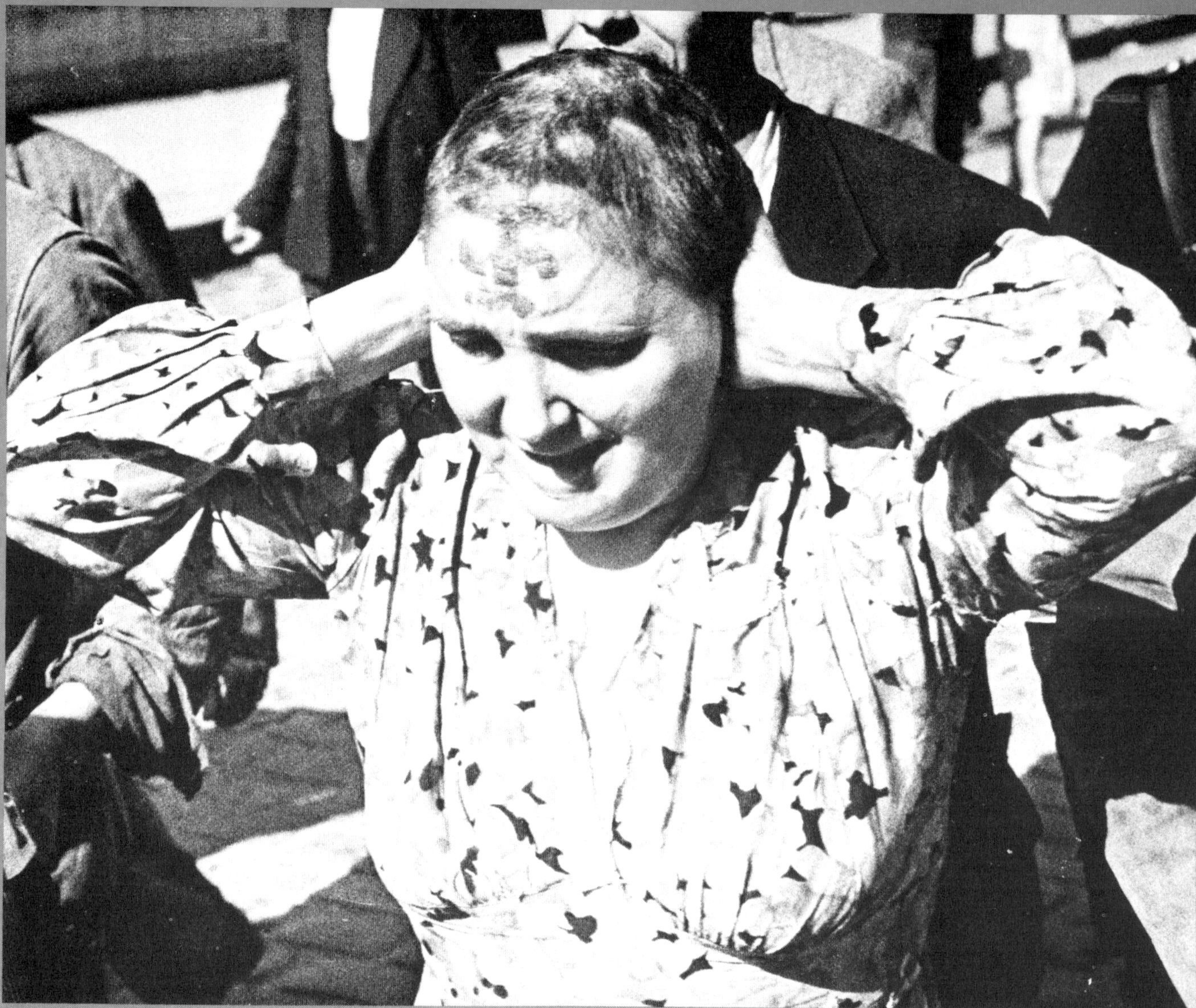

Crimes et châtiments

L'Allemand disparu, la colère populaire explose contre ceux et celles qui ont « collaboré » avec lui, de quelque façon que ce soit. Parmi les premières victimes de cette épuration, les femmes accusées d'avoir accordé leurs faveurs à l'occupant ou d'avoir dénoncé des résistants ou des juifs. Certaines sont tondues et marquées à l'encre d'une croix gammée au front *(double page précédente et ci-contre, en haut, à gauche)*, d'autres rasées *(ci-contre, en bas, à gauche)*, d'autres enfin dénudées et exposées dans les rues de la capitale *(ci-dessus)* au mépris de la population.

En l'espèce, certains habitants de Paris suivent l'exemple de leurs ancêtres qui, en janvier 1871, après le départ de la division allemande de von Kamecke, venant de bivouaquer quarante-huit heures sur les Champs-Elysées, avaient fessé, tous jupons dehors, les filles publiques, coupables d'avoir entretenu de brefs rapports avec l'envahisseur prussien... A mêmes circonstances, mêmes usages.

Gouvernement provisoire de la République

AVIS IMPORTANT

Par ordre du Comité Local de la Libération du 16e Arrond', il est formellement interdit de se livrer à des actes arbitraires (coupe de cheveux, arrestations, voies de faits, etc.), sur des coupables présumés.

Le Comité réprimera ces gestes avec la plus extrême rigueur.

LE COMITÉ LOCAL DE LA LIBÉRATION.

Mais, assez vite, les autorités nouvelles s'opposent à ces dégradantes représailles *(ci-contre)*, dont on peut cependant expliquer la violence par les effroyables découvertes que les combattants F.F.I. ont faites un peu partout dans la capitale et en banlieue, découvertes qui témoignent de la barbarie des nazis...

Dernières victimes : les « Sühnepersonen »

Les traces des exécutions sommaires ou des massacres auxquels les Allemands se sont livrés pendant l'occupation sont visibles au stand de tir du fort d'Issy-les-Moulineaux où les poteaux d'exécution sont encore en place *(ci-contre, à gauche)*.

Au fort de Romainville, les F.F.I. découvrent les cadavres des derniers prisonniers abattus par les Allemands avant leur départ *(ci-dessous)* : ils ont été choisis par leurs bourreaux parmi les *Sühnepersonen* (littéralement les « personnes d'expiation ») qui fournissaient les contingents de fusillés et de déportés.

Avec celui du mont Valérien, le fort de Romainville a servi, pendant trois ans, de prison aux otages arrêtés par les Allemands; ils y subissent un régime d'une extraordinaire dureté : pas de courrier, des conditions sanitaires déplorables, une alimentation de misère, trois quarts de litres de soupe et deux cents grammes de pain noir par jour. L'un des rescapés de Romainville, Oscar Rabate, organisateur des F.T.P. (organisation militaire

communiste de résistance) dans les Charentes, a décrit ainsi l'existence des détenus de Romainville :

« L'administration du fort était entre les mains d'un capitaine de la *Wehrmacht,* qui ne nous parlait jamais autrement que le revolver à la main, tirant à tout bout de champ dans les fenêtres, et par un chef politique, le *Sonderführer* Trapp, qui parlait parfaitement bien le français (avant la guerre, il était établi comme marchand de vins en gros à Creil)...

« En fait, en 1942, le fort de Romainville était un dépôt d'otages... Le 20 septembre 1942, Trapp nous informa qu'un certain nombre d'entre nous devraient partir le lendemain : il appela le nom de 46 d'entre nous, qui, après l'appel, furent transférés à la casemate n° 17... Une fois enfermés, les Allemands s'emparèrent de leur linge, bijoux et argent, et dirent à nos camarades qu'ils seraient fusillés le lendemain matin... »

Le 23 août 1944, les Allemands retranchés au Sénat ont obligé des F.F.I., qu'ils ont fait prisonniers, à creuser une fosse dans le jardin du Luxembourg *(ci-dessus)* ; ils les abattent ensuite à la mitraillette... Leurs cadavres sont déterrés le 26 août : sur le bleu porté par l'une des victimes, les trois lettres cousues, C.P.L. (Comité parisien de la libération), indiquent l'appartenance du combattant à une organisation de résistance *(ci-dessous, à droite).*

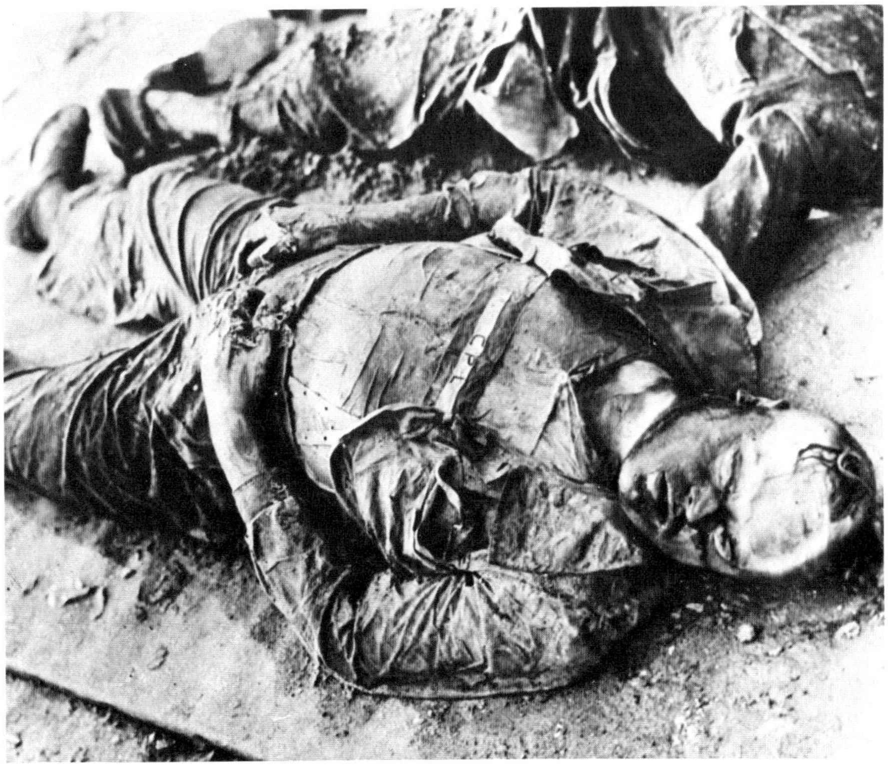

Dès le 25 août, la chasse aux « collabos » est ouverte dans Paris : les plus notoires d'entre eux sont immédiatement arrêtés et, pour la plupart, parqués au Vélodrome d'Hiver, avant d'être dirigés sur Drancy, le Dépôt, Fresnes ou la Santé.

Une vaste action judiciaire, « l'épuration », va être entreprise contre ceux qui, par intérêt, par peur ou par conviction, ont embrassé la cause allemande.

Mais, à chaud, quelques-uns échappent à la justice régulière et sont aussitôt condamnés par des cours martiales ou des tribunaux occasionnels aux peines les plus fortes.

Ci-dessus et ci-contre, un milicien de Joseph Darnand va mourir : le bandeau, la salve, le coup de grâce...

Neuf mois, jour pour jour, après la reddition des Allemands à Paris, le 25 mai 1945, le général Carl Oberg (à droite), *ancien chef suprême de la police et des SS en France, est capturé en Autriche par le commandant américain Simmons* (à gauche) *: il rendra des comptes à la justice française.*

PLACE
DE
LA CONCORDE

Vive la Liberté !

Le soleil se couche sur la place de la Concorde ce 26 août... Au pied d'un lion de pierre abattu par un obus *(à gauche),* deux Parisiennes, portant une cocarde dans leurs cheveux, passent avec un soldat de Leclerc. La liberté retrouvée, il est maintenant temps de vivre : un soldat conte fleurette à deux jeunes femmes, c'est presque la paix !

La guerre continue, pourtant, car, si l'Allemand est chassé de Paris, il occupe encore une grande partie du territoire national, où il combat en retraite avec une grande énergie qui cèdera, peu à peu, à la progression des armées alliées, supérieures en matériel et en aviation.

Au soir du 26 août, Hitler a décidé de punir la ville : il lance sur elle la 3e flotte aérienne allemande, dont les avions lâchent sur les quartiers Est et la Halle aux vins des bombes incendiaires. Les derniers stocks d'alcool y brûlent avec d'énormes flammes. Après cet ultime bombardement de la capitale, on dénombre, selon certains, 50 morts et 400 blessés, selon d'autres, 213 morts et 914 blessés, une troisième estimation établissant un bilan de 189 morts et 899 blessés. Les bombardiers allemands ont agi en toute sécurité : le 26 août, il n'y a pas d'artillerie antiaérienne alliée dans la capitale...

Le lendemain, les Parisiens peuvent encore contempler quelques barricades laissées symboliquement en l'état : sur celle-ci *(ci-dessus),* les fauteuils de Pétain et de Laval marqués d'inscriptions méprisantes — « épuisé » pour le premier, « vendu » pour le second.

Condamné à mort le 15 août 1945, Philippe Pétain sera gracié et terminera ses jours à l'île d'Yeu, où il s'éteindra le 23 juillet 1951, après six années de captivité dans des enceintes fortifiées. Pierre Laval sera fusillé, après avoir tenté de s'empoisonner avec une ampoule de cyanure, le 15 octobre 1945, à la prison de Fresnes.

Les Allemands disparus, le paysage parisien fait peau neuve. Parfois de plaisante façon. Ainsi, un cinéma des Champs-Elysées, réquisitionné par les Allemands pendant quatre ans *(ci-dessus)* est attribué aux soldats alliés pour qu'ils puissent s'y distraire. Il suffit de changer la banderole peinte *(ci-dessous)*. Mais, malgré soi, le Parisien fait la différence : à l'ordre rigide germanique, où les soldats marchaient au pas, s'est substituée le *farniente* bon enfant des GI's au repos, inséparables de leur voiture à tout faire, la célèbre Jeep, qui sert aussi bien au plaisir qu'à la guerre. Et cela aussi est un symbole.

Comme est symbolique aussi la résurrection de ces bals en plein air *(à droite)*, interdits pendant quatre ans, où éclate la joie des Parisiennes enfin libérées : le cauchemar de l'occupation est fini...

Vingt ans après sa capitulation « historique » du 25 août 1944, Dietrich von Choltitz revint à Paris.

Il accepta de poser à côté de la plaque apposée sur un mur de la gare Montparnasse *(ci-dessus)* par les soins de la municipalité parisienne, après la libération : elle devait rappeler le souvenir du 25 août.

Mais l'inscription que les passants pouvaient lire était mensongère de la première à la dernière ligne : nos lecteurs savent que Choltitz s'est rendu à Leclerc, et à lui seul, le 25 août vers 15 heures, par un acte de reddition qu'il a signé dans la salle de billard de l'appartement de fonction du Préfet de Police, Charles Luizet, 7, boulevard du Palais.

S'il ne nous appartient pas d'évoquer les raisons pour lesquelles le général allemand crut bon, en 1964, par sa présence, de donner quelque caution au texte qu'on peut lire, il nous revient, par contre, de remarquer que lorsque la vieille gare Montparnasse fut démolie, la municipalité parisienne fit poser, rue du Départ, une nouvelle plaque, gravée dans le marbre, renforçant encore les mensonges de la précédente *(ci-contre, à droite)*.

Rien n'y est vrai, hors les cinq premiers mots :

« Ici s'élevait la gare Montparnasse... »

Le reste est affabulation.

Nous avons exposé *(pages 230 et 231)* les motifs pour lesquels Leclerc accepta, après coup, que le colonel Rol appose son paraphe à l'acte signé par Choltitz, à l'insu du général allemand : ils s'inscrivent dans le contexte de l'instant, le 25 août 1944 devant apparaître, à tous, comme un jour de gloire sans faille ni bavure, où le résistant de l'intérieur rejoignait le combattant gaulliste dans un même idéal et pour un même but, la libération totale de la France.

Mais, en admettant même qu'elle eût existé pendant quatre ans, cette fiction ne résista pas aux événements ultérieurs... Alors, pourquoi la maintenir dans ce marbre, visible par tous les passants? Chacun répondra à cette question selon sa conscience.

Il existe pourtant à Paris, une plaque rappelant les conditions exactes de la reddition du général von Choltitz : elle est en marbre, elle aussi, et elle est fixée sur le mur intérieur de la salle de billard du boulevard du Palais *(ci-contre, à droite)*. Celle-là, le public ne la voit pas...

Ainsi, la vérité demeure bien cachée à l'abri des regards du bon peuple, tandis que le faux patriotique a pignon sur rue.

Cela pourrait être la morale de l'histoire : mais l'histoire comporte-t-elle une morale ?

Crédit photos

Agence Diffusion Presse : 188 H / 189 / 251.
Agence France Presse : 196-197 / 197 / 199 H.
Agence Intercontinentale : 11 B.
Agence L.A.P.I. : 172 B / 173 B / 198 BD / 200 H / 201 / 214 B / 226 H.
A.P. Wirephoto : 194 G.
Archives de la Haute Cour de Justice : 142.
Atlantic Press : 231 B.
Bibliothèque Nationale, cabinet des estampes : 13 / 16 H / 16 B / 18 B / 22 B / 24 H / 24 B / 30 / 31 H / 31 G / 33 / 35 H / 38 B / 39 / 40-41 / 44 / 45 B / 48 H / 58 H / 60-61 H / 60 B / 61 B / 62 / 63 / 64 / 65 B / 69 / 70 / 72 H / 74 / 75 / 76 / 77 / 78 G / 80 B / 81 / 82 G / 82 B / 84 D / 86-87 / 87 H / 88 H / 92 B / 95 / 96-97 B / 98 B / 99 H / 99 B / 100 H / 101 / 102 / 103 / 104 / 105 / 106 B / 107 / 108 / 109 / 110 / 111 / 112 B / 116 H / 116 B / 117 M / 117 B / 121 / 124-125 / 126 / 127 / 128 H / 132 / 133 / 134-135 / 136 / 137 / 138 H / 139 D / 140 / 141 / 143 H / 144-145 / 146 / 147 / 149 B / 150 / 151 / 152 / 156 H / 160 / 161 / 166 / 167 / 169 / 170 / 174 / 175 H / 176 / 177 / 180 / 181 / 184 HG / 185 HG / 195 H / 208 H / 224 H / 225 / 238-239 B / 248 / 249 / 252.
Bouchon : 255 H.
British official photograph : 238 BG.
Robert Capa, Magnum : 218 / 219 / 220 / 223 B.
Henri Cartier-Bresson : 237 H.
Centre de documentation juive contemporaine : 35 B / 97 H / 113 / 114 B / 115 / 117 B / 118 / 119 / 120 / 123 / 143 B / 154 / 158 B / 159 / 164 B.
Collection Claude Aubry : 32.
Collection Baur : 26 B / 27 H / 27 B.
Collection Gabriel Bonsergent : 92 H / 93.
Collection Robert Canou : 148 B.
Collection Caron : 164 H / 165 H.
Collection Kurt von Kraewel : 184 HG.
Collection Lacretelle : 156 B / 165 B / 178 B / 185 HD / 185 B / 195 B / 205 B / 245 B.
Collection Leniaud : 19 H / 19 B.
Collections particulières : 10 / 12 / 18 H / 23 / 29 / 31 B / 36 B / 72 B / 87 B / 116 M / 128 B / 129 / 130 / 131 / 153 H / 158 H / 162-163 / 168 / 210 B / 211 B / 212 B / 221 B / 228 / 226.
Collection von Ratibor und Corvey : 36 H / 37 H / 37 B / 184 HD.
Collection A. de Saint-Phalle : 210 H.
Collection Stülpnagel : 182.
Collection Jean Tracou : 138 B / 149 H / 171 / 178 H.
Collection Karl Wand : 38 M.
Comité d'histoire de la Seconde Guerre mondiale : 148 H / 203.
Doisneau-Rapho : 89.
Pierre Dréville : 183 / 184 BD.
Dubure-Rapho : 211 H.
Etablissement cinématographique des Armées : 84 G / 213 H / 229 / 230 HD / 231 H.
J.B. Ferraci : 94.
Films Gaumont : 100 B.
France Reportage : 35 H / 64 H.
André Gandner : 56 / 179 / 186 / 187 / 188 B / 190-191 / 193 / 196 / 198 H / 200 B / 202 / 204 / 205 H / 207 / 214 H /215 / 216 B / 224 B / 233 / 236 / 237 B / 239 BD / 241 / 242-243 / 244 / 250.
Goursat-Rapho : 54 /55.
Pierre Jahan : 40 B / 234-235.
International News Photo — Maurice Aubry : 34 / 45 H / 46-47 B / 58 M / 59 H / 59 B / 62-63 H / 65 H / 67 / 68 H / 88 B / 96 H / 98 H / 116-117 / 117 H / 253.
Keystone : 11 H / 25 / 68 B / 99 BG / 141 B / 175 B / 221 H.
Suzanne Lacouture : 227 B.
Le Matin : 172-173 H.
Jean-Marie Marcel : 238 HG / 240.
Musée de l'Armée : 230 B.
Musée de la Résistance, Montreuil : 153 B / 194 B.
Paris-Match : 254.
Planet News : 212 H / 213 B / 217 / 232 H.
Préfecture de Police : 192 / 199 B / 211 H / 230 HG / 239 H / 246 / 247 / 255 B.
De Sazo-Rapho : 245 H.
Roger Schall : 20 / 21 / 40 H / 41 H / 42-43 H / 42-43 B / 43 / 46 / 46-47 H / 47 / 48 B / 49 / 50 H / 51 / 52 / 57 H / 57 B / 71 / 73 B /79 / 80 H / 90-91 / 198 BG.
Seeberger : 58 B.
Signal : 17 / 38 H.
Nicolas Skrotsky : 14-15.
Studio 44, Drancy : 122.
Ullstein Bilderdierst : 22 H / 42 / 53.
U.S.I.S. : 208 B / 209 / 226 B / 227 H / 232 B.
Roger Viollet : 50 B / 78 D / 82 D / 83 / 106 H / 112 H / 114 H / 157 / 216 H.
A. Zucca : 66 / 73 H.
Zalewski-Rapho : 85 / 206.

Achevé d'imprimer sur les presses de l'Imprimerie Lescaret,
à Paris,
le 28 décembre 1979.